本书获上海市哲学社会科学规划项目
"上海金融科技发展对传统信贷体系影响：微观行为与宏观风险视角"
（项目编号：2018EJB005）的资助

Risks and Investor Behavioral Biases
in Online Micro-Lending Markets

网络小贷市场风险与投资者行为偏差

江嘉骏 ◎ 著

复旦大学出版社

FOREWORD 前言

近年来，人们逐渐习惯在电脑、手机上完成金融决策，从信用卡分期到购买理财产品、从股票账户开户到小额借贷，一切都方便快捷。似乎人们对于"互联网＋金融"的结合已经习以为常，只是现在很少有人再提起"互联网金融"这一概念。

我们喜欢将某个标志性事件发生的年份称为某行业的"元年"。许多学者、财经媒体将2013年称作为互联网金融元年，因为那一年，支付宝推出了"余额宝"业务。其实在2007年，国内第一家网络个人借贷（P2P网贷）平台——拍拍贷就已经成立。在P2P网贷发展的鼎盛时期，有8 000多家平台在全国范围内运营，人们甚至将互联网金融与P2P网贷划上等号。然而2015年开始，一些P2P网贷平台出现提现困难、无法兑付、失联等情况，繁荣之下隐藏的风险逐渐显现。随之而来的是2016—2018年密集出台的监管政策，再到2018年后，P2P网贷平台有序退出、转型。短短十多年时间，网贷行业走过了整个生命周期。这一剧情如今在很多行业、许多产品中不断重演，就如我们身边的那些爆款饮料、网红餐厅一样，辉煌而短暂。但P2P网贷又不像网红餐厅，雁过留痕，风过留声，虽然初代网贷行业已经落幕，但小额借贷的需求依然存在。如今，商业银行、互联网巨头纷纷入局网络小贷，如果能从P2P网贷行业发展的历程中，窥见网络小贷发展的规律、风险、机制，也是互联网金融泡沫留下的宝贵财富。本书就是在这样的背景下诞生的。

金融市场中投资者常常追逐所谓的"风口",因为站在风口更容易"起飞"。其实,在学术研究中也有类似的趋势。2013—2017年,P2P行业的高速发展期,我正在攻读博士学位,研究方向是行为金融学。彼时,许多学者开始将目光转向这一新兴的、高速发展的行业、追逐这一风口,大量关于P2P网贷的研究开始涌现。当我接触到这一脉文献时,注意到绝大多数研究都从网贷借款人的视角展开,分析小贷需求是否能被满足、利率是否能被正确定价。但P2P网贷之所以能够在中国快速崛起,不仅由于居民及小微企业大量的小额贷款需求,更因为网贷对于个人投资者是一种特别的、稀缺的资产类别。中国的个人投资者是保守与激进的矛盾共同体。一方面个人投资者表现出较高的风险厌恶,尤其讨厌损失;但另一方面,个人投资者敢于投资新兴的、甚至是自己不了解的资产,特别是承诺了高收益与低风险的资产。因此,P2P网贷对于个人投资者有极大的吸引力。但行为金融学的理论与实证证据告诉我,在这样一个新兴市场上,投资者面对自己不熟悉的资产类别,可能存在大量的行为偏差,导致其福利受损。基于这样的思考,在我的博士导师的指导下,我开始了这一领域的研究。

从敲下第一行代码、写下第一段论文,到现在已经有七个年头。博士期间的成果主要形成了本书的第二、第四和第五章,博士后期间的研究成果主要形成了第三、第六和第七章。其中的许多成果已经在国内外期刊公开发表。本书将这些研究集合成册,期望对P2P网贷行业的风险与投资者行为进行梳理。虽然P2P网贷行业已经转型成为新的监管法规下的网络小贷,但通过这些研究,可以以小窥大,为理解在更广泛的金融市场中投资者的行为偏差提供参考。毕竟当我们站在风口之中,乱花渐欲迷人眼,往往无法客观准确地分析金融创新的风险与潜在的问题,所以浪潮退去之后的反思,才更为珍贵。

本书是对我从博士研究以来的阶段小结,在这条学术道路上,想要感谢的人太多。

我要特别感谢我的博士导师,北京大学光华管理学院的刘玉珍教授。

刘老师将我领进了学术的大门，本书的几乎每一个研究背后，都有刘老师的身影。她对我的悉心指导，让我逐渐成长为一个能够进行独立研究的科研工作者。博士毕业后，我进入复旦大学经济学院开展博士后研究，感谢我的博士后合作导师张金清教授。张老师无论对我的研究还是生活都提供了全方位的支持，这本书的成稿，离不开张老师的指导与帮助。我也要感谢我的合作者，北京大学的卢瑞昌教授、陈佳教授，西南财经大学的陈康教授以及高铭博士，与你们的交流与讨论对本书的研究内容有很大的提升。

感谢我的爱人余音博士在本书写作过程中对我的无条件支持，让我卸下了一切包袱，没有后顾之忧地投入研究中去。感谢我的父母及家人对我学术道路的帮助。我特别想用这本书纪念我的母亲，她是我对于教师这一职业、对于科研这一事业的启蒙。

最后，感谢复旦大学出版社的戚雅斯老师。本书的顺利出版离不开她的辛勤付出。她的专业精神与认真负责的工作态度令我无比感动。

本书的一切疏漏之处由我承担，敬请读者批评指正。

2022 年 10 月 26 日
于复旦大学经济学院

CONTENTS 目录

第 1 章　导　论 ··· 1
　1.1　研究背景与问题提出 ··· 1
　1.2　研究现状与文献综述 ··· 4
　1.3　主要研究发现 ··· 7
　1.4　主要贡献与创新点 ··· 12
　1.5　全书结构安排 ··· 15

第 2 章　网络借贷的理论优势与现实困境 ··························· 16
　2.1　网络借贷的模式分析 ······································· 16
　2.2　网络借贷的理论优势 ······································· 18
　2.3　网络借贷发展历程与未来展望 ······························· 21

第 3 章　网络借贷平台风险与驱动因素分析 ························· 25
　3.1　研究问题与主要发现 ······································· 25
　3.2　文献综述与研究假设：宏观背景、监管政策与网贷平台发展 ······································· 27
　3.3　网贷平台样本描述与基本事实 ······························· 32
　3.4　实证结果与分析 ··· 38

3.5　小结 ··· 57

第 4 章　认知偏误与网络借贷投资者行为 ························ 60
　　4.1　研究问题与主要发现 ·· 60
　　4.2　文献综述和研究假设：过度自信、性别差异与投资者行为 ······ 63
　　4.3　网贷交易样本选取与描述性统计 ································ 66
　　4.4　实证结果与分析 ·· 77
　　4.5　小结 ··· 97

第 5 章　金融素养与网络借贷投资者行为 ························ 100
　　5.1　研究问题与主要发现 ·· 100
　　5.2　文献综述与研究假设：金融素养与预测精度 ··············· 102
　　5.3　数据描述与实证设计 ·· 106
　　5.4　贷款表现与投资人性别 ······································ 112
　　5.5　金融素养与性别差异 ·· 120
　　5.6　稳健性检验 ·· 125
　　5.7　小结 ··· 127

第 6 章　社会资本与网络借贷投资者行为 ························ 130
　　6.1　研究问题与主要发现 ·· 130
　　6.2　研究背景 ·· 133
　　6.3　数据、实证设计与描述性统计 ································ 135
　　6.4　实证结果 ·· 144
　　6.5　小结 ··· 161

第 7 章　技术进步与网络借贷投资者行为 ························ 164
　　7.1　研究问题与主要发现 ·· 164

7.2 文献综述与研究假设：排序偏误与移动互联网…………… 167
7.3 数据来源与描述性统计………………………………………… 171
7.4 实证结果……………………………………………………… 180
7.5 小结…………………………………………………………… 208

第8章 总 结 ………………………………………………… 211
8.1 主要结论……………………………………………………… 211
8.2 政策梳理与建议……………………………………………… 212

参考文献 …………………………………………………………… 216

第 1 章
导 论

1.1 研究背景与问题提出

自从 2005 年第一家网络借贷平台 Zopa 在英国成立以来,各种不同的网络借贷平台(Peer-to-peer Lending,简称 P2P)开始涌现。新的市场形式、快速增长的规模、参与人数众多,使得网络借贷逐渐成为学术界、业界和监管层都十分关心的一个话题。从 2010 年左右网络借贷进入中国以来,经历了 2010—2015 年的高速增长期。2015 年末"e 租宝"平台爆雷,网贷进入风险爆发期,随之而来的是 2016—2018 年密集出台的监管政策。2018 年后,网贷平台有序退出、转型。2020 年末,《网络小额贷款业务管理暂行办法(征求意见稿)》出台,标志着"初代"的网贷平台成为历史,网络小贷迎来强监管时代。在这短暂但是充满戏剧性的行业变迁中,有人叫好、有人质疑、有人失意,但更重要的是需要有人记录、有人反思。因此,如何从理论上理解、讨论网贷发展过程中的种种现象、成因以及其对未来行业发展的启示作用,就显得尤为重要。

一方面,网络借贷作为一种互联网金融创新,理论上降低了个人及小微企业借款的成本,同时为个人投资者提供了一种新的资产类别,通过借贷双方的匹配实现了所谓的普惠金融,是值得肯定的模式;另一方面,网络借贷初期的高速发展也带来了新的问题:网络借贷的高收益是否能够补偿其风险。具体来说,网络借贷风险的影响因素有哪些,投资者能否做出理性最优的决策,是网络借贷提高投资者福利的先决条件。因此,对网络借贷平台风险和投资者行为偏误进行研究有重要的学术价值和现实意义。

投资者在进行金融决策时,往往会偏离新古典框架下的理性人假说,做出次优的决策(Campbell,2006)。过去的研究表明,投资者的行为偏误往往是系统性的,有规律可循(Agarwal et al.,2016;DellaVigna,2009)。个体层面上较小的系统性偏差,也可能对市场产生重要的影响。网络借贷市场的出现降低了参与金融市场的门槛,出现了大量缺乏必要金融知识的新投资人,更可能表现出行为偏误,遭受更大的损失,总体上降低普通投资者的福利水平。本书的第一个研究重点是通过对网贷市场上投资者行为进行研究,试图识别偏误的来源与机制,寻找降低偏误、提升福利的方法。

过去针对网络借贷的研究大多集中于微观领域的实证研究,考察借贷双方在互联网平台的行为,影响局限于平台或行业内部。但少有细致分析网络借贷市场风险的研究,尤其是在网络借贷从2015年年底频频"爆雷",到2016、2017年监管规则陆续出台,2018年开始陆续退出转型的背景下,回顾网络借贷行业风险与投资者行为会产生什么交互影响,对于理解金融创新的风险也有重要意义。本书的第二个研究重点是考察网贷市场整体风险及其宏观驱动因素,进一步探索制度背景如何影响投资者行为。

本书各章具体研究以下问题。

第2章介绍了网络借贷的发展背景,着重分析了不同网络借贷模式的特点和现实中的优缺点。从理论的角度分析了网络借贷相对于传统银行或小贷公司借贷模式的优势,再结合现实讨论网贷行业遇到的困境,为后续研究提供了一个制度背景介绍。

第3章从行业宏观层面出发,分析了网络借贷平台风险,研究其背后的宏观驱动因素和监管政策的作用。由于监管措施与市场自律规范不健全,许多平台出现大面积违约和倒闭的现象,甚至出现类似于"庞氏骗局"的违法行为。在这一现实背景下,本章研究两个重要的问题:(1)网贷市场的快速发展是否有经济合理性?(2)监管政策出台能否促进行业的规范发展?利用我国网贷市场有代表性的651家平台近两年的日度交易数据,本章考察了网贷平台停业风险与增长速度的关系,并进一步分析平台增长背后的宏观驱动因素。本章检验了监管政策的出台对于降低平台停业风险的有效性,为进一步完善网贷行业监管政策及产业政策提供参考。

第4—7章基于微观视角,从网络借贷投资者的行为特征出发,分别探讨认知偏误、金融素养、社会资本、技术进步对投资者行为的影响,进而分析其福利后果。

第4章研究了认知偏误对投资者行为的影响。本章从过度自信的角度,回答男女投资者在网贷市场中是否存在投资绩效差异这一重要而有趣的问题,并进一步寻找男性在网贷市场中更容易出现过度自信的证据。

第5章研究了由于缺乏金融素养造成的行为偏误。网络借贷在实现普惠金融的同时,也使得大量缺乏投资经验、金融知识的投资人进入了这一看似风险较低,但实际上存在较高违约风险的信用债市场。本章分析了在债权投资中,个人投资者对债权信用风险评估时的性别差异,并试图使用金融素养来解释这一差异。

第6章从社会资本角度,考察其对投资者微观行为的影响。具体来说,本章讨论了社会资本异质性对投资人本地偏好的影响。在传统金融市场中,有广泛的证据发现投资者更偏好于本地公司或者投资标的,而本章在网络借贷市场上发现类似的行为特征。利用网贷市场的特性,本章进一步确认了本地偏好是一种行为偏误,增加了投资者面临的风险,降低了投资者福利。进一步研究发现,各省的地理文化特征的异质性,会对投资者行为偏误造成显著影响。使用社会资本理论,本章解释了宏观因素对微观行为的影响逻辑,并给出了减少偏误的建议。

第7章从技术进步带来的成本角度,考察网络借贷市场投资人的行为偏误及其具体成因。具体来说,本章讨论了使用移动互联网进行投资,相较于传统网络投资方式,可能产生的新型行为偏误。移动互联网的渗透,使得金融服务不再受到时间和空间限制的同时,也为投资者带来了认知成本。由于手机更高的信息搜索成本,使得投资者更可能使用启发式的思维方式,做出次优的投资决策。使用网贷平台账户级别的交易数据,研究发现移动投资者存在显著的排序偏误,即在其他因素相同的情况下,投资者使用手机进行投资时更偏好于排名靠前的投资标的。本章从信息复杂度、环境干扰与投资者金融素养三方面考察了这一偏误背后的形成机制。

1.2 研究现状与文献综述

1.2.1 网络借贷的研究现状

过往关于网络借贷研究,主要集中在借款人信息对贷款定价和信用风险的影响上。研究发现,借款人的借款成功率与其财务状况有关,信用评分高、债务收入比低的借款者更容易借到钱(Herzenstein et al.,2008)。同时,网络借贷与传统银行体系有相似性,信用评分在决定借款利率时有最大的影响,其次是债务收入比(Klafft,2008)。学者发现,当平台只披露借款人的信用等级而不披露具体的信用评分时,投资者能够通过其他信息推测出借款人具体的信用状况,说明网络借贷市场通过提供更多的附加信息降低了信息不对称程度(Iyer et al.,2015)。许多文献具体研究了哪些信息会影响借款人的借款成功率和违约率,如性别、种族、年龄(Barasinska and Schaefer,2010;Herzenstein et al.,2008),贷款描述(Herzenstein et al.,2011b;Michels,2012),甚至照片中反映的信息也能预测借款成功率与违约率(Duarte et al.,2012;Pope and Sydnor,2011;Ravina,2012)。还有一些研究发现,社会关系也可以反映借款人的信用状况。当借款人有朋友背书,且朋友也借钱给借款人时,这笔贷款的表现会更好(Freedman and Jin,2014)。而当有群组投资贷款,且群组中有借款人的朋友时,这笔贷款的表现更好(Everett,2015)。另一项研究指出,朋友的信用评分也可以作为借款人自身信用水平的一种度量(Lin et al.,2013)。

此外,部分文献也探讨了网络借贷投资者行为。大多数对投资者行为的研究是间接的,如羊群效应(Brass,2015;Herzenstein et al.,2011a)和时间压力(Liao et al.,2018;Wang,2016),这可能是由于缺乏可用的数据。在国内的相关研究中,廖理等(2015a)和李焰等(2014)分别用国内网络借贷平台的数据,研究了借款人的非标准信息,是否会对借款成功率和违约率有影响。廖理等(2014)发现国内网络借贷市场的利率无法完全反映其信用风险,但投资者可以一定程度上正确识别。

以上关于网络借贷的研究往往关注借款人或投资人的微观行为,研究的范围也局限于平台或行业内部。近年来开始出现一些研究,将互联网金融与传统金融体系作为一个整体。如一项中国房地产市场对网络借贷影响的研究,发现政府增加对购房首付款的要求使得居民在网络借贷平台上的借款显著增多(Braggion et al.,2017)。这说明金融创新可能推高居民杠杆率,同时使得政府的调控手段效果受限,这可能导致潜在的风险。房地产价格也对居民信贷有影响,研究发现房价下跌使得居民的金融状况恶化,使得消费者借款成本上升(Ramcharan,2009)。研究结果说明,宏观经济的冲击会对网络借贷平台的运行产生影响。反过来也有一些研究发现传统金融体系中的融资渠道也会受到金融科技发展的影响,金融创新可以减少消费信贷市场的摩擦。具体来说,学者发现传统的银行也会利用网络借贷平台信息,消费者在网络借贷平台借款后在银行体系的信贷额度提升、借款成本下降(Balyuk and Davydenko,2019)。这一发现说明互联网金融的创新会产生溢出效应,对传统信贷体系产生影响。

1.2.2 投资者行为偏误的研究现状

个人投资者存在投资组合不够分散、过度交易和偏好本地股票等投资行为非有效的现象(Korniotis and Kumar,2013)。但是这些投资组合的扭曲既可能是由于行为偏误,也可能是由于信息优势。许多学者的研究也发现了类似的现象(Campbell,2006;Calvet et al.,2007)。个人投资者的投资行为很难用传统的金融学理论解释。另外,人生的经历也决定了期望的差异,从而会影响金融决策(Malmendier and Nagel,2016)。

许多文献发现实证证据可以证明投资者的特征与投资行为有关。研究发现,更富有的、受教育程度更高的投资者会做出更好的金融决策,如投资组合更分散(Calvet et al.,2007)、表现出更少的惰性,即更积极地调整投资组合(Calvet et al.,2009;Campbell,2006)、处置效应更弱,即不会持有回报低、卖出回报高的股票(Calvet et al.,2009;Dhar and Zhu,2006)。此外,男性投资者在资本市场上更容易表现出过度自信,从而比女性交易得更为频繁(Barber and Odean,2001)。这些交易使得男性的投资回报降低。互联网的出现可能进一步加剧投资者的行为偏误。投资者在使用网络投资后,交易更主动、更投机但收益变低,而过度自信可以对此现象进行解释(Barber and Odean,2002)。

心理学中的认知偏差可能反映为实际金融决策中的行为偏误。文献中讨论了各种类型的认知偏差,如过度乐观(Puri and Robinson,2007)、过度自信(Odean,1998)、狭窄框架(Kumar and Lim,2008)、有限注意(Hirshleifer et al.,2009;Hong and Stein,1999)等。在过度乐观的研究中,学者使用调查中自己报告的预期寿命与实际的统计数字之差,衡量乐观的程度(Puri and Robinson,2007)。他们发现中等乐观的消费者,金融决策更为合理。乐观程度最高的一群消费者,其金融决策更为激进。对过度自信的研究发现,在一个投资者过度自信的市场上,交易量和市场深度增加,市场对于有效信息会反应不足,而对相对无关的、更显著的信息反应过度(Odean,1998)。此外,框架效应也会显著影响投资人的决策。学者利用是否同时进行多笔交易来作为是否有狭窄框架的代理变量,发现当同时进行多笔交易时,投资人的处置效应更弱、投资组合更分散(Kumar and Lim,2008)。对有限注意的研究发现,当同一天有多家公司发布盈余公告时,由于有限注意,市场对盈余公告反应不足,盈余后漂移也更强(Hirshleifer et al.,2009)。

消费者金融决策错误的一种可能成因是,他们缺乏足够的关于金融概念的知识和正确运用金融工具的能力(Agarwal et al.,2010)。在控制了许多关于人群特征的变量之后,消费者的数量分析能力与按揭贷款违约有很强的相关性(Gerardi et al.,2013)。研究发现,虽然数量分析能力不会影响贷款合约的选择,但会影响贷款违约事件发生的可能性。另一些文献发现,金融决策是会随着经验而改善的。例如,借款人会从过去的再融资中学习经验,在第二次再融资决策中犯更少错误(Agarwal et al.,2012)。

此外,文献中还关注由于智力、年龄或经验的差异导致的次优金融决策。学者利用美国军队中素质测试中的数学成绩作为智力或认知能力的度量,发现智力更高的个人出现金融决策错误的可能性更低(Agarwal and Mazumder,2013)。具体地,他们考察两类错误,一是能否在正确的"时机"使用信用卡,二是在购房贷款时能否正确评估年化利率。同时,研究发现年龄增长和经验增加对金融决策有相反的作用(Korniotis and Kumar,2011)。一方面,年龄增长使认知能力下降,另一方面经验增加使得金融知识增加。有学者研究了金融决策错误随生命周期的变化,考察消费者是否使用次优的信用卡合约、错误地估计了房屋价值、以过高的利率借款以及产生了过高的手续杂费等金融决策错误(Agarwal et al.,2009)。他们发现相对于年轻人和老年人,中年人犯金融决策错误的可能性更小。他们进一步发现,在53岁之后,年老产生的负面效应占优。

总体来说,文献中主要从传统金融市场投资者、传统金融机构的角度探讨行为偏误及其后果,缺乏新兴金融市场、金融创新与金融科技对于投资者行为的影响研究,本书的研究试图填补这一空白。

1.3 主要研究发现

本节简要介绍本书的主要研究发现。

第2章中介绍了网贷市场相关的制度背景。网络借贷在发展过程中,出现了不同的组织形式,常见的有纯线上模式、担保模式、小贷公司模式与"贷款池"模式等四种形式。整体而言,随着行业发展,单纯的线上模式的网贷平台已经越来越少。大多数平台提供了信用担保,甚至很多平台开始售卖打包的集合理财产品。网络借贷发展之初,作为一种互联网金融的创新模式,有降低信息搜索成本、提高运营效率、促进普惠金融的理论优势。但是现实中,网络借贷从"去中介化"慢慢地"再中介化",已经逐渐失去了传统意义上网贷相对于传统金融机构的优势。在发展过程中,逐渐暴露出的风险与投资人行为偏误,也是值得注意的问题。

第3章利用全国651家网贷平台的日度成交数据进行实证分析,首先回答网贷平台风险与增长的关系。如果网贷市场的增速受到互联网技术发展与金融服务需求的影响,说明网贷市场快速发展背后有宏观驱动因素,有一定的合理性。反过来,如果存在过度发展,那么应该观察到高增长的平台会出现更大的风险。实际研究发现,增速越高的平台未来停业风险越小。其次,本章进一步分析增长与风险的关系,考察网贷平台增长背后的影响因素,发现技术供给和普惠需求对网贷平台发展有显著影响。(1)用互联网渗透率作为技术供给的度量,研究发现在其他条件不变的情况下,互联网渗透率越高,省内网贷平台增速越快。同时,技术进步降低了行业进入门槛,从而加剧了网贷行业的竞争。研究发现成交量越分散的省份,省内网贷平台的增速越快。(2)用平均每万人拥有的小额贷款机构数量来衡量各省的金融可得性,研究发现可得性越差即普惠需求越强的地区,网贷平台增速越快。同时,如果网贷平台经营更多短期、小额贷款,则其增速更快。本章使用以上制度变量及平台特征构建网贷平台的预期增长率,发现当实际增长率低于预期值时,平台未来停业的风险增加。综合上述结果,网贷市场的增长反映了宏观驱动因素的作用,但高速增长也埋下了隐患:平台的存续依赖于持续的高速增长,一旦后续增速放缓,将增大停业风险。

接下来,本章回答第二个研究问题,即外部监管是否能规范网贷行业。金融业是受到监管规制最多的行业之一,但网络借贷作为一个新兴的业态,其监管措施还不成熟,留下了一定的监管套利空间(Buchak et al., 2017; Philippon, 2016)。2015年12月28日,银监会同几部委联合起草《网络借贷信息中介机构业务活动管理暂行办法(征求意见稿)》(下称《暂行办法》),网贷市场首次出现正式的监管细则。本章以此作为外部的制度冲击,考察监管政策前后网贷行业发展和风险的变化。进一步按《暂行办法》发布前的平台停业率将各省(区、市)分为高风险省(区、市)和低风险省(区、市),本章考察监管政策的异质效果。实证结果发现,控制技术供给、普惠需求与其他变量的变化之后,监管政策发布后网贷平台成交量增速显著放缓,在其他条件不变的情况下降低了预期增长率,减缓了平台存续对于高增长的依赖。同时,监管政策发布后,平台停业风险降低。结果说明《暂行办法》出台对于规范行业发展有一定的促进作用。但另一方面,监管政策对于高风险省的作用弱于或不显著区别于低风险省,表明监管效果的针对性需要加强。

第 4 章研究了网络借贷市场中的过度自信问题。使用国内某网贷平台上有个人信息与交易行为的五千多名投资者每月的交易行为与投资回报作为样本,发现在控制了产品选择和投资者个人特征等变量后,男性投资者比女性投资者年化投资收益率低 0.24%,相当于投资者平均投资收益率的 2%。这一差异在统计意义和经济意义上都是显著的。男女投资收益率的差异主要集中在年轻投资者中,随着年龄增加,此差异减小。男女的交易行为也有显著差别,在控制了投资者个人特征后,男性比女性的月换手率高 1.67%,相当于投资者平均换手率的 30%。与收益率类似,这一差异也主要集中在年轻投资者中。进一步的研究发现,男性比女性投资收益率低与男性比女性换手率高有内在的关联。投资收益率对换手率和换手率与性别交叉项的分位数回归表明,男女收益率的差别主要集中在换手率高、收益率低的样本之中。

第 5 章研究了金融素养对投资者行为的影响,主要结果分为两部分。首先,本章将男女投资者的交易记录按照人口特征与投资行为进行配对。在配对样本中,女性投资者和男性投资者投资的贷款违约率分别为 4.607% 和 3.856%。男女之间投资贷款的违约率差为 0.751%,这在控制了投资者个人特征、投资经验、贷款特征后依然存在。这一结果有两种可能的原因,一是女性投资者更倾向于投资高风险高回报的贷款,二是女性投资者对于信用风险的判别能力更差。为了区分这两种机制,本章在贷款产品层面,用贷款的违约率对贷款特征进行回归,得到了回归的预测值与残差。预测值,即预期违约率代表了投资者基于贷款特征的风险偏好;残差,即异常违约率代表了投资者承担的附加风险,这部分风险没有被贷款收益率、期限等特征解释或补偿,衡量了投资人对信用风险的识别能力。分别使用预期违约率和异常违约率对性别进行回归,在控制了其他个人特征、投资经验和贷款特征后,男女投资者的预期违约率没有显著区别,而女性投资者的异常违约率显著高于男性。这一结果说明女性投资者所投资标的的高违约率不能被风险偏好解释,而是承担了附加的风险,是一种错误的投资。

其次,在证明了男女投资者的信用风险评估和投资绩效存在差异后,本章研究了这种差异与金融素养的关系。由于低收入和低教育程度的投资者,其金融素养更低(Hastings et al.,2013;Lusardi and Mitchell,2014),应该可以观察到在低收入和低教育程度的人群中,女性投资者对信用风险的评估更差。实证结果与假设一致,研究发现在月收入低于10 000元或未受过高等教育的人群中,女性投资者的异常违约率更高,超额回报更低,而在高收入和受过高等教育的人群中,性别差异则不显著。本章也考虑了投资者不同的职业类型。如果投资者在金融行业工作,则他们能够更好地理解贷款产品的信用风险。如果投资者在IT行业工作,那么他们有更高的量化分析技能,有助于提高评估信用风险的能力,因此性别差异在金融或IT从业者中应该更小。据此可以推断,金融或IT行业的从业人员,男女间信用风险评估能力的差异更小。实证结果发现,异常违约率或超额回报的差异在金融或IT业投资者中不显著,男女的投资绩效差异主要是由其他行业的投资者带动的。以上结果都说明,金融素养是解释网贷市场上男女投资者信用风险评估能力差异的重要因素。

第6章研究了网络借贷市场中的本地偏好现象,并与宏观制度背景联系,解释这一偏误的成因与异质性。首先,投资人普遍存在本地偏好。平均而言,投资人向本地借款人放贷的可能性要高9.3%。在投资金额方面,在控制了个人与贷款特征和时间固定效应后,投资人会多投资105%的资金到本地的贷款。这些结果对于使用不同样本、不同聚类的稳健标准误和回归模型都是稳健的。网贷投资是一个财务决策,所以经济理性应该对贷款决策有一定的影响。本地投资人可能拥有外地投资人所没有的有关贷款或借款人的私人信息。在这种情况下,本地贷款应该更安全,并具有更高的实际回报。然而,研究发现那些吸引了更多投资人的贷款表现更差。本地贷款偏好与较高的违约风险,较低的回收率和更低的已实现收益正相关。这表明,本地偏好更可能是一种行为偏误。

理解行为偏误及其影响因素,有助于减少偏误并帮助发展减少偏误的措施方法(Byrne and Utkus, 2013; Larrick, 2004)。具体来说,本章强调社会资本在本地偏好形成中的作用。社会资本理论认为,社会资本是一个人拥有的关系网络以及网络中嵌入的资源集合,对个人的行为有强烈的影响(Bandura, 1989; Nahapiet and Ghoshal, 1998)。本章从两个不同的维度来考虑社会资本:认知和关系维度。首先使用一个省内山地的比例和方言的数量来衡量社会资本的认知维度(Nahapiet and Ghoshal, 1998)。多元的人口构成,导致不同人群的先验信念不同,对相同信息也因为不同的文化或语言,有差异化的解读(Chang et al., 2015)。来自心理学的研究表明,语言的多样性尤其会导致对信息更多样的解读。研究发现,在山地占比更大或方言较多的地区,投资者更容易出现本地偏误,其投资的贷款违约率也更高。其次使用在同一省内人群间的信任(内部信任)和来自其他省份的信任感(外部信任)来衡量社会资本的关系维度。社会信任可能会影响投资选择,因为金融投资其实是为未来的承诺而做出的投资(Sapienza and Zingales, 2012)。研究发现,信任感较高省份的投资者具有更严重的本地偏好,而且遭遇更高的违约率。

第7章考察了移动互联网带来的投资者排序偏误。使用一个国内主要的网络借贷平台上2011—2015年所有投资人的交易记录,研究发现手机投资者更可能表现出排序偏好,即更倾向于投资排位靠前的贷款,这一结果在控制了贷款、投资人、时间固定效应,并调整了残差相关性后依然显著存在。与此同时,在投资者的投资组合中,标的违约率与其排序正相关,而且在手机投资者中更显著。这一结果进一步说明,手机投资者的排序偏好可能是一种行为偏误。在排除了羊群效应、贷款特征对排序的影响、样本自选择等竞争性假设后,手机投资者依然表现出更强的排序偏好。

接下来,本章验证了手机投资者与电脑投资者行为差异的影响机制。首先,使用可选贷款数量作为信息复杂度的指标,验证信息搜索成本机制。当信息数量更多时,从中提取有效信息的难度增加。如果手机投资者的行为偏误是由更高的信息搜索成本所导致的,那么当信息更为复杂时,应该看到手机投资者行为偏误变得更为严重。结果显示,当可选贷款数量增加时,手机与电脑投资者排序偏好的差异增大,说明信息搜索成本的影响渠道存在。其次,本章验证了在干扰环境中进行投资时,手机投资者是否表现出更多的行为偏误。样本中的网贷平台在每个工作日的 $11:00, 13:30$ 和 $17:00$ 固定发布贷款标的,而在其他时间随机发布。对于固定时间,投资者可以提前对时间进行安排来保证这段时间可以不被干扰地进行投资。而在随机时间段,由于手机的便利性可以在任何情况下登录软件查看,但这也使得手机投资者更容易处于干扰的环境中,从而可能选择更显著的投资选项(即排名靠前)。将样本分为发生在固定时间和随机时间的交易,发现发生在随机时间段的交易中,手机投资者表现出更多的排序偏好,这与环境干扰的影响机制一致。最后,本章验证了金融素养的差异对投资行为的影响。文献认为对于金融素养较低的人群,同样的信息内容但以不同方式呈现会显著影响金融决策质量(Hastings et al., 2011, 2008)。由于移动互联网投资的普及,进入该市场的门槛降低,新进投资者平均的金融素养较差、投资经验不足,这些投资者在手机端和电脑端面临同样的投资机会时,更可能做出不同的投资决策,从而降低了市场投资决策的整体质量。使用投资经验和人口特征作为金融素养的代理指标,发现在金融素养高的群体中,手机与电脑投资者的排序偏好差异并没有缩小,甚至更大。这说明提高金融素养对于改善由新技术带来的行为偏误作用不显著。

1.4 主要贡献与创新点

1.4.1 理论创新

本书的理论贡献主要有以下三点。

首先,本书研究了新的问题。当前关于数字经济的研究主要集中在某一细分领域的微观研究,如股权众筹的地区偏好(Agrawal et al.,2015)、数字货币对货币政策传导机制的影响(Pieters,2017)等,但鲜有文献分析宏观制度背景对数字经济业态的发展与风险的影响。第3章利用不同平台发展程度及其注册地宏观制度背景的差异,探索了数字经济发展背后的宏观驱动因素,补充了这一领域的研究。第6章首次对社会资本在网贷市场投资者本地偏好形成中的作用进行探索。第7章是文献中首次讨论了移动互联网对于金融投资决策的影响。

其次,本书为已有问题提供了新的证据。已有讨论数字经济宏观发展态势的文献大多采用定性分析方法,如定性分析智能投顾的监管问题(Baker and Dellaert,2017);或只使用加总层面的数据(肇启伟等,2015)。第3章利用大量网贷平台的日度交易数据样本,数据颗粒度更细,使得我们可以更好地理解网贷行业的发展和风险,并为研究假设提供了更为细致可靠的实证证据。第4章利用网贷市场的特殊市场结构与交易特性,将过度自信假说与风险偏好、信息不对称、预算约束等假说通过实证检验区分开来,这是之前的文献没有做到的。第5章使用了网贷这样一个新兴发展的金融市场交易层面的数据,样本不再局限于金融素养较高、比较专业的人群中,可以更全面地分析金融素养与投资者信用风险评估的关系,为这一领域的性别差异提供更可靠的实证证据。

最后,本书为解释相关经济现象提出了新的机制。第6章对理解网贷市场上的本地偏好有贡献。有大量的文献记录了不同金融市场中的本地偏好。例如股票市场(Cooper and Kaplanis,1994;Dziuda and Mondria,2012)、债券市场(Fidora et al.,2007)等。本书使用中国的网络借贷平台数据,在这一研究环境下投资者行为不太可能受到信息不对称影响,而更容易产生行为偏误,进而为澄清本地偏好的来源作出贡献。第7章为排序偏好提供了新的证据,在网络借贷市场上,为投资者行为偏误提供了更干净、更可靠的证据,并对背后的作用机制进行了明确的识别。理解这些差异是评价新技术带来的福利影响的关键。过去的文献从购买商品、浏览新闻等角度讨论了手机用户的行为偏误,但没有金融领域的研究,本章填补了文献中这一领域的空白。

1.4.2 现实意义

2010年,网络借贷引入中国市场后,经历了指数式的增长。根据行业网站网贷之家的数据,截至2019年年底,有344个正在正常运营的网络借贷平台,共有约5 000亿元规模的未偿还贷款以及200万参与者。自2014年以来,中国的网络借贷市场已经变成了世界上最大的网贷市场。然而,新市场的快速增长也带来了诸多亟待解决的问题。因此,更好地了解市场风险与投资者在市场中的投资行为对于引导行业健康发展、为监管政策提供参考、提高投资者福利都有非常重要的意义。具体来说,本研究的现实意义主要有以下三点。

首先,可以为网络借贷的发展方向提供参考。网络借贷市场发展迅猛,中国是全球最大的市场。网络借贷通过降低交易成本、降低信息不对称等方式,使得更多消费者可以享受小额信贷服务,达到普惠金融的目的。但网络借贷在发展过程中,积累了很多风险,一定程度上阻碍了金融普惠的目标。如果能进一步理解网络借贷增长与风险的关系,则能更好地引导网络借贷的良性发展。

其次,针对网贷市场投资者偏误的研究同样有助于理解更广泛金融市场中的投资者行为。一方面,网贷市场体量较传统金融市场小、产品相对简单、监管法规时有变化,为研究投资者行为提供了一个天然的实验室,对检验在传统市场难以识别的现象有很大的帮助;另一方面,理解偏误产生的机理,可以帮助发现降低偏误的技术与方法,提升投资者福利。这对于稳定金融市场、防范系统性风险、减少社会问题,也有重要的现实意义。

最后,可以为建立整体监管与风险预警机制提供支撑。网络借贷在快速发展过程中累积了许多潜在的风险,如平台集中出现兑付困难、跑路倒闭等问题,这很大程度上来源于风险预警不到位。因为网络借贷的普惠性,参与人群的金融素养差异较大,可能存在各类行为偏误。同时,网络借贷的风险也可能存在传导性,平台累积可能传导金融体系中的其他机构。本研究考察平台风险与投资人行为偏误,可以为监管层适度合理监管新的金融业态提供一些思路,前瞻地、实时地对金融创新平台风险做出警示或干预,以维护金融市场稳定与消费者权益。

1.5 全书结构安排

本书后续的安排如下。第2章介绍网络借贷的制度背景,并分析这一金融形态的理论优势与现实困境。第3章从行业宏观层面出发,分析了网络借贷平台风险,研究其背后的宏观驱动因素和监管政策的作用。第4—7章从微观机制出发,分别考察认知偏误、金融素养、社会资本、技术进步对投资者行为的影响,进而分析其福利后果。第8章对全书内容进行总结。

第 2 章
网络借贷的理论优势与现实困境

从 2010 年左右,网络借贷被引入中国并且快速发展。本章介绍网贷的制度背景、优势与潜在的问题,并对理论和实证研究进行梳理,从行业全局的角度对网贷过去的发展和遇到的问题进行总结。①

2.1 网络借贷的模式分析

当网络借贷首次被引入中国时,许多网贷平台向 Prosper 和 Lending Club 等国外大型网贷公司学习,以信息中介平台的模式开展业务。但是很快行业发展出许多不同的商业模式,以更好地适应市场环境,其中不少属于"中国特色"。这些模式大致可以分为四类。

2.1.1 纯线上模式

纯粹的线上模式被认为是"真正的"网贷,在这种商业模式下,网贷平台在网上同时获取投资人和借款人。借款人将他们的融资需求在平台上进行公布。通过提供足够的信息,并且设定合理的利率,借款人可以吸引投资者投资(即借钱给他们)。这种平台对参与者和平台本身都是比较节约成本

---

① 本章内容整理自作者已发表论文。江嘉骏、余音:"P2P 网络借贷的理论优势与现实困境",《现代管理科学》,2018 年 7 期。

的。但是投资人承担了借款人的全部信用风险。这种模式理论上可以降低信息搜索成本,提高投资人和借款人双方的福利,是网贷最初以及理论上最理想的模式。

但这种平台在中国市场有一个明显的缺点:当没有担保时,散户投资者不愿意承担风险。这可能是由于国内征信体系尚属缺乏,以及投资者的风险承受能力较低。

2.1.2 担保模式

这种类型的网贷平台与纯在线模式的区别在于,他们为投资者提供了本金或本息的担保。根据不同的担保方式,可以进一步分为风险准备金和第三方担保公司。风险准备金抽取每笔贷款所付利息的一部分,通常约占贷款余额的3%—6%。当借款人违约时,风险准备金会继续支付投资人,使投资人不会遭受损失。另一些平台与担保公司合作,以确保贷款不会对投资人违约。无论哪种方式,借款人都需要以更高的成本借款,因为他们相当于向平台支付了一笔信用违约保险的溢价。

尽管这种平台由于风险较低而对投资者很有吸引力,但实际上平台承载了大量风险。每个借款人的违约风险虽然得到分散,但平台本身还是容易受到系统性风险的影响,而且这种担保制度也可能会引起借款人的道德风险问题。

2.1.3 小贷公司模式

小贷公司模式与纯线上网贷模式有很大的不同,有些学者甚至认为不能称之为网贷。传统网贷平台(包括纯线上和担保模式)从线上获取借款人和投资人。但小贷公司模式的网贷公司通过另外的小额信贷机构来获取借款人。当小额信贷机构同意借款人的贷款申请后,他们在合作的网贷平台发放贷款信息。这种合作不是独家的,更多的情况是一家网贷平台与多家小额信贷机构合作。小贷公司往往是区域性的,小贷公司的合作网贷平台业务也会针对某个区域进行开展。大多数小额信贷机构为投资者提供担保。

小贷公司模式的优势在于小额信贷机构通常有训练有素的线下团队,

可以快速有效地获得借款人。因此网贷平台可以集中在资金端，为投资者提供更好的服务。但这种模式也有明显的缺陷。为了支持庞大的地面团队，成本也相当可观。此外，尽管许多小额信贷机构声称，贷款是100%安全的，仍有潜在风险，小额信贷机构可能破产。在大多数小贷公司模式网贷中，信息透明度不如纯线上平台。这是因为小额信贷机构往往不会向网贷平台提供详细信息。

2.1.4 "贷款池"模式

一般来说，借款人倾向于长期借款，而投资者则倾向于短期投资。真正的网贷意味着借款人和投资者直接配对，从而导致期限偏好的不匹配。贷款池可以解决期限和其他可能的错配问题。网贷平台购买借款人的债务，然后将其放入一个贷款池中。平台将贷款池分层，为投资者提供具有不同期限、不同风险特征的产品。从概念上讲，这一过程类似于证券化，但许多平台声称，他们实际上动态地匹配投资者和借款人，使每个产品有明确对应的贷款。

这种平台模式可以更好地满足借款人和投资者的需要。由于没有错配问题，平台更容易大规模发展。但这些平台上的信息最不透明。投资者不知道他们的钱放在哪里，也不知道产品背后的风险。事实上，这样的平台又重新担任起了金融中介的作用，而失去了网贷的成本优势。

值得注意的是，大多数平台都是两种或两种以上类型的组合。整体而言，随着行业发展，单纯的线上模式的网贷已经越来越少。大多数平台提供了信用担保，甚至很多平台开始售卖打包的集合理财产品，网贷平台从"去中介化"慢慢地"再中介化"，已经失去了传统意义上网贷相对于传统金融机构的优势。

2.2 网络借贷的理论优势

人们一般认为，网贷平台作为一个去中介化的市场平台，利用互联网和数据分析的技术创新,节约了传统借贷过程中可能产生的成本,并且为投资者提供了一类新的资产类别,总体上来说提高了借贷双方的福利。具体来说,体现在以下几个方面。

2.2.1 降低搜索成本

通过互联网,借款人和投资人可以以更低的成本找到自己的交易对手,同时交易条件也比传统渠道更好。通俗来讲,互联网降低了成本,借款人可以更低的利率借款,而投资人可以获得更高的回报(Martin-Oliver et al.,2008)。由于较低的搜索成本,网贷市场参与人比通过正规的银行渠道更容易获得贷款服务。虽然市场竞争会推动平均价格下降,但由于搜索成本的存在,价格会存在差异(Carlson et al.,1983)。因此,尽管顾客处于竞争激烈的市场中,他们仍然可能面对较高的价格。在互联网市场,搜索成本趋于零,因此价格形成将不同于传统市场(Baye and Morgan,2001)。在这样的市场上,更多公司的竞争有助于降低价格,且对于所有顾客都是相同的。学术研究的证据表明,互联网模式比传统线下行业更有利于提高消费者福利。

2.2.2 运营效率更高

有许多学术研究讨论了金融机构的运营效率与运营成本问题。一项关于金融机构效率全面的文献综述中指出,在美国,超过20%的银行成本来自技术低效和资源错配的成本(Berger et al.,1993)。实际的经验证据也表明,传统银行的员工遍布全国各地,高额的广告和行政开支等都导致了传统银行的运营效率较低。纯粹线上的网贷平台是一个信息提供者,其商业模式相对简单,运营成本低。网贷公司也不需要在全国设置线下的分支机构和雇佣员工,因此间接成本更低,从而减少了客户应该支付的费用。

2.2.3 提供新的资产种类

网贷平台为借款人提供了与传统银行类似的贷款服务。但对于投资人来说,网络贷款是一个全新的资产类别。当人们把钱存到银行储蓄账户时,他们得到一个无风险但相对较低的存款利率。同时,银行将这些资金贷给企业或消费者,并向他们收取高利率以承受违约风险。但在网贷市场中,平台本身并不承担风险。投资人将收到高于存款利率补偿违约风险。对那些寻求高回报,愿意承担一些风险的投资人来说,这是一种可以选择的新资产类别。在网贷市场出现之前,个人很难直接投资于消费者或中小企业贷款。此外,网络贷款与股票和债券等其他资产类别的相关性较低,使网贷成为大类资产配置时比较好的选项。

2.2.4 普惠金融

中小企业和个人消费者缺乏通过正规途径获得资金的渠道。这一方面是因为中小企业贷款或消费贷款风险太大,另一方面是因为相对于回报来说,甄别和管理这些贷款的成本太高。在IT技术的帮助下,网贷可以作为传统银行的补充,为小企业和个人提供贷款服务。传统上,银行使用财务和信用记录评估贷款风险。对于那些以前没有太多的金融交易的借款人,他们的信用记录较少、评分较低,因此也更不可能从银行获得贷款。网贷市场中,借款人可以提交附加的信用信息,帮助他们获得贷款。借款人的借款成功率与其财务状况有关,信用评分高、债务收入比低的借款者更容易借到钱且利率更低(Herzenstein et al., 2008; Klafft, 2008)。当平台只披露借款人的信用等级而不披露具体的信用评分时,投资者能够通过其他信息推测出借款人具体的信用状况,说明网贷市场通过提供更多的附加信息降低了信息不对称程度(Iyer et al., 2015)。

更多的学术研究表明,网贷市场中的许多非财务信息与个人的信用状况有关。许多文献具体研究了哪些信息会影响借款人的借款成功率和违约率,如性别、种族、年龄(Barasinska and Schaefer, 2010; Herzenstein et al., 2008),贷款描述(Herzenstein et al., 2011b; Michels, 2012),甚至照片中反映的信息也能预测借款成功率与违约率(Duarte et al., 2012; Pope and Sydnor, 2011; Ravina, 2012)。

2.2.5 利用社会网络价值

网贷市场的用户会自然形成一个在线的社会网络,而社会网络本身具有风险评估、改善效率和降低成本的价值。研究表明,投资人或借款人会自发形成小群体或小社区。自发形成的小组组长会为组员筛选和监控贷款。群组像金融中介一样自发地出现(Berger et al., 2009)。小组组长可以显著减少信息不对称,从而改善了借款人的信用状况。这意味着网贷市场社会网络价值提高了效率。

2.3 网络借贷发展历程与未来展望

总体来说,网贷市场在中国经历了 2010—2014 年的高速发展期,2015—2017 年的风险暴露期,2018—2020 年的转型期等几个阶段。与此同时,监管也经历缺失到尝试再到完善的过程。

从 2014 年开始,网贷平台数量增速保持在月均 10% 以上,到 2015 年底左右,整个行业的运营平台数量将近 4 000 家,是 2014 年初的 6 倍。但是自从 2015 年底,发生了"e 租宝"等涉嫌非法集资诈骗的黑天鹅事件,平台数量开始下滑,每个月都有数十家甚至上百家平台停止运营。截至 2017 年底,运营平台数量不足 2 000 家,整个行业进入一个优胜劣汰的成熟阶段。至 2020 年底,所有网贷平台基本完成退出或转型。图 2-1 展示了各年网贷运营平台数量趋势。

与平台数量相对应的,网贷行业的总成交量也有类似的快速增长后进入平稳下降的现象。从 2014 年整个行业月成交量 100 亿元,快速成长为 2015 年底的 1 400 亿元左右,增速快于平台数量的增长,说明行业发展是不均匀的,少数大型网贷公司的扩张速度更快。另一个方面同样可以观察到这一特征,在 2015 年底平台跑路事件的影响下,成交量小幅回落,随后继续增长。直到 2017 年稳定在每月 2 500 亿元左右,达到了成交量的峰值。

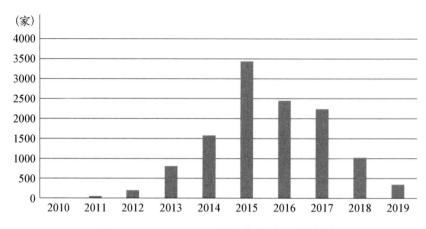

图 2-1　2010—2019 年网贷运营平台数量

2019 年全年成交量降低为 9 600 亿元左右。成交量下降慢于平台数量,说明整个行业在中后期的规模越来越向少数平台集中。图 2-2 展示了各年网贷成交量趋势。

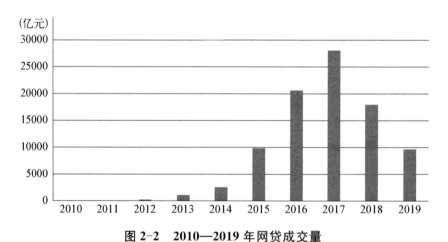

图 2-2　2010—2019 年网贷成交量

在待还余额方面,截至 2017 年年底,行业内待还贷款总额约为 1.2 万亿元,与余额宝的规模相当。而在 2015 年年底,这个数字仅为 4 千亿,约为当时余额宝规模的一半。到 2019 年贷款余额急剧下降,回到 2015 年的水平。政策清退效应明显。图 2-3 展示了各年贷款余额走势。

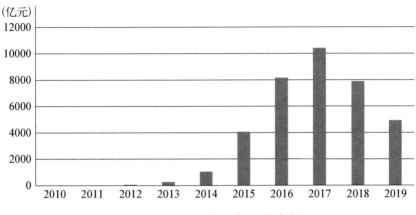

图 2-3 2010—2019 年网贷余额

网贷的参与者增长也面临结构问题。网贷作为一种债权众筹的形式，其投资人是远多于借款人的，即使考虑到投资人投资多笔借款的情况，也可以在历史数据中发现，投资人多于借款人。在 2017 年以前，投资人稳定在借款人的 2—4 倍左右。在 2016 年底，网贷整个行业共有约 400 万名投资人和 200 万名借款人。但是从 2017 年开始，投资人可能出于对网贷标的风险的疑虑，数量不再增长，而借款人的数量快速增长，到 2017 年底，借款人数超越投资人数。这种借款人与投资人的倒挂也说明个人借贷市场供需平衡的变化。随着刚性兑付的打破、利率的下降，网络贷款对于投资人的吸引力降低。

网贷产品的结构也随着行业发展发生改变。网络贷款的平均利率一致处于下降的趋势。2014 年初时，网贷平均年化利率高达 20%，而在 2019 年底降到 9%，但依旧处于传统理财产品中较高的水平。与之相对的，产品的期限也从 2014 年初平均 6 个月，增长到 2019 年底的 15 个月。整体来说，在行业发展的中后期，标的的特性逐渐趋于成熟，过去以超高利率的短期贷款作为主要卖点的野蛮增长时期已经过去，逐渐转为合理利率、中长期为主的贷款产品。

从网贷平台类型看，许多传统的金融机构、国企和私募资本进入了行业，投资或是自己设立网贷平台。在 2015 年以前，主要的网贷平台以私人企业为主。在这之后，风投、上市公司、银行等纷纷进入网贷行业，而有这些背景的网贷平台发展迅猛，占有较大的市场份额，而大量的小平台则只占有比较小的交易量。这一方面促进了行业的发展成熟，使得大平台产生规模效应，进一步降低成本提高效率；另一方面，资本的进入特别是银行和上市公司等纷纷参与网贷行业，使得这一新的互联网金融产业与传统金融和实业结合更紧密，风险的相关性变大，更凸显对行业监管的重要性。

回望网贷发展历程，站在2018年的节点上，众多机构均预测随着监管日趋完善、行业逐渐成熟，网贷行业将迎来新的更平稳的增长。但是随着2018年后关于网贷转型监管政策的落地，"初代"网络借贷行业走向了尽头。网络借贷快速发展，又迅速倒下，表面原因是监管政策的转向，但深层次原因是其快速发展、无序扩张中积累的大量风险。这个过程中产生的经济现象、行业数据都是有价值的研究素材。2019年11月，《关于网络借贷信息中介机构转型为小额贷款公司试点的指导意见》发布，为网贷平台转型小贷公司给出了具体方案。2020年11月《网络小额贷款业务管理暂行办法（征求意见稿）》出台，为进一步规范网络小贷作出了明确的监管要求。可以看到，监管在行业的发展过程中，正摸索一条适合中国市场的网络借贷发展新道路。而我们也应当从这一行业的兴衰当中分析、讨论，得到对于未来网络小贷乃至其他金融科技创新研究的启示。

第 3 章
网络借贷平台风险与驱动因素分析

3.1 研究问题与主要发现

通过第 2 章关于网络借贷理论优势与现实困境的分析,发现在理论上,网络借贷平台的出现满足了个人及小微企业的部分融资需求,并且创造了一种新的风险资产类别,用互联网技术创新弥补了传统金融体系在这部分市场的空白,是值得肯定的金融创新。但实际中,由于监管措施与市场自律规范不健全,许多平台出现大面积违约和倒闭的现象,甚至出现类似于"庞氏骗局"的违法行为。这些行业异象使得人们提出质疑,我们是否需要这样一个不"健康"的网络借贷市场。基于此,本章研究两个重要的问题:(1)网贷市场的快速发展是否有经济合理性;(2)监管政策出台能否促进行业的规范发展[①]。

网络借贷作为一种互联网金融业态,其出现同时反映了互联网技术的进步与人们对于小微借贷服务的需求。如果网贷市场的增速受到互联网技术发展与金融服务需求的影响,说明网贷市场快速发展背后有宏观驱动因素,有一定的合理性。反过来,如果存在过度发展,那么应该观察到高增长的平台会出现更大的风险。为了回答这一研究问题,本章利用全国 651 家网贷平台的日成交数据进行实证分析。

---

① 本章内容整理自作者发表论文。江嘉骏、高铭、卢瑞昌:"网络借贷平台风险:宏观驱动因素与监管",《金融研究》,2020 年第 6 期。

首先，本章发现，增速越高的平台未来停业风险越小。其次，本章进一步分析增长与风险的关系，考察网贷平台增长背后的影响因素。过去的文献研究了信息技术对经济发展的影响，发现电信基础设施、互联网的普及，促进了经济增长，提高了生产率（Datta and Agarwal，2004；Czernich et al.，2011；郭家堂和骆品亮，2016）。随着大数据分析、人工智能算法等新技术的出现，传统金融服务的模式也发生了改变，从中产生了数字经济这一新的概念。因此技术供给是网贷市场发展的先决条件，是影响网贷市场发展的第一个宏观驱动因素。另外，一个行业的发展方向是由需求决定的。传统金融资源主要集中于国企、大中型企业（Gregory et al.，2000；Tsai，2004；林毅夫等，2004）。出于成本和风险的考虑，传统金融机构只能覆盖相对优质的客户，而网贷平台则能照顾到所谓"长尾"人群或企业的金融需求，如小微企业、低收入人群等。这种普惠金融的需求是影响网贷市场发展的第二个宏观驱动因素。

研究发现技术供给和普惠需求对网贷平台发展有显著影响。首先，用互联网渗透率作为技术供给的度量，在其他条件不变的情况下，互联网渗透率越高，省内网贷平台增速越快。同时，技术进步降低了行业进入门槛，从而加剧了网贷行业的竞争。研究发现成交量越分散的省份，省内网贷平台的增速越快。其次，用平均每万人拥有的小额贷款机构数量来衡量各省的金融可得性，发现可得性越差，即普惠需求越强的地区，网贷平台增速越快。同时，如果网贷平台经营更多短期、小额贷款，则其增速更快。

本章使用以上制度变量及平台特征构建网贷平台的预期增长率，发现当实际增长率低于预期值时，平台未来停业的风险会增加。综合上述结果，网贷市场的增长反映了宏观驱动因素的作用，但高速增长也埋下了隐患：平台的存续依赖于持续的高速增长，一旦后续增速放缓，将增大停业风险。

本章回答了第二个研究问题，即外部监管是否能规范网贷行业。金融业是受到监管规制最多的行业之一，但网络借贷作为一个新兴的业态，其监管措施还不成熟，留下了一定的监管套利空间（Philippon，2016；Buchak et al.，2017）。2015年12月28日，银监会同几部委联合起草《网络借贷信息中介机构业务活动管理暂行办法(征求意见稿)》(以下简称《暂行办法》),网贷市场首次出台正式的监管细则。本章以此作为外部的制度冲击,考察监管政策出台前后网贷行业发展和风险的变化,并进一步按《暂行办法》发布前的平台停业率将各省分为高风险省和低风险省,考察监管政策的异质效果。实证结果发现,控制技术供给、普惠需求与其他变量的变化之后,监管政策发布后网贷平台成交量增速显著放缓,在其他条件不变的情况下降低了预期增长率,减缓了平台存续对于高增长的依赖。同时,监管政策发布后,平台停业风险降低。结果说明《暂行办法》出台对于规范行业发展有一定的促进作用。但是,监管政策对于高风险省的作用弱于或不显著区别于低风险省,表明监管效果的针对性需要加强。将各省划分为《暂行办法》发布后立即实施或发布地方监管细则的省份和其他省份,使用双重差分(DID)的研究思路,发现类似的结果,政策在实际实施的省份能更有效地降低平台停业风险,并减少对于高增长的依赖。

  本章后续的安排如下:3.2 节进行文献综述并提出研究假设;3.3 节介绍实证分析使用的样本及其描述性统计;3.4 节进行实证结果分析;3.5 节总结本章并提出政策建议。

3.2　文献综述与研究假设:宏观背景、监管政策与网贷平台发展

3.2.1　网贷平台发展与风险

  金融是各行业中受到监管规制最多的行业之一,而金融科技作为一个新兴的业态,其监管措施还不成熟,存在一定监管套利的空间(Philippon, 2016;Buchak et al.,2017);另外,由于网络借贷规模快速增长,小微信贷扩张迅速,使得行业也产生了许多新的风险。2008 年次贷危机以来,已有许多研究将视线转向信贷增长与金融风险。学者通过对发达经济体长期数据的分析,发现信贷增长是金融危机有效的前瞻预测指标(Schularick and

Taylor，2012）。由于缺乏有效的监管措施，信贷过快增长导致资产泡沫进而引发金融危机。国内的学者，如易宪容（2009）也认为信用扩张过度，即信用膨胀速度快于实体经济产出的增长速度，是金融系统性风险的根源。其他对发展中国家市场的研究也发现类似的结论，在不完善的货币政策与监管背景下，快速的信贷增长导致风险累积，最终往往会引发金融危机（Elekdag and Wu，2013）。以上研究主要考察的是银行等传统金融体系的信贷增长，通过对 2008 年次贷危机前后小微金融规模与风险的变化分析，学者发现小微金融体系有着与传统银行信贷体系类似的过度扩张到危机爆发的过程（Wagner，2012）。由于网贷行业相关研究的缺乏，参考过去关于银行与小微金融的研究，可以推断当网贷规模过快发展时，风险也会随之增加。因此本章检验以下假设：

> **假设 1** 若网贷行业发展不合理，增速过快，则增长速度与停业风险正相关。

3.2.2　网贷平台增长的宏观驱动因素

随着计算机技术和互联网技术的不断发展，信息的数字化在互联网时代得到了前所未有的应用。一个典型的例子是互联网和金融的深度融合，为一种利用互联网来配置资源的新模式的产生提供了条件（谢平和邹传伟，2012）。充足的技术供给是数字经济发展的先决条件之一。许多文献研究了信息技术对经济发展的影响，如在跨国研究中发现，电信基础设施促进了经济增长（Datta and Agarwal，2004），互联网普及率提高了人均 GDP 增长率（Czernich et al.，2011）。国内研究中，郭家堂和骆品亮（2016）发现互联网对中国全要素生产率有促进作用。

具体到网络借贷行业，技术进步为传统的借贷市场带来了如下改变。首先，网贷行业不受地域的限制，利用技术手段对借贷双方进行匹配，降低了信息搜寻的成本，使借贷供需双方可以在更短的时间内完成借贷手续，拓展了交易机会。研究发现,同样的商品在互联网商铺的销售价格比线下商店低9%—16%(Brynjolfsson and Smith,2000)。其次,与传统金融中介的网点和人员配置不同,网贷平台利用数据分析促进运营优化,提高效率,降低了信用风险。汪炜和郑扬扬(2015)认为信息技术降低了边际成本,使得互联网金融爆发式增长。姚耀军和施丹燕(2017)发现互联网金融发展存在区域差异,认为技术越发达地区的互联网金融业态发展也越快。此外,网贷平台利用信息技术,收集并分析贷款人信息,对其进行披露,降低了交易双方的信息不对称。谢平和邹传伟(2012)指出网贷平台是信息撮合者,提供较为完整的信息披露,可以根据贷款人还款表现形成信用历史数据,降低信息不对称程度,减少道德风险,同时有助于个人征信记录的积累。网络借贷市场上贷款人自愿披露未经证实的个人信息,可以帮助降低其贷款成本(Michels,2012)。除了传统的金融财务特征外,网络借贷平台上的其他"软信息",如照片、好友关系等,都可以传递贷款人的信用信息(Duarte et al.,2012;Lin et al.,2013)。从投资人角度,胡金焱和宋唯实(2017)发现网贷平台投资人可以有效利用信息作出理性决策。

虽然互联网金融可以突破地域限制,连接来自全国的投资人和借款人,但是对于平台本身的发展,还是受制于运营地本地的互联网技术和人才储备,因此技术供给依旧会对本地企业发展产生影响。网络借贷的参与人也可能存在明显的地域特征。许多文献发现,即使是在互联网平台上,投资人仍然存在本地偏好(Jiang et al.,2020;Lin and Viswanathan,2015),由于信任感、维权成本和平台自身宣传策略等原因,小型平台只能吸引本地投资人。因此,本地网络渗透率,影响投资人是否习惯使用互联网投资,进而对平台发展也可能产生影响。

除了技术供给为行业发展带来的直接影响,其对行业形态的改变也会对网贷行业的发展产生间接的影响。传统金融业进入门槛较高,行业内竞争不足,学术界的一类主流观点认为,银行的垄断地位使得银行对贷款人收取更高的利率,从而增加了贷款人的违约风险、加剧了道德风险问题(Boyd and Nicolo,2005)。技术的进步降低了行业的进入门槛,提高了金融科技行业的竞争性,从而影响行业的发展。良性的竞争使得企业提升效率、提高服务质量、进一步技术创新(Nickell,1996),有助于地区金融科技行业整体声誉的形成。地区行业的快速发展还可能吸引人才,优惠政策等资源进一步地积聚形成良性循环(Smith and Florida,1994)。此外,金融行业特有的信用体系,将获益于行业的竞争与聚集带来的信用信息共享(Pagano and Jappelli,1993)。

行业的发展方向是由需求决定的。在中国,传统金融机构一直在融资需求大、信用记录良好的大企业的融资中扮演着主要角色,金融资源向国企、大中型企业集中(Gregory et al.,2000;Tsai,2004;林毅夫等,2004)。麦金农提出的金融抑制现象普遍存在于中国等很多国家,这使得优质的金融服务向金融市场发达的区域集中,这种现象阻碍了经济增长(McKinnon,2010)。很多研究表明,非正规金融在很长一段时间是中国民营企业的重要融资渠道(Gregory et al.,2000;Tsai,2004)。然而,学界在最近几年才把非正规金融作为一个重要的缓解金融抑制的市场来加以重视。之前的主流观点认为,非正规金融主要服务于低端市场(Ayyagari et al.,2010),其长尾优势使其更擅长提供零星、小额的贷款(Mohieldin and Wright,2000)。实际上,之前在多数讨论金融发展与经济增长关系的文献中,非正规金融作为企业和个人的一种外部融资渠道常常是被忽略的(Dasgupta,2004)。

网络借贷的发展正是迎合了日益增长的金融服务需求,尤其是原本获得传统金融服务较为困难的群体,如小微企业、低收入人群等。小微企业主和低收入个人的融资渠道较为有限,他们很难在没有抵押物的情况下从传统金融机构申请到周转贷款。傅秋子和黄益平(2018)发现农村金融需求受到数字金融水平的影响。在中国金融可得性较差的区域,很多个人和小微企业更多地从非正规金融市场获得融资(尹志超等,2015b)。网络借贷的出现补充了这些地区金融可得的不足,并且为当地家庭提供了一个较为规范的投资渠道。尹志超和张号栋(2018)发现,网络借贷可以促进家庭信贷需求,缓解正规金融的信贷约束。网贷平台无需抵押、借款成本更低,是正规金融可得性低的群体更为理想的融资渠道。

从行业形态来看，网贷平台提供的产品与服务类型会受到需求的影响。借款人的需求更倾向于金额较小，且期限较短的贷款产品，能够有效满足这种需求的平台能够吸引更多参与者。可见网贷市场作为传统金融机构的补充有小额、普惠的特点，这使网络借贷可以在满足更多借款人需求的同时，分散投资人风险。

综合以上讨论，有以下检验网贷行业宏观驱动因素的研究假设：

> **假设2** 若技术供给影响网贷行业发展，则互联网渗透率越高、行业竞争越激烈的省份，网贷平台规模增速越快。
>
> **假设3** 若普惠需求影响网贷行业发展，则小贷机构可得性越差、提供小额短期网贷越多的省份，网贷平台规模增速越快。

3.2.3 监管政策与网贷平台风险

网贷市场中，贷款人在不需要抵押物的情况下进行贷款会增加产生道德风险的可能，贷款人或平台的违约都会使投资人的投资风险变大。范超等（2017）和何光辉等（2017）分别研究了网贷平台风险的决定因素，发现信息不透明、平台公司治理机制弱等都会增加停业风险。向虹宇等（2019）发现网贷平台利率越高，成为问题平台的概率越高。李苍舒和沈艳（2018）从风险传导的角度考察了信息披露对于平台抗风险的作用。刘红忠和毛杰（2018）构建了实物期权模型来解释网贷平台风险的影响因素。但以上研究均没有对监管效果进行检验。

在针对金融科技的监管尚不成熟的阶段，更一般的法律保护环境对于行业的发展至关重要。在全球的金融市场中，法治化程度较好的国家通常有较好的关于投资者保护、债权人保护的立法及法律实施保障（La Porta et al., 1997a, 1998）。好的投资者保护有助于约束融资方事后损害投资者的行为，反过来有助于融资方事前更好地融资。好的法律保护措施不仅有助于国家经济发展水平提升，同时还能够提高行业和企业的表现（Demirgüç-

Kunt and Maksimovic，1998；Levine and Zervos，1998）。在较好的法律保护环境下，企业会更加注重自己的声誉以及同其他企业的关系，这有利于民营企业行业竞争更加规范，提高行业自律水平（Allen et al.，2005）。

鉴于网贷行业监管的相对缺失，传统银行业的监管研究可以提供一些参考。许多文献发现，更严格的银行监管会导致信贷供给减少，银行选择缩减放贷额度来满足资本金要求（Hyun and Rhee，2011；Peek and Rosengren，1995）。类比网贷行业，有效的监管同样可能导致行业增速放缓。另一方面，文献中比较了世界范围内的信贷危机，发现监管与银行在危机中的表现没有显著的相关性（Beltratti and Stulz，2012）。也有学者发现银行的治理与监管对银行的风险承担有显著影响，不同的股东结构会造成监管不同方向的影响（Laeven and Levine，2009）。可见在对银行业监管的研究中，对于监管与风险的关系没有一个明确的结论。现阶段网贷行业监管的重心，就是降低行业内普遍存在的停业跑路问题，因此，监管政策是否能在收缩网贷行业信贷供给的同时，有效降低平台停业风险，是下文需要检验的重点。

综合以上的分析，可以发现监管作为规范全行业的重要外部力量，对网贷行业发展有显著的影响，基于此本章提出以下假设：

> **假设 4** 如果监管政策有效，则政策出台后，网贷平台增速下降、停业风险降低。

3.3 网贷平台样本描述与基本事实

3.3.1 平台样本选取

本章的样本选取自我国网贷行业主要的信息平台网贷之家数据库，数据包括来自全国 24 个省共 651 个网贷平台自 2015 年 1 月 1 日至 2016 年 9

月30日(21个月)的平台日度成交数据及各省网贷行业月度市场数据。网贷之家平台数据库中均为规模较大、运营健康的平台①。本章以此数据为基础,构建平台-日度面板数据。

对比行业总体数据,以2016年9月为例,该样本月成交量占全国网贷平台成交量的80%,样本具有代表性。网贷平台的日度成交数据,包括各平台特征(平台成交量、标的数量、注册地、注册资本、存续时间)、借贷双方参与程度(投资人和贷款人数、单笔投资额、单笔贷款额、待还投资人数、待还贷款人数)及产品特征(平均利率、期限)。另外,网贷之家收集整理了所有问题平台的详细资料,由此可以得到各省当月发生问题平台的数量。

通过平台注册地信息,可以加总得到各省网贷行业日度市场数据,包括总平台数、平台成交量集中程度等指标。

为了考察制度环境对于网贷行业发展的影响,本章收集了一系列省级宏观指标,包括互联网渗透率、人均小额贷款机构数量、人均GDP、市场化指数等。其中,人均GDP、人均小额贷款机构数量来自CEIC数据库,互联网渗透率来自中国互联网络信息中心统计数据。合并各数据来源,本章得到各变量完整的样本,包含651家网贷平台,约20万条日度观测的平台-日度面板数据。

3.3.2 平台风险与影响因素变量构造

(1) 平台风险与增长变量

为考察网贷平台的停业风险,本章构造了表示是否停业的虚拟变量。如果平台在样本期内停业(由于倒闭、跑路等原因),则该变量记为1,反之为0②。

本章按公式(3-1)计算了平台日成交量的增长率,作为平台发展速度的

---

① 网贷之家以如下标准确定纳入数据库的平台:(1) 上线时间三个月以上;(2) 单个借款人平均借款金额应小于(注册资金、风险准备金、0.5×自身担保公司注册资金)三者最大值的;(3) 单月投资人数大于100人;(4) 单月借款人数大于5人;(5) 综合预期年化预期收益率不超过18%;(6) 3个月内无不诚信行为及被刑事调查;(7) 可以获取详细、明确的成交数据及平台信息的。

② 该变量表示平台在样本期内最终的状态,不随时间变化。

主要指标。

$$Growth_{i,p,t} = \frac{Volume_{i,p,t}}{Volume_{i,p,t-1}} - 1 \qquad (3-1)$$

类似于成交量增长率,本章还计算了投资人和贷款人的增速作为衡量平台发展情况的附加指标。为剔除异常值的影响,本章对所有增长率变量进行1%的双边截尾处理。

(2) 制度背景解释变量

互联网资源:参考过去互联网技术对于经济和产业发展影响的文献,本章采用互联网渗透率作为衡量互联网技术供给的指标(Czernich et al., 2011;韩宝国和朱平芳,2014;郭家堂和骆品亮,2016)。互联网渗透率数据来自CNNIC中国互联网数据平台,分别计算了各省人口中网民的比例,其中网民同时包括通过电脑连接传统互联网和手机连接移动互联网的人口。该数据的更新频率为一年。

金融可得性:过去文献中通常使用每万人银行网点数量来衡量金融可得性(Mookerjee and Kalipioni,2010;尹志超等,2015b;尹志超和张号栋,2018)。这一指标反映传统金融机构的可得性,但不一定能准确衡量没有被传统金融机构覆盖群体的需求是否被满足。根据前文的讨论,本章使用每万人小额贷款机构数量,来衡量"长尾人群"的金融可得性。小贷机构数量数据来自CEIC统计数据库,使用央行发布的小贷机构运行情况中各省小贷机构数量,除以各省人口。该数据的更新频率为一个季度。

监管政策:为了考察监管效果,本章构造了表示监管政策出台的虚拟变量,以2015年12月28日《网络借贷信息中介机构业务活动管理暂行办法(征求意见稿)》出台为界,之后的日期记为1,之前则为0。此外,在上述全国性管理办法征求意见稿出台后,一些省(区、市)立即颁布了地方性的实施细则或实际执行有关监管措施,包括上海、北京、广东、重庆、安徽[①],将这些省份记为1,其他则为0,表示监管措施实际实施的省份。

---

① 见网贷之家监管政策汇总 https://www.wdzj.com/news/zhengce。

(3) 行业形态解释变量

竞争性：技术供给降低了行业进入门槛，直接的后果就是平台数量增多，省内行业竞争加剧。为衡量竞争性，本章计算了地区平台成交量的赫芬达尔指数，具体计算方式如下：

$$HHI_{p,t} = \sum_i \left[\frac{Volume_{i,p,t}}{\sum_i Volume_{i,p,t}} \right]^2 \tag{3-2}$$

HHI 指标取值 0～1，值越小，说明行业竞争越激烈。HHI 等于 1 则说明行业被完全垄断。

产品类型：本章使用平台产品的期限和金额大小来衡量其是否符合普惠金融的需求。

省内平台风险：为了进一步区分监管政策在不同省份的效果，计算 2015 年 12 月 28 日时本省内累计停业的平台数除以省内总平台数的比值，按样本均值分为高低两组，高风险组取值为 1，低风险组为 0。①

(4) 控制变量

除了主要的宏观环境与行业形态的解释变量外，平台的发展情况还与平台自身特征、产品特征、省经济发展情况有关，因此在回归分析中进一步加入以下控制变量。

各省人均 GDP 对数：反映各省经济发展状况。宏观环境的指标与 GDP 都有一定相关性，回归中加入 GDP 对数，使得结果不只是捕捉了一般经济发展的作用。

GDP 增速：GDP 年增长率来衡量经济增长情况。

平台特征：平台成立年限、平台注册资本。控制成立年限排除了企业生命周期对结果的影响。规模不同的企业可能表现出不同的发展模式，本章用注册资本加以控制。

---

① 样本中来自高风险省份的平台有 231 家，低风险省份有 420 家。分布不均主要的原因在于，北京上海广州是低风险省份，而北上广三地平台数达到 361 家，占到总样本的 55%。为了保证结果对于样本省份分布是稳健的，在去除样本中来自北上广的平台后，同样得到稳健的结果，详见稳健性检验小节。

产品特征：上一期平台待还贷款总额对数、上一期加权平均利率、上一期加权平均期限。这些变量控制了不同产品策略对结果的影响。

除此之外，为了控制时间趋势和周期性对于结果的影响，在相应的回归中控制了被解释变量的滞后期，月度固定效应，周内日度固定效应。

3.3.3 描述性统计

表3-1报告了实证分析部分主要变量的描述性统计。面板A报告了平台风险与发展情况的描述性统计。样本中有5.1%的平台停业。成交量增速平均值为16.8%，但波动幅度较大。25%分位点为−56.0%，75%分位点为40.0%，说明不同时间、不同平台之间成交量增速存在很大的差异。这也说明样本内有足够的差异使我们可以研究平台发展的影响因素。贷款人增速平均为−1.8%，投资人增速平均为6.0%，与成交量增速类似，在不同样本间有较大的波动。

表3-1 主要变量描述性统计

面板A：被解释变量					
变量	均值	标准差	25%分位点	中位数	75%分位点
是否停业	0.051	0.221	—	—	—
成交量增速	0.168	1.161	−0.560	−0.088	0.400
贷款人增速	−0.018	0.664	−0.490	0.000	0.200
投资人增速	0.060	0.902	−0.500	−0.092	0.310
面板B：主要解释变量					
变量	均值	标准差	25%分位点	中位数	75%分位点
互联网渗透率	0.625	0.131	0.488	0.679	0.716
小贷机构可得性	0.048	0.019	0.039	0.040	0.051
监管政策颁布	0.486	0.500	—	—	—
监管省份	0.501	0.500	—	—	—

续　表

面板 B：主要解释变量					
变　量	均值	标准差	25%分位点	中位数	75%分位点
省内成交量 HHI	0.212	0.182	0.095	0.158	0.253
单笔贷款金额对数	2.907	1.754	1.898	2.923	4.111
贷款期限对数	1.240	0.792	0.693	1.224	1.728
高风险省份	0.342	0.475	—		

面板 C：控制变量					
变　量	均值	标准差	25%分位点	中位数	75%分位点
GDP 对数	10.451	0.559	10.044	10.259	11.124
GDP 增速	0.081	0.025	0.064	0.074	0.099
待还贷款余额对数	8.886	2.507	7.578	8.931	10.527
贷款利率	13.602	5.390	10.390	13.070	16.210
平台成立年限	6.189	0.746	5.841	6.284	6.652
平台注册资本对数	8.269	1.056	7.601	8.517	9.210

面板 B 报告了主要解释变量的描述性统计。主要的制度背景解释变量中，互联网渗透率均值为 0.625，说明网民占到总人口数的 62.5%。小贷机构可得性较低，平均每万人仅拥有 0.048 家小贷机构。监管政策发布后的样本占到总样本 48.6%。有 50.1%的样本来自实际执行监管措施的省份。在行业形态解释变量中，省内成交量 HHI 均值为 0.212，75%分位点为 0.253，说明竞争性较强。单笔贷款金额对数与贷款期限对数的平均值分别为 2.907 和 1.240，约合 18 万元，3 个月左右，平均来说网贷平台的贷款为短期小额贷款。按政策发布前夕的省内累计停业平台比例均值划分，34.2%的样本进入高风险组。

面板 C 报告了其他控制变量的描述性统计。样本中平均贷款利率为 13.602%。待还贷款余额为 8.886，约合 7 000 万元。平台注册资本可以反映平台的资金实力，样本均值为 8.269，约为 4 000 万元，平台存续时间说明平台持续经营的时间，样本均值为 6.189 年。

3.4 实证结果与分析

本节利用网贷平台日度成交数据、停业平台数据,回答前文提出的两组研究问题:首先,网贷平台的高速发展是否有合理的经济动因;其次,监管政策是否有助于规范网贷平台发展。

3.4.1 网贷平台风险、增长与宏观驱动因素

(1) 网贷平台发展增速与停业风险

如果网贷行业的高速发展并不合理,那么应该观察到增速越快的平台,其风险越高。首先考察网贷平台发展增速与风险的关系来对假设1进行检验。具体来说,使用以下回归模型:

$$FAIL_{i,p} = \beta_0 + \beta_1 Growth_{i,p,t} + \beta_2 Control_{i,p,t} + \lambda_t + \gamma_p + \varepsilon_{i,p,t}$$

(3-3)

其中,$FAIL_{i,p}$为虚拟变量,如果样本内平台在样本期内停业,则记为1,反之为0。$Growth_{i,p,t}$为平台增长率指标。回归还控制了一系列控制变量,包括省经济发展情况、平台特征及产品特征等。λ_t代表时间固定效应,包括月份固定效应和一周内日期的固定效应,排除时间趋势及周期性对结果的影响。γ_p代表省份固定效应,进一步控制了不同省份间不可观测因素的差异对网贷平台风险的影响。由于平台固定效应与被解释变量完全共线,因此在关于平台风险的回归中,仅控制省份固定效应。由于同一平台在不同交易日的回归残差可能存在相关性,本章的估计均采用聚类在平台-月份的稳健标准差。

表3-2报告了回归结果。为了提高可读性,表中将所有回归系数乘以100,代表对停业概率百分比的影响,本章后续关于停业风险的回归系数均乘以100报告。

表 3-2　网贷平台增速与停业风险

被解释变量	(1)是否停业	(2)是否停业	(3)是否停业	(4)是否停业	(5)是否停业	(6)是否停业
成交量增速	−0.212***	−0.139***				
	(0.041)	(0.042)				
借款人增速			−0.176*	−0.098		
			(0.093)	(0.098)		
投资人增速					−0.244***	−0.117**
					(0.056)	(0.055)
GDP 对数		73.613***		73.845***		74.232***
		(27.991)		(28.010)		(28.030)
GDP 增速		26.690		26.591		28.076
		(18.356)		(18.363)		(18.486)
上期待还贷款余额对数		−0.181		−0.185		−0.191
		(0.126)		(0.127)		(0.127)
上期贷款利率		0.336**		0.338**		0.333**
		(0.147)		(0.149)		(0.147)
上期贷款期限对数		−1.841***		−1.843***		−1.832***
		(0.268)		(0.269)		(0.271)
平台成立年限对数		1.382***		1.396***		1.402***
		(0.378)		(0.379)		(0.380)
平台注册资本对数		−1.946***		−1.951***		−1.934***
		(0.221)		(0.221)		(0.221)
月度固定效应	否	是	否	是	否	是
周中固定效应	否	是	否	是	否	是
省份固定效应	否	是	否	是	否	是
观测数	242 084	241 578	241 183	240 664	240 997	240 479
R^2	0.000	0.088	0.000	0.088	0.000	0.088

注：系数均乘以 100。括号中报告聚类在平台-月份的稳健标准差。＊＊＊p＜0.01，＊＊p＜0.05，＊p＜0.1。

表 3-2 第(1)列用是否停业的虚拟变量对成交量增速进行回归,结果显示成交量系数的回归系数显著为负,说明当成交量增速越低时,平台的停业风险越大。第(2)列进一步控制了回归式(3-3)中所有控制变量和固定效应,发现结果依然显著为负。当成交量增速低一个样本标准差时(1.161),停业风险上升 0.225%,为样本均值的 4.41%(0.225%/5.1%)。第(3)、(4)列使用借款人的增速衡量平台增长速度。在单变量回归中,借款人增速也与停业风险负相关,但在加入控制变量和固定效应后系数不显著。最后两列使用投资人增速衡量平台增长速度,重复之前的回归,无论在单变量或是全模型回归中,投资人增速都与平台停业风险显著负相关。当投资人增速低一个样本标准差时(0.902),停业风险上升 0.106%,为样本均值的 2.08%(0.106%/5.1%)。

以上结果说明,高速发展本身不一定带来高风险,这与假设 1 不一致。但是,平台的存续可能依赖于持续的高速发展,尤其是资金流入的持续增长。接下来本节进一步分析平台高速增长的决定因素,考察增速对风险的影响机制。

(2) 技术供给、普惠需求与网贷平台发展

本节首先分析网贷平台发展的宏观影响因素,验证假设 2、3。其次,利用这些影响因素,将平台增速分解为预期部分和未预期部分,考察平台增长如何影响平台停业风险。

本节估计以下回归模型,从制度背景与行业形态特征两个维度考察技术供给和普惠需求对网贷行业发展情况的影响:

$$Growth_{i,p,t} = \alpha_0 + \alpha_1 Factor_{i,p,t} + \alpha_2 Control_{i,p,t} + \lambda_t + \tau_i + \upsilon_{i,p,t} \tag{3-4}$$

其中,$Growth_{i,p,t}$ 为 p 省平台 i 在 t 日的成交量、借款人、投资人增长率等平台发展指标。$Factor_{i,p,t}$ 为根据研究假设待检验的影响平台发展的指标。在模型中控制了被解释变量的滞后值,来排除被解释变量的自相关导致的估计偏误。同回归式(3-3)类似,回归式(3-4)还控制了一系列控制变

量与时间固定效应 λ_t。另外回归还控制了平台固定效应 τ_i,进一步控制反映不同平台特征可能的遗漏变量对网贷平台发展情况的影响。因为平台固定效应会吸收省份固定效应,因此在回归式中没有加入省份固定效应。同样由于同一平台在不同交易日的回归残差可能存在相关性,回归式(3-4)的估计均采用聚类在平台-月份的稳健标准差。

网络借贷是金融和信息技术不断发展融合产生的创新模式,网贷行业在中国各省都有所发展,但由于每个省的禀赋和发展条件不同,各地的网贷市场发展程度也有所差别。一方面,互联网的普及程度直接影响了以互联网技术为创新推动力的网贷行业发展,因此,互联网渗透率可以作为技术供给的衡量指标。另一方面,技术供给同时也会影响行业形态,降低进入门槛,使得行业内竞争更为激烈。网贷行业的聚集与竞争有助于提升该地区行业的发展。本章以同一省份网贷平台成交量的赫芬达尔指数为行业区域竞争性的指标。

除了新技术的应用外,网贷行业发展还可能与普惠金融的需求有关。传统的金融体系无法覆盖所有人群或企业的金融需求,由此催生出了各种不同类型的非正规金融形式。首先,从制度背景的层面看,每万人小额贷款机构数量可以衡量一个地区的金融可得性,考察普惠需求与平台发展的关系。其次,从产品层面看,银行向个人或小微企业提供的贷款,一般金额比较大,期限比较长,如购房按揭贷款等。一般的消费贷款,或近年来发展迅速的网商资金周转的贷款,很难在传统金融机构得到满足。因此,普惠需求使得网贷平台提供的产品类型,大多是短期小额的贷款,这在表 3-1 描述性统计中也有所体现。

表 3-3 分别以成交量、借款人、投资人增速衡量平台发展情况,考察技术供给与普惠需求对其的影响。

表 3-3 网贷平台增速的影响因素

被解释变量	(1) 成交量增速	(2) 借款人增速	(3) 投资人增速
互联网渗透率	1.053*** (0.069)	0.055* (0.030)	0.333*** (0.046)

续 表

被解释变量	（1）成交量增速	（2）借款人增速	（3）投资人增速
省内成交量 HHI	−0.183***	−0.116***	−0.139***
	(0.030)	(0.017)	(0.023)
小贷机构可得性	−3.963*	−2.105**	−2.521*
	(2.073)	(1.021)	(1.385)
上期贷款期限对数	−0.164***	−0.081***	−0.039***
	(0.009)	(0.004)	(0.007)
上期单笔贷款额对数	−0.395***	0.006***	−0.186***
	(0.008)	(0.002)	(0.004)
滞后期因变量	是	是	是
平台及省份控制变量	是	是	是
月度固定效应	是	是	是
周中固定效应	是	是	是
平台固定效应	是	是	是
观测数	211 447	210 779	210 096
R^2	0.253	0.223	0.213

注：括号中报告聚类在平台-月份的稳健标准差。***$p<0.01$，**$p<0.05$，*$p<0.1$。

表 3-3 第（1）列用成交量增速同时对技术供给与普惠需求变量回归，并控制了省份和平台特征及时间、平台固定效应。我国不同省之间的文化、制度背景、人口构成都有很大差异，宏观变量可能仅反映了省份之间的固有差异，因此，使用平台固定效应控制了所有不随时间变化的遗漏变量问题。另外，行业整体发展存在时间趋势，可能与宏观变量的时间趋势相同，造成伪回归的问题，而通过在回归中控制时间固定效应可以解决这一问题。最后，回归还控制了各省地区生产总值对数、GDP 增速、平台上期成交量增速、贷款利率、期限、金额、平台成立年限等省份和平台控制变量，排除随时间、地区变化的遗漏变量问题。结果显示，互联网渗透率系数显著为正，互联网渗

透率每增加一个标准差(0.131),该省份网贷平台日均成交量增长率提高13.8%,为样本均值的 82.1%(13.8%/16.8%),经济意义较为显著。HHI 指数的回归系数显著为负,说明竞争性越强时,网贷平台成交量增速越快。当 HHI 指数减少一个标准差时(0.182),该省份网贷平台成交量日增长率提高3.33%,为样本均值的 19.8%(3.33%/16.8%)。结果说明促进行业充分竞争有助于行业发展。以上结果与假设 2 一致,即网贷行业的发展增速,反映了技术供给增强及其带来的行业竞争加剧。

另一方面,小贷机构可得性的回归系数显著为负,说明网贷平台对小额贷款机构是一个很好的替代,增强了对小额贷款需求的覆盖。小贷机构可得性每减少一个标准差(0.019),成交量增速增加 7.53%,即样本均值的44.8%(7.53%/16.8%)。上一交易日平均贷款期限和平均每笔贷款额的系数均显著为负,说明提供更小额、更短期贷款的平台,其发展速度更快,再一次说明了网贷平台的发展受到人们对普惠需求的推动。当上期贷款期限对数或单笔贷款额对数减少一个标准差(0.792 或 1.754),成交量增速增加 13.0%或37.2%,为样本均值的 77.4%或221.3%。以上结果说明,网贷平台满足了小额贷款机构的客户的需求,而且当平台能迎合这些普惠需求,提供更多短期小额贷款时,其增长的速度越快。这验证了假设 3 中普惠需求推动网贷行业发展的结论。

第(2)列用借款人增速对主要解释变量和控制变量回归。借款人增速反映了平台成交量中来自资金需求方的影响。结果显示,互联网渗透率对于借款人增速影响只有边际显著性,而其他变量的方向和显著性与第(1)列类似。第(3)列用投资人增速对主要解释变量和控制变量回归。投资人增速反映了平台成交量中来自资金供给方的影响。可以看到小贷机构可得性对投资人增速影响不显著,而其他变量的方向和显著性也与第(1)列类似。以上结果说明技术供给和普惠需求两类因素影响了网贷平台发展的不同方面。一方面,借款人主要受到普惠需求的影响,当地小贷机构越少时,借款人更愿意到网贷平台进行借款;另一方面,投资人更多受到技术供给的影响,当互联网更普及时,投资人更习惯在网贷平台进行投资。

综上讨论,实证的结果验证了假设 2 和假设 3 中对于网贷行业发展背后可能的宏观驱动因素,说明网贷行业的快速发展有一定的经济合理性。利用这一结果,可以将网贷平台增速分解为可以被宏观驱动因素解释的部分和未预期的部分。具体来说,使用回归式(3-4)的预测值与残差,分别作为预期增速和未预期增速,重复表 3-2 中停业风险对增速的回归结果。

表 3-4 第(1)、(2)列将成交量增速分解为预期增速和未预期增速。第(1)列中,成交量增速的回归系数不显著,说明可以被宏观驱动因素及其他控制变量预测的增长率对平台风险没有解释力度。第(2)列用是否停业的虚拟变量对未预期成交量增速和控制变量回归。结果显示回归系数为负,且在 1% 水平下显著,说明当成交量增速低于预期值时,停业风险增大。当成交量增速比预期低一个样本标准差时(1.161),停业风险上升 0.409%,为样本均值的 8.02%(0.409%/5.1%)。这一结果说明,低增长与高风险的正向关系主要来源于平台增长中低于预期的部分。网贷平台增长存在一个锚,是由宏观驱动因素、行业特性与其他控制变量决定的,而后续增长率如果不能达到或超过这个锚点,平台的停业风险会增大。这提示我们,需要警惕没有外部冲击而出现增速大幅放缓的平台。

表 3-4　网贷平台增速分解与停业风险

被解释变量	(1) 是否停业	(2) 是否停业	(3) 是否停业	(4) 是否停业	(5) 是否停业	(6) 是否停业
预期成交量增速	0.124 (0.393)					
未预期成交量增速		−0.253*** (0.056)				
预期借款人增速			2.610 (4.116)			
未预期借款人增速				−0.130 (0.096)		
预期投资人增速					0.268 (0.779)	

续 表

被解释变量	(1)是否停业	(2)是否停业	(3)是否停业	(4)是否停业	(5)是否停业	(6)是否停业
未预期投资人增速						−0.202*** (0.060)
平台及省份控制变量	是	是	是	是	是	是
月度固定效应	是	是	是	是	是	是
周中固定效应	是	是	是	是	是	是
省份固定效应	是	是	是	是	是	是
观测数	241 574	241 574	240 660	240 660	240 475	240 475
R^2	0.082	0.088	0.082	0.088	0.082	0.088

注：系数均乘以 100。括号中报告聚类在平台-月份的稳健标准差。*** $p<0.01$，** $p<0.05$，* $p<0.1$。

后四列将借款人增速与投资人增速也进行类似分解。结果显示预期或未预期的借款人增速对停业风险均没有显著影响，这与表 3-2 的发现也是一致的。预期中的投资人增速对停业风险没有显著影响，但投资人增速低于预期会显著增加停业风险。当投资人增速比预期值低一个标准差时(0.902)，停业风险增加 0.182%，为样本均值的 3.57%(0.182%/5.1%)。这说明，增速低于预期带来的风险主要来自资金的供给端。

由于风险与未预期增长率有关，为了降低风险，一种可能的途径是保持高增长率，但当行业不断发展，市场趋于饱和时，高增长率难以长期维持。另一种可能的途径是降低预期增长率这个锚，下一节将考察外部监管政策的变化如何对风险及预期增长率产生影响。

3.4.2 网贷监管政策的效果检验

(1) 监管政策的直接效果

过去的研究表明，良好的法律制度环境可以促进经济发展(La Porta et al., 1997a, 1998)。本节评估网贷相关监管政策的实施效果。首先，通过

图 3-1 可以直观地看到监管政策发布后，网贷市场总体成交水平的变化。图 3-1 上面展示了网贷之家报告的全市场月成交量的时间趋势变化。① 在 2015 年 12 月成交量达到峰值，之后开始下降，直到 2016 年 3 月才恢复上升趋势，且斜率较之前更为平缓。图 3-1 下面展示了本章样本加总的周成交量变化，横坐标表示相对于监管发布的周数差，监管发布当周为第 0 周。结果显示和总体市场一致的趋势，监管发布后，成交量开始下降，直到半年后，成交量仍没有恢复到监管发布前的峰值。

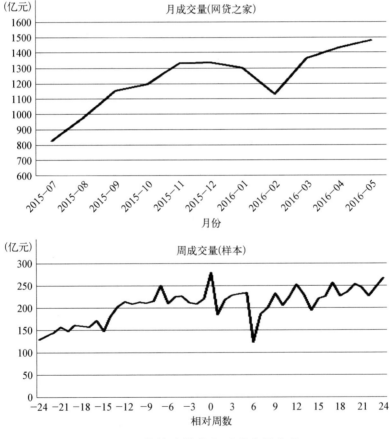

图 3-1　监管政策发布后成交量变化

---

① 数据来源：https://shuju.wdzj.com/industry-list.html

根据假设 4 及前文结果,如果监管措施有效,则监管办法颁布后,网贷平台的成交量增速下降、停业风险降低。同时,本节希望考察监管措施的异质影响,如果监管措施发布后,原本风险较高的省份增速放缓、风险降低的程度更大,则说明监管更有针对性。为此估计如下回归模型:

$$FAIL_{i,p}(Growth_{i,p,t}) = \mu_0 + \mu_1 AfterReg_t + \mu_2 HighRisk_p + \\ \mu_3 AfterReg_t \times HighRisk_p + \mu_4 Control_{i,p,t} + \\ \lambda_t + \xi_{i,p,t} \tag{3-5}$$

其中,被解释变量为增速或停业风险,解释变量为监管政策颁布的时间虚拟变量 $AfterReg_t$,是否为高风险省份 $HighRisk_p$,及两者的交叉项。如果假设 4 成立,则 μ_1 应显著为负。如果交叉项 μ_3 为负,则说明监管措施对高风险省份更有效。

表 3-5 估计了监管政策对网贷平台发展的影响。第(1)列仅考察监管政策发布后,停业风险的变化。结果显示在政策发布后,平台停业概率显著下降,降幅为 5.1%,是样本均值的 100%(5.1%/5.1%),经济意义显著。但这一效果更多集中在低风险省份。第(2)列的结果显示,监管政策发布与高风险省份交叉项系数显著为正,说明对于高风险省份,监管政策的效果是更弱的。需要注意的是,由于停业后平台的数据不进入样本,因此样本平台的总量会随时间变少,可能存在幸存者偏差。如果停业事件是均匀分布的,监管政策出台后并没有减少停业风险,那么由于平台总量变少,在分子不变、分母减小的情况下,应该观察到停业概率上升。以上分析说明幸存者偏差会使得结果与本章的研究假设相悖,但是实际的回归中,依然可以发现监管政策出台后停业风险降低,说明政策影响是存在的。

上一节的结论说明,平台风险与平台增速有关。本节进一步考察监管政策实施后,网贷平台增速会受到怎样的影响。在第(3)列中,用成交量增速对监管政策颁布的时间变量回归,回归系数显著为负。结果说明在监管政策发布后,网贷行业发展速度下降,平均日增速降低 4.5%,为样本均值的 26.8%(4.5%/16.8%),但高风险省份及其与政策颁布时间变量的交叉项不

表 3-5　监管政策、停业风险与平台增速

被解释变量	(1) 是否停业	(2) 是否停业	(3) 成交量增速	(4) 借款人增速	(5) 投资人增速
监管政策颁布	−5.145***	−4.360***	−0.045***	−0.020***	−0.022***
	(0.626)	(0.812)	(0.011)	(0.007)	(0.007)
高风险省份		−5.325***	−0.018*	0.002	−0.024***
		(0.812)	(0.011)	(0.005)	(0.007)
监管政策颁布×高风险省份		1.774**	0.019	0.014**	0.013
		(0.818)	(0.014)	(0.007)	(0.009)
平台及省份控制变量	是	是	是	是	是
周中固定效应	是	是	是	是	是
观测数	315 197	315 197	211 447	210 779	210 096
R^2	0.046	0.053	0.189	0.195	0.177

注：前两列系数均乘以 100。括号中报告聚类在平台-月份的稳健标准差。*** $p<0.01$，** $p<0.05$，* $p<0.1$。

显著，说明监管政策对于不同风险的省份不存在异质性的影响。第(4)、(5)列分别用借款人增速和投资人增速作为被解释变量，重复前两列的分析。结果显示监管政策发布时间变量的回归系数均显著为负，说明监管政策发布同时降低了借款人和投资人的增速。但在第(4)列，政策发布和高风险省份交叉项系数显著为正，说明监管政策对抑制高风险省份借款人增速效果较差，第(5)列交叉项系数为正但不显著。

综合以上结果，监管政策的发布有效地降低了停业风险，与假设 4 一致。同时，监管政策抑制了网贷行业的过快增长，降低了预期增速的锚点。但是这一效果是"一刀切"的，没有区分高风险省份和低风险省份，可能导致对于健康发展的网贷平台的"误伤"[①]。

[①] 在未报告的结果中，进一步分析了东、中、西部监管政策的异质性，发现区域间监管政策对抑制网贷行业增长的作用没有显著区别。仅在中部地区，监管政策降低停业风险作用相比东部和西部更大。

(2) 监管政策的间接效果

在表 3-5 中，结果表明监管政策的颁布降低了预期增长率，而在网贷平台发展合理性的检验中，研究发现网贷平台的停业风险与是否达到预期增长率有关。本节扩展前文的分析，进一步考察监管政策的间接效果，即验证监管政策是否缓解了平台存续对于高增速的依赖性。具体来说，在表 3-5 第(1)列的基础上加入政策颁布与增速是否低于预期的交叉项，结果在表 3-6 中报告。

在表 3-6 第(1)列中，成交量增速低于预期的回归系数显著为正，重复了表 3-4 的结果，说明增速低于预期时，平台的停业风险更大。但同时，监管政策发布和成交量增速低于预期的交叉项显著为负，说明在监管政策发布后，成交量增速低于预期与停业风险的相关性减弱，即平台存续对于高增长的依赖性减弱。第(2)列使用借款人增速低于预期的虚拟变量与监管政策发布的交叉项作为解释变量，系数同样为负。第(3)列使用投资人增速低于预期的虚拟变量，发现与第(1)列类似的结果。说明监管政策的发布主要缓解了平台对于成交量和投资人持续高增长的依赖性。

表 3-6　监管政策的间接效果

被解释变量	(1) 是否停业	(2) 是否停业	(3) 是否停业
监管政策颁布	−4.707*** (0.636)	−4.715*** (0.626)	−4.799*** (0.637)
成交量增速低于预期	0.820*** (0.285)		
监管政策颁布×成交量增速低于预期	−0.867** (0.337)		
借款人增速低于预期		0.903*** (0.255)	
监管政策颁布×借款人增速低于预期		−0.941*** (0.310)	
投资人增速低于预期			0.705*** (0.245)

续　表

被解释变量	(1) 是否停业	(2) 是否停业	(3) 是否停业
监管政策颁布×投资人增速低于预期			−0.711** (0.308)
平台及省份控制变量	是	是	是
周中固定效应	是	是	是
观测数	241 574	240 660	240 475
R^2	0.046	0.046	0.046

注：系数均乘以100。括号中报告聚类在平台-月份的稳健标准差。***p<0.01,**p<0.05,*p<0.1。

综合以上结果,研究发现无论是从监管的直接效果或是间接效果,都支持假设4。监管政策降低平台停业风险,同时也降低了网贷平台对于高增长的依赖,进入更成熟合理的增长区间。但是,监管政策缺乏针对性,对于原本高风险省份,没有起到更强的监管效果。

(3) 地方监管政策的异质效果

上述结果发现监管政策对平台风险与增速有显著影响,同时也发现了对不同平台有异质作用。但由于监管政策是全国范围内的,缺少不同地区间的差异,可能会与其他无法观察到的时间趋势混淆。本节进一步选取在《暂行办法》出台后,立即推出地方监管文件或实施实际监管措施的省份,包括北京、上海、广东、重庆、安徽五省市。将这些省份作为在全国文件出台后,实际立即执行的省份,对比其他省份,考察监管效果。具体来说,进行以下回归：

$$FAIL_{i,p} = \theta_0 + \theta_1 AfterReg_t + \theta_2 ProvReg_p + \theta_3 AfterReg_t \times ProvReg_p + \theta_4 Control_{i,p,t} + \lambda_t + \zeta_{i,p,t} \quad (3\text{-}6)$$

其中,$AfterReg_t$同回归式(3-5)相同,是监管政策颁布的时间虚拟变量,$ProvReg_p$是立即执行监管措施的省份虚拟变量。使用双重差分的思想,如果监管效果实际降低了平台风险,应该观察到两者的交叉项系数 θ_3 为负。

表 3-7 报告了回归结果。在第(1)列中,结果显示监管政策颁布后,平台停业风险显著下降,与表 3-5 结果类似。监管政策颁布与监管省份虚拟变量交叉项显著为负,说明对比没有立即实施监管政策的省份,实际实施监管省份的平台停业概率进一步下降3.68%。这说明在表 3-5 中发现的结果不仅是反映了时间趋势。后三列将平台增速低于预期变量加入回归中,考察监管政策颁布、监管省份与增速低于预期三重交叉项①。结果与表 3-6 一致,相对于控制组,监管省份在监管政策颁布后,都降低了低于增速预期平台的停业风险,减少了网贷平台对于高增长的依赖。

表 3-7 地方监管政策与停业风险

被解释变量	(1) 是否停业	(2) 是否停业	(3) 是否停业	(4) 是否停业
监管政策颁布	−2.639***	−2.450***	−2.635***	−2.561***
	(0.662)	(0.176)	(0.693)	(0.173)
监管省份	5.488***	5.373***	4.661***	5.325***
	(0.751)	(0.155)	(0.768)	(0.152)
监管政策颁布×监管省份	−3.682***	−3.234***	−2.949***	−3.231***
	(0.827)	(0.220)	(0.886)	(0.216)
监管政策颁布×监管省份 ×成交量增速低于预期		−0.886*** (0.314)		
监管政策颁布×监管省份 ×借款人增速低于预期			−1.717*** (0.596)	
监管政策颁布×监管省份 ×投资人增速低于预期				−0.922*** (0.315)
平台及省份控制变量	是	是	是	是

① 为了节省篇幅,增速低于预期及其与监管政策颁布、监管省份的二重交叉项没有报告,但均加入控制变量中予以控制。

续　表

被解释变量	(1) 是否停业	(2) 是否停业	(3) 是否停业	(4) 是否停业
周中固定效应	是	是	是	是
观测数	315 197	241 574	240 660	240 475
R^2	0.053	0.054	0.054	0.054

注：系数均乘以 100。括号中报告聚类在平台-月份的稳健标准差。***$p<0.01$，**$p<0.05$，*$p<0.1$。

3.4.3　稳健性检验与附加证据

（1）省份分布对结果的影响

由于网络借贷行业兼有互联网和金融的特性，有明显的行业集聚效应，在省份上的分布较为集中。在本章样本中，注册地在北上广三地的平台数为 361 家，占总样本的 55%。为保证结果具有普遍性，不完全由北上广平台主导，表 3-8 将样本中北上广三地的平台去除，重复表 3-2 到表 3-7 的主要结果。研究发现平台的存续依赖于持续的增长，而监管政策在降低停业风险的同时，也降低了平台对于高增长的依赖，这与前文的主要结果保持一致。

表 3-8　平台增速、监管政策与停业风险，去除北上广平台

被解释变量	被解释变量：是否停业				
	(1) 成交量增速	(2) 预期成交量增速	(3) 未预期成交量增速	(4) 监管政策颁布	(5) 监管政策颁布×成交量增速低于预期
回归系数	−0.002*** (0.001)	−0.003 (0.003)	−0.002** (0.001)	−0.034*** (0.008)	−0.011** (0.005)
平台及省份控制变量	是	是	是	是	是
月度固定效应	是	是	是	是	是

续　表

被解释变量	被解释变量：是否停业				
	(1) 成交量增速	(2) 预期成交量增速	(3) 未预期成交量增速	(4) 监管政策颁布	(5) 监管政策颁布×成交量增速低于预期
周中固定效应	是	是	是	是	是
观测数	105 465	105 272	90 840	140 337	140 337
R^2	0.120	0.117	0.127	0.113	0.097

注：括号中报告聚类在平台-月份的稳健标准差。*** $p<0.01$，** $p<0.05$，* $p<0.1$。

同时，本节也考察了非北上广平台的省份制度背景与监管对于平台增速的影响，发现主要结果与前文一致，技术供给与普惠需求显著促进了平台的发展，监管政策出台降低了平台增速，但这种效果在不同风险省份之间没有显著差异。

以上稳健性检验说明，前文的结果不受少数几个大省份的影响，具有普遍性。

(2) 考虑平台的经营范围

本章比较了注册地位于不同省份的平台增长和停业风险的影响因素。但由于一些大平台的经营范围不局限于本地或本省，因此其发展可能不仅受到本省的制度背景及市场供求关系决定。为了排除全国性平台对于结果的干扰，将大平台去除，重复主要的回归结果。具体来说，计算样本中每天待还贷款余额的90%分位点，将同期贷款余额大于此分位点的大规模平台样本去除。使用剩余样本，重复主要回归进行稳健性检验，发现前文的结果不受全国性平台影响，结果的确反映了省份特征对于网贷行业增长与风险的影响作用。

(3) 考虑不同时期的监管政策

由于网贷行业发展较快，相关的监管政策也随着整个行业的发展进程逐步推出和完善，因此在本章的样本期间，就有多项监管政策发布。本章选取了相对较有代表性的《网络借贷信息中介机构业务活动管理暂行办法（征求意见稿)》发布作为政策出台的标志,而在2016年4月12日,国务院办公厅印发并实施《互联网金融风险专项整治工作实施方案》也是一项与网络借贷有关的监管措施。为了进一步凸显选取2015年12月28日《暂行办法》出台这个时间点的合理性,本节将样本期分为2015年12月28日前,12月28日至次年4月12日,4月12日后三个时间点。在表3-6、表3-7考察监管效果的检验中,只使用2015年12月28日后虚拟变量,作为政策颁布时间变量。在此基础上进一步定义2016年4月12日后虚拟变量,加入回归中,考察4月份的政策出台是否对行业发展和风险有附加影响。

表3-9考察两个监管政策对于平台停业风险的影响。结果表明4月12日后虽然停业风险也有降低,但降低的幅度仅为12月监管政策的一半甚至更低。此外,4月份的监管政策在高风险省份效果更差,在成交量、借款人及投资人增速低于预期的平台效果更差,没有12月监管政策对于降低平台持续经营对持续增长的依赖性的作用。表3-10考察12月和4月两个监管政策出台对于行业增速的影响,研究发现,2015年12月28日后行业增速显著放缓,而2016年4月12日后行业增速没有显著变化,甚至借款人增速又出现上升。这说明2016年4月的监管文件对网贷行业增速没有附加的影响。

表3-9 不同监管政策对停业风险影响

被解释变量	(1) 是否停业	(2) 是否停业	(3) 是否停业
2015年12月28日后	−0.043***	−0.048***	−0.049***
	(0.005)	(0.006)	(0.006)
2016年4月12日后	−0.024***	−0.013	−0.018**
	(0.007)	(0.009)	(0.008)
高风险省份		−0.069***	
		(0.009)	
2015年12月28日后 ×高风险省份		0.006	
		(0.011)	
2016年4月12日后		0.017**	

续　表

被解释变量	（1）是否停业	（2）是否停业	（3）是否停业
×高风险省份		(0.009)	
成交量增速低于预期			0.007**
			(0.003)
2015年12月28日后×成交量增速低于预期			−0.013**
			(0.006)
2016年4月12日后×成交量增速低于预期			0.014***
			(0.005)
平台及省份控制变量	是	是	是
周中固定效应	是	是	是
观测数	315 193	315 193	211 447
R^2	0.052	0.062	0.052

注：括号中报告聚类在平台-月份的稳健标准差。***$p<0.01$，**$p<0.05$，*$p<0.1$。

表 3-10　不同监管政策对平台增速影响

被解释变量	（1）成交量增速	（2）成交量增速	（3）借款人增速	（4）借款人增速	（5）投资人增速	（6）投资人增速
2015年12月28日后	−0.041***	−0.050***	−0.019***	−0.029***	−0.022***	−0.023***
	(0.010)	(0.013)	(0.006)	(0.007)	(0.007)	(0.009)
2016年4月12日后	0.004	0.009	0.012**	0.016***	0.003	0.002
	(0.009)	(0.012)	(0.004)	(0.005)	(0.006)	(0.008)
高风险省份		−0.019*		0.002		−0.024***
		(0.011)		(0.005)		(0.007)
2015年12月28日后×高风险省份		0.027		0.021**		0.011
		(0.018)		(0.009)		(0.012)
2016年4月12日后		−0.012		−0.012		0.003

续 表

被解释变量	(1) 成交量 增速	(2) 成交量 增速	(3) 借款人 增速	(4) 借款人 增速	(5) 投资人 增速	(6) 投资人 增速
×高风险省份		(0.019)		(0.009)		(0.013)
平台及省份控制变量	是	是	是	是	是	是
周中固定效应	是	是	是	是	是	是
观测数	211 447	211 447	210 779	210 779	210 096	210 096
R^2	0.189	0.189	0.195	0.195	0.177	0.177

注：括号中报告聚类在平台-月份的稳健标准差。***p＜0.01，**p＜0.05，*p＜0.1。

综合以上结论，2015 年 12 月的监管政策相对于 2016 年 4 月的文件对网贷行业影响更为显著，选取这一时间点更有代表性和合理性。

（4）早期监管政策的安慰剂检验

使用 2015 年 7 月 18 日央行发布的《关于促进互联网金融健康发展的指导意见》作为安慰剂，检验使用这一政策替代《暂行办法》出台，是否也会产生相同的结果。表 3-11 将表 3-5 政策发布虚拟变量重新定义，在 2015 年 7 月 18 日后记为 1，反之为 0，重新估计回归结果。结果显示，这一文件发布后，对于停业风险没有显著影响，对于增速影响仅在借款人增速回归中有边际显著性，且系数大小仅为表 3-5 的一半。这一结果再次说明，监管政策的影响不仅仅反映了时间趋势。

表 3-11 监管政策的安慰剂效应检验

被解释变量	(1) 是否停业	(2) 是否停业	(3) 成交量增速	(4) 借款人增速	(5) 投资人增速
2015 年 7 月 18 日后	−0.355 (0.227)	−0.366 (0.499)	0.004 (0.010)	−0.010* (0.005)	0.003 (0.007)
高风险省份		−3.935*** (1.326)	−0.039*** (0.015)	−0.015** (0.008)	−0.042*** (0.010)

续 表

被解释变量	(1) 是否停业	(2) 是否停业	(3) 成交量增速	(4) 借款人增速	(5) 投资人增速
2015年7月18日后×高风险省份		0.075 (1.304)	0.027* (0.016)	0.026*** (0.008)	0.025** (0.011)
平台及省份控制变量	是	是	是	是	是
周中固定效应	是	是	是	是	是
观测数	315 197	315 197	211 447	210 779	210 096
R^2	0.058	0.063	0.188	0.195	0.177

注：前两列系数均乘以100。括号中报告聚类在平台-月份的稳健标准差。*** $p<0.01$，** $p<0.05$，* $p<0.1$。

3.5 小 结

3.5.1 结论与贡献

本章从技术供给和普惠金融需求两方面，分析了网贷行业发展的宏观驱动因素，并利用651家网贷平台日度交易数据进行了实证检验。首先，发展越快的平台，未来停业的风险越低。其次，将增速进一步分解，研究发现：(1) 技术供给促进网贷行业发展。互联网渗透率越高的地区，平台发展速度越快。同时技术供给降低了进入门槛，加剧了竞争，相应地平台发展更快。(2) 网络借贷发展迎合了普惠金融的需求。越缺乏小额贷款公司的省份，网贷平台增速越快。而能够更好地提供符合需求的短期、小额贷款的平台发展较快，也体现了需求对行业发展的间接影响。结果说明网贷行业的高速发展有一定的经济合理性。但是，本章发现网贷平台的存续依赖于持续的高速增长。当平台成交量或投资人增速低于预期时，平台停业风险显著上升。

本章进一步评估了 2015 年底发布的《网络借贷信息中介机构业务活动管理暂行办法(征求意见稿)》的监管效果,发现监管政策出台抑制了网贷平台快速增长并且降低了网贷平台对于高增长的依赖。同时,监管政策也降低了平台停业风险。进一步研究发现在管理办法出台后立即实施或发布地方细则的省份,监管措施效果更强。但不足的是,监管政策缺乏针对性,监管措施在高风险省份的实施效果不如低风险省份。

这一研究的主要贡献在于以下三点:第一,当前关于数字经济的研究主要集中在某一细分领域的微观研究,如股权众筹的地区偏好(Argawal et al., 2015)、数字货币对货币政策传导机制的影响(Pieters, 2017)等,但鲜有文献分析宏观制度背景对数字经济业态的发展与风险的影响。本章利用不同平台发展程度及其注册地宏观制度背景的差异,探索了数字经济发展背后的宏观驱动因素,补充了这一领域的研究。第二,网贷行业的快速发展使得相关监管措施相对滞后,政策的制定尚处在摸索阶段,也缺乏对于监管效果的细致评估。本章通过双重差分,考察监管政策的异质效果,为行业参与者和监管者更深刻地理解网络借贷风险水平与监管效果,更合理地制定针对性的区域网贷行业监管措施提供了有益参考。第三,从实证设计的角度看,已有讨论数字经济宏观发展态势的文献大多采用定性分析方法,如定性分析了智能投顾的监管问题(Baker and Dellaert, 2017);或只使用加总层面的数据(肇启伟等,2015)。本章利用大量网贷平台的日度交易数据样本,数据颗粒度更细,使得我们可以更好地理解网贷行业的发展和风险,并为研究假设提供了更为细致可靠的实证证据。

3.5.2 政策建议

根据前文的分析与结论,本章有如下几点政策建议:

(1) 从技术创新与普惠金融政策两方面,引导网贷行业健康成长。一方面,本章的研究发现,技术创新是金融科技发展的先决条件,只有在充足的技术供给的前提下,才能为传统金融行业注入新的想法,应对市场需求产生新的解决方案。当前有许多传统金融机构也在大力研发、试用新技术,提升运行效率与服务质量,可以鼓励和引导企业内部创新,使传统优势企业保持活力。另一方面,本章的结果表明,网贷行业的发展,部分迎合了普惠金融的需求,在金融可得性越差的地区,行业发展越快。普惠金融是国家重点关注、大力发展的方向,小微企业、农民、城镇低收入人群、贫困人群和残疾人、老年人等特殊群体是当前我国普惠金融重点服务对象,而金融科技可以成为普惠金融发展的破题之处。

(2) 关注网贷行业发展适度性。本章的研究结果表明,网贷行业的高速发展背后有合理的宏观驱动因素,但是,持续的高速增长不可维持,一旦增速放缓,需要警惕其后续的停业风险。这一结果提示我们,在外部环境没有发生变化的情况下,增速突然放缓是一种重要的风险信号,这对于建立网贷平台风险预警机制有参考价值。

(3) 制定前瞻性、有针对性的监管框架,防范系统性风险。新技术、新业态的出现与发展,往往超出监管体系发展的速度,我国应针对网贷行业制定前瞻性的监管框架,及早介入,防范系统性风险。本章的研究表明,网贷行业初期监管缺失导致了大量违规、问题平台出现,当前的监管措施有一定效果,但需要更有针对性、更精准的监管规则。

第 4 章
认知偏误与网络借贷投资者行为

4.1 研究问题与主要发现

继第 3 章从宏观角度讨论平台的发展、风险及其影响因素后,本章及后续章节将从微观视角,从网络借贷投资者的行为特征出发,分别从认知偏误、金融素养、社会资本、技术进步等切入点,探讨其对投资者行为的影响,进而分析其福利后果。分析投资者行为对于讨论网络借贷是否促进金融普惠、实现社会总福利增加有重要意义。如第 2 章的讨论中提到,即使网络借贷模式本身对社会福利有潜在的提升作用,投资者在这一市场中能否作出理性最优的投资决策,也对投资者福利有重要的影响。因此,本章及后续章节将深入研究不同维度的网贷投资者行为、影响因素及其福利后果,为厘清网络借贷能否提高投资者福利的问题提供新的视角与高质量的实证证据。[1]

本章首先从认知偏误出发,讨论网贷投资者行为特征。在众多的投资者行为偏误中,"过度自信"是大众较为熟知,同时也是学术界关注较多的一种普遍存在的认知偏误。直观来说,"过度自信"指投资者高估了自己掌握信息的精度与对信息的理解能力,从而表现出基于当前信息过度交易等行为偏误。在过去的研究中,过度自信往往存在较大的性别差异。事实上,在

---

[1] 本章内容整理自作者已发表论文。高铭、江嘉骏、陈佳、刘玉珍:"谁说女子不如儿郎?——P2P 投资行为与过度自信",《金融研究》,2017 年 11 期。

金融领域,"性别效应"也是行为金融学研究的热门问题之一。许多学者讨论了不同金融市场中男性和女性不同的特质使得他们在金融交易的过程中有着显著不同的表现①。男性往往高估自己掌握信息的准确程度(Glaser and Weber,2009),他们认为自己从以往成功和失败中汲取的经验比女性更多(Gervais and Odean,2001)。在证券市场中,学者通过对美国股市个人投资者的投资数据研究发现,男性投资者会比女性投资者更加频繁地交易,然而这使他们的收益比女性更低(Barber and Odean,2001)。许多学者讨论了男性比女性更易过度自信的现象(Acker and Duck,2008;Graham et al.,2009;Grinblatt and Keloharju,2009;Hoffmann et al.,2010)。但由于证券市场的复杂性,他们很难将男性比女性更易过度自信的假说与其他竞争性假说通过实证检验进行区分,对于过度自信如何导致男性频繁交易和低收益的机制也很难给出非常明晰的解释。

证券选择是一个复杂的任务(Odean,1999),投资者的选择受到信息不对称等很多因素的影响,间接交易成本的衡量也比较复杂(Glosten,1987)。在以往的文献中,男女投资行为差异的过度自信假说易受到风险偏好、信息不对称、预算约束等假说的挑战。在证券市场中,男女投资行为的差异可能是由于他们的风险偏好程度不同,这使得他们需要不断地再平衡(rebalancing)其投资组合(Calvet et al.,2009)。同样,这种差异也可能来自信息不对称导致的信息优势(Coval and Moskowitz,2001)。男性因获取了更多的信息从而更加频繁地交易,这可能是由于两者面对不同的信息集或是处理信息的成本不同导致,而非过度自信程度不同。此外,男性投资者可能因为预算约束比女性投资者更强,他们有时不得不通过卖出债权获得流动性,从而提高了交易成本降低了收益。本章首先试图通过利用网络借贷特殊的市场结构排除这些假说,验证性别效应是否存在,并且对所发现结果的作用机制给出详细的解释。

---

① 如股票市场(Acker and Duck,2008;Graham et al.,2009;Grinblatt and Keloharju,2009;Hoffmann et al.,2010)、债券市场(Burnside et al.,2010)和房地产市场(Brunnermeier and Julliard,2008)等。

本章使用国内某网贷平台上有个人信息与交易行为的五千多名投资者每月的交易行为与投资回报作为样本，发现在控制了产品选择和投资者个人特征等变量后，男性投资者比女性投资者年化投资收益率低0.24%，相当于投资者平均投资收益率的2%。这一差异在统计意义和经济意义上都是显著的。男女投资收益率的差异主要集中在年轻投资者中，随着年龄增加，此差异减小。男女的交易行为也有显著差别，在控制了投资者个人特征后，男性比女性的月换手率高1.67%，相当于投资者平均换手率的30%。与收益率类似，这一差异也主要集中在年轻投资者中。进一步的研究发现，男性比女性投资收益率低与男性比女性换手率高有内在的关联。投资收益率对换手率和换手率与性别交叉项的分位数回归表明，男女收益率的差别主要集中在换手率高、收益率低的样本之中。

男女投资者收益率与换手率的差异有很多可能的解释。风险偏好与个体背景风险属性的不同可能导致投资行为的差异。通过控制投资标的利率、期限、评级等特征，并使用倾向性得分对男女投资者进行匹配，进一步控制投资人其他风险偏好与背景风险属性的差异后，发现结果保持不变。

预算约束也可能导致更高的换手率，因为投资者不得不卖出债权换取流动性更高的资产。在只选择在卖出债权后短时间内又投资的样本来排除可能的预算约束后，发现结果也不受影响。

最后，本章的结果可能是由于样本选择偏误造成的，本章的样本为填写过贷款申请信息的投资人，且仅占全体投资人样本的一部分。以下两种方法能够缓解这一问题，一是去除实际进行过借款的投资人来排除借款对投资行为的影响，二是使用Heckman两阶段模型来控制样本自选择，研究发现结果是稳健的。

以上结果表明，男女的投资收益差存在，且不能被其他人口特征、风险偏好、预算约束、样本选择偏误等原因解释。为了进一步考察高换手率通过何种机制导致低投资收益率，本章用考虑交易成本和不考虑交易成本两种方法来计算投资收益率。结果显示，只有计算投资收益率时考虑交易成本，男性的收益率才比女性低。当不考虑交易成本时，男女投资收益率没有显著差异。结果否定了除男性比女性更易过度自信假说外其他的假说,说明男性更易过度自信导致他们过度交易,从而产生过多交易费用,这是男性低收益率的主要原因。

本章后续的结构安排如下。4.2 节是文献回顾和研究假设;4.3 节介绍了样本选取和描述性统计;4.4 节通过实证研究,分析投资者性别与换手率及收益率之间的关系,并分析了过度自信影响投资收益率的作用机制,同时对过度自信假说的两种备择假说进行了讨论,并进行了稳健性检验;4.5 节总结本章主要结论与理论贡献。

4.2　文献综述和研究假设:过度自信、性别差异与投资者行为

4.2.1　与性别效应以及过度自信相关的文献

行为金融研究发现投资人对股票的估值往往会超出股票的内在价值,进而产生不理性的投资行为(Odean,1998)。理性的投资者只有在可以提高他们效用的前提下才会选择交易和购买信息(Grossman and Stiglitz,1980)。所以一个理性的投资者肯定不会卖出可以增加其效用的资产,进而市场中的交易根本不会发生(Milgrom and Stokey,1982)。但由于金融市场中信息不对称的普遍存在,使得"不理性"的投资者根据自己的信息进行交易。在股票市场中,投资者的这种不理性交易是传统金融理论中的交易之谜。有学者指出过度自信能解释交易之谜(DeBondt and Thaler,1994)。人们常常高估自己对知识掌握的精度(Alpert,1982)。对金融领域过度自信的文献较完整的总结可见 Odean(1998)。

一般来讲,女性比男性更加厌恶风险,更加以社会为导向、更加无私且竞争性更弱(Eckel and Grossman,2008)。许多学者通过研究发现,男性比女性更容易过度自信(Acker and Duck,2008;Graham et al.,2009;Grinblatt and

Keloharju，2009；Hoffmann et al.，2010）。他们往往高估自己掌握信息的准确程度（Glaser and Weber，2009）。在金融领域，男性和女性在投资行为等方面也存在这种差别。在股票市场中，男性往往选择风险更大的交易策略（Powell and Ansic，1997），也更倾向于把风险高的股票推荐给别人（Smedts et al.，2008）。在进行股票交易时，男性认为自己从以往成功和失败中汲取的经验比女性更多（Gervais and Odean，2001）。过度自信导致男性投资者会更加频繁地交易，这反而会降低他们的收益（Barber and Odean，2001）。

4.2.2 网络借贷投资人行为相关文献

在网贷平台上，投资者可以根据经过平台审核的借款人信息来自由选择投资标的，所以投资者的信息不对称程度主要取决于借款者对自己信息披露的数量及质量。文献中根据信息的传递性将信息分为两种，一种是不涉及主观判断的硬信息，一种是需要主观判断的软信息（Stein，2002）。根据这个分类方式，在互联网借贷平台中投资者可以看到的硬信息包括借款利率、期限、借款人年龄、性别、婚姻状况、房产、车产、房贷、车贷等，软信息包括借款者相貌及对借款用途的描述等。投资人的决策在一定程度上受到了借款人信息披露的影响。

国内外学者对借款者信息披露对借款成功率、借款成本以及违约率等方面的影响问题进行了研究。对美国网贷平台 Prosper 交易数据的研究发现，借款者的信用评分对于借款成功率有着显著的正向影响（Herzenstein et al.，2008；Iyer et al.，2009）。廖理等（2014）通过对网贷借款人特征的分析指出，在非利率市场化环境下相同利率的借款，违约率越大所需的投资人数量及时间越多，间接说明投资人有能力识别从利率中没有体现出来的风险。但目前没有文献进一步研究投资者的具体特征对投资行为的影响。

4.2.3 研究假设

过度交易在金融市场普遍存在（DeBondt and Thaler，1994）。在美国股票市场中，研究发现男性进行股票交易的换手率比女性更高，但是收益率更低(Barber and Odean, 2001)。男性比女性更容易高估自己掌握信息的准确程度,从而使他们的行为和女性有所差别(Glaser and Weber, 2009)。如果性别差异在中国金融市场中也普遍存在,虽然网贷市场的结构和证券市场有所不同,假设在网贷市场中,男性投资者的换手率比女性更高:

> **假设1** 在其他因素一致的情况下,男性投资者的投资换手率比女性投资者更高。

对于过度交易的假说,可能的解释有理性和非理性两类(DeBondt and Thaler, 1994; Odean, 1998)。如果男性比女性更高的换手率是理性的选择,那么这种行为应该提高他们的投资表现,否则,他们更高的换手率就是非理性的选择。前文的文献中有很多学者在证券市场中发现了男性投资者由于过度交易带来低收益现象普遍存在。那么,假如这种非理性的投资行为更容易发生在男性身上,可能的原因主要有男性比女性更易过度自信(Barber and Odean, 2001)、男性和女性风险偏好不同(Calvet et al., 2009)、男性更有信息优势(Coval and Moskowitz, 2001)、预算约束等。现有文献大多把产生这种现象的原因归因于男性更加过度自信,但没有把过度自信与其他假说进行明确的区分。基于此,在网贷市场中本章提出以下假设:

> **假设2** 在其他因素一致的情况下,男性由于比女性更易过度自信,这使他们有更高的换手率,但他们的投资收益率比女性更低。

在过去文献的讨论中,没有对过度交易通过何种机制导致收益率低形成普遍共识。一方面,在网贷市场上交易债权,会产生固定比例的直接成本,这与传统资本市场的佣金或交易税类似,与交易金额成正比;另一方面,在传统资本市场,如股票市场上进行大额交易时,随着交易标的的流动性不同,市场价格会产生不同程度的变化,使得最终成交的价格与期望交易的价格不同，从而产生所谓的冲击成本，这是间接的交易成本（Glosten，1987）。在网贷二级市场上，交易价格是由平台给定的固定价格，而非根据买家卖家报价撮合得到。债权买卖不会移动价格，没有类似于股票市场的冲击成本存在，因此交易成本核算时只需要考虑直接成本即可，较传统市场中计算得到的交易成本更准确。利用网贷市场的这一特性，可以验证交易成本的差异是否能解释男女投资收益率的差异：

> **假设3** 男性相比女性的高换手率产生更高的交易成本，从而导致男性投资者比女性投资者有更低的收益率。

4.3 网贷交易样本选取与描述性统计

4.3.1 样本选取

本章样本来自国内某网贷平台自2010年5月至2015年6月在网站公开的贷款信息。平台对每笔贷款均披露贷款人基本信息、贷款还款记录、投资人投标记录和债权转让的交易记录。截至2015年6月30日，网站上共有约65万笔贷款申请，17万笔成功贷款，涉及约47万贷款人和11万投资人。

如果贷款人申请贷款，无论贷款申请成功与否，贷款人的基本信息都会在平台网站上公示，而投资人如果进行投标，则只能看到投标的时间和金额，没有关于投资人更详细的信息。为了更好地研究投资者特征对投资行为与回报的影响，将投资人和贷款人通过唯一的用户名进行匹配，在去除个人信息不全的样本后，共有5 081个投资人曾经申请过借款，可以得到他们的基本信息。最终选取这些投资人作为实证分析样本，约占平台上所有投资人的5%。对于每个投资人的投资行为，剔除投资者参与自动投标或理财计划而投资的标的，这样可以更有针对性地考察投资者的自主投资行为对投资收益的影响。

下文的实证分析基于投资人-月面板。若投资人当月持有债券天数过半(大于等于15天),则该投资人当月的数据进入样本。由于2012年以前,平台对贷款利率不设下限,且平台成交不活跃,为保持一致性,只考虑2012年及以后的样本。最终得到投资人-月观测数约6.5万。

样本投资人的基本信息在表4-1中报告。从表4-1中可以看到,本章的样本中,投资人主要集中在男性、35岁以下、受过高等教育的人群中,而婚姻状况、收入水平的分布较为平均。

表4-1的后两列比较男女投资人两个子样本的人口特征差异,这有助于考察是否存在样本选择的偏误。结果显示,男女两个子样本在年龄与教育水平的分布上差异不大。而在女性投资者中,未婚的比例相对男性投资者高,这可能是因为婚后的投资一般以家庭为一个整体进行投资,而家庭中进行金融决策的多数为男性。另外,在女性投资者中,月收入低于5 000元的比例比男性高,拥有房产的比例比男性低,说明女性投资者的财富水平相对男性更低。总体来说,男女两个子样本间的差异不大,后文的实证分析表明个别有差异的特征对结果影响较小[1]。进一步计算投资者个人特征间的相关系数[2]发现,性别与其他个人特征的相关系数均低于10%,说明性别差异只是反映了其他特征影响的可能性不大。

表4-1 投资者人口特征的描述性统计及分性别子样本对比[3]

	全样本	子样本:男性	子样本:女性
性别:			
男	80.10%		
女	14.40%		
未知	5.55%		

---

[1] 实证分析中发现婚姻状况、收入水平对投资者投资回报的影响不显著。
[2] 限于篇幅限制没有报告。
[3] 网贷平台网站只显示贷款申请人申请当时的信息,假设这些基本信息在样本期没有发生变化。

续表

	全样本	子样本：男性	子样本：女性
年龄①：			
0—25 岁	9.49%	11.49%	9.37%
26—30 岁	35.35%	36.11%	35.55%
31—35 岁	30.43%	28.59%	30.60%
36—40 岁	14.39%	12.86%	14.65%
大于 40 岁	10.35%	10.94%	9.83%
婚姻状况：			
已婚	50.10%	51.60%	40.90%
未婚	45.40%	44.30%	52.10%
其他	4.55%	4.08%	6.98%
教育程度：			
高中及以下	16.60%	17.70%	11.10%
专科及以上	72.30%	72.30%	72.50%
其他	11.10%	9.96%	16.40%
月收入情况：			
低于 5 000 元	30.90%	29.50%	37.90%
5 000—10 000 元	26.80%	27.80%	22.00%
高于 10 000 元	23.00%	24.80%	14.10%
未知	19.30%	17.90%	26.00%
有房产	43.10%	44.30%	34.70%
有房贷	20.72%	21.26%	16.28%
有车产	28.52%	29.74%	21.07%
有车贷	4.68%	4.87%	3.56%
投资者数	5 081	4 068	731

① 网站显示的是贷款申请人申请当时的年龄，本章根据投资时间作相应调整，这里报告的是样本期间每个投资人的平均年龄。

4.3.2 变量构造

使用从网贷平台上获取的公开信息,本章构造了反映投资者产品选择、投资行为和投资绩效的度量指标。

首先构造了投资者的月度投资收益率(monthly realized return)。每笔贷款的利率(interest rate)代表了预期的到期收益率,而投资者的实际收益率受到违约风险、违约回收率、提前还款风险、持有期限等因素的影响,不能简单地将利率加权得到。为了更准确地得到投资者投资绩效的度量,根据以下公式计算出月收益率:

$$Value_{t-1} = \sum_i \frac{C_i}{(1+r_t)^{t_i-t+1}} + \frac{Value_t}{1+r_t} \tag{4-1}$$

或

$$Value_{t-1}(1+r_t) + \sum_j Inv_j(1+r_t)^{t-t_j} = \sum_k Rev_k(1+r_t)^{t-t_k} + Value_t \tag{4-2}$$

其中:$Value_{t-1}$ 是月初持有的贷款价值;C_i 是一个月中实际发生的现金流,可以进一步分为投资 Inv_j 和收入 Rev_k。投资包括投标新的贷款,在债权转让市场上买入债权。收入包括在债权转让市场上卖出债权,收到偿还的本息(包括可能的罚息)等。其中在债权转让市场卖出债权时,原持有人需支付手续费,即收到的现金为卖出债权价格的 99.5%,计算中已考虑这部分交易费用。$Value_t$ 是月末持有贷款的价值。等式左右两边相等即可反解出 r_t。在实际计算中,为了计算方便,使用单利的计算方式①,即:

$$Value_{t-1}(1+r_t) + \sum_j Inv_j[1+(t-t_j)r_t] = \sum_k Rev_k[1+(t-t_k)r_t] + Value_t \tag{4-3}$$

由此得到

---

① 因为月收益率数值较小,且一个月的期限较短,所以使用复利和单利计算得到的结果几乎相同,而后者的计算速度远高于前者。

$$r_t = \frac{Value_t + \sum_k Rev_k - Value_{t-1} - \sum_j Inv_j}{Value_{t-1} + \sum_j Inv_j(t-t_j) - \sum_k Rev_k(t-t_k)} \quad (4-4)$$

在计算持有贷款价值 $Value_t$ 时,使用在债权转让市场上立即出售的价格来度量,该价格可根据网贷平台上公布的公式计算得到。由于债权转让市场交易活跃,用平台网站给出的价格可以快速成交①,因此这个价格可以代表持有贷款的价值。计算方式如下:

若无提前还款

$$Value_t = A_r + \frac{\min(t_{now} - t_{due-1}, 30)}{30} \cdot A_r \cdot i_m \cdot x \quad (4-5)$$

若提前还款

$$Value_t = \frac{A_r}{(1+i_m)^d} - \frac{\min(t_{due} - t_{now}, 30)}{30} \cdot \frac{A_r}{(1+i_m)^d} \cdot i_m \quad (4-6)$$

其中:A_r 为未还本金;t_{due-1} 为成交日期对应上一期本息应还日期;i_m 为月利率;x 表示是否保障本息,保障的为 1,只保障本金的为 0;d 表示提前还款的期数与成交日期所在期数之差。

为了研究交易行为与投资绩效间的关系,本章构造了月换手率、历史交易次数、持有贷款价值作为衡量投资者交易行为的变量。

换手率为投资者当月在债权转让市场的交易金额占该投资者上月末持有贷款价值的比例。换手率越高说明投资者交易越频繁。

历史交易次数指投资者从在平台上的第一笔交易到当月末,共交易的次数(包括一级市场和二级市场)。本章用历史交易次数来衡量投资经验。过往研究发现,投资者的投资行为和是否经历过金融危机等有很大的关系(Greenwood and Nagel,2009;Malmendier and Nagel,2011)。此外,谭松涛和陈玉宇(2012)发现,随着投资经验的增加,个人投资者的选股能力有显

---

① 根据 2016 年 2 月 7 日网贷平台网站公布的数据,债权转让市场上累计成交笔数为 694 万,而一级市场发行的累计笔数为 22.8 万。债权转让市场单笔成交平均用时为 43 分 12 秒。

著提升，投资收益也有提高。

投资者持有贷款价值计算方法类似于计算投资者收益率时使用的期末贷款价值，使用当月末持有的贷款在二级市场立即转让的价格代表投资者持有贷款的价值。

投资者对于贷款产品的选择直接影响了投资的绩效，为了在研究投资行为与投资绩效的关系时控制产品选择的差异，本章构造了持有贷款的平均利率、期限和评级三个指标作为产品选择的度量。在网贷平台上，每个贷款产品都有利率或期望收益率、贷款期限（月数）和信用评级三个指标。利率和期限都是借款人在申请借款时自行设定并通过平台审批的。信用评级是由平台对借款人给出的，分为 AA、A、B、C、D、E、HR 七个等级，分别为其赋值 1—7，即数字越小评级越高。将每个投资者月末持有贷款的这三项指标按贷款的价值加权，得到每个投资人每月持有贷款的平均利率、期限和评级。此外，平台的贷款还分为信用认证标、实地认证标、机构担保标等不同类型，对于信用认证标，平台对本金进行担保，而对其他种类的贷款进行本息担保，这对贷款的利率也有影响。因此在稳健性检验中，将投资人投资组合中信用认证标市值占比作为控制变量，进一步控制产品选择的差异。

在表 4-2 中列出本章用到的所有变量定义。

表 4-2　本章所用变量及定义

变量名	变量定义
人口特征	
性别	男性取 1，女性取 0
年龄对数	网站显示投资者最新年龄（2015），计算得到投资者投资时的实际年龄
婚姻状况	未婚取 1，已婚取 0
教育程度	专科及以上取 1，高中及以下取 0
收入状况	分为月收入 5 000 元以下，5 000—10 000 元，10 000 元以上三类

续　表

变量名	变量定义
房产状况	有房产取1,没有取0
交易层面变量	
投资回报	投资者每月的年化投资回报(%),具体构造方法见第三节变量构造
持有贷款价值	投资者每月末持有贷款的总价值(元),贷款价值使用该贷款在债权转让市场立即卖出的价格
持有贷款利率	投资者每月末持有贷款的价值加权的平均利率(%)。利率为每笔贷款设定的预期年化利率
持有贷款期限	投资者每月末持有贷款的价值加权的平均期限(月)。期限为每笔贷款设定的贷款期限
持有贷款评级	投资者每月末持有贷款的价值加权的平均评级。评级是由平台对借款人给出的,分为 AA、A、B、C、D、E、HR 七个等级,分别为其赋值1—7,即数字越小评级越高
历史交易次数	历史交易次数指投资者从在平台上的第一笔交易到当月末,共交易的次数(包括一级市场和二级市场)
换手率	换手率为投资者当月在债权转让市场的交易金额占该投资者上月末持有贷款价值的比例(%)

4.3.3　描述性统计

表 4-3 中展示了交易层面变量的描述性统计量,并分为男女两个子样本进行了对比。

首先在全样本中,已实现的投资收益率平均为 12.51%,小于持有贷款的平均利率 12.71%。违约、提前还款、二级市场折价转让和手续费支出等,都有可能使实际的回报与贷款利率产生差异。样本中投资人平均持有的贷款期限为 20.54 月,平均的评级为 2.75,介于 A 与 B 级之间。此外,投资人平均持有的贷款价值约为 2.5 万元。

表 4-3　交易层面变量描述性统计及分性别子样本差异

面板 A：投资绩效、投资行为与产品选择描述性统计

变量	（1）平均值	（2）标准差	（3）1%分位点	（4）中位数	（5）99%分位点
投资收益率(%)	12.51	10.14	−39.92	12.47	60.60
持有贷款利率(%)	12.71	1.30	10.00	12.66	16.10
持有贷款期限(月)	20.54	8.54	6.00	18.39	36.00
持有贷款评级	2.75	1.29	1	2	7
持有贷款价值(元)	24 728	79 847	14	1 041	488 344
历史交易次数(次)	82.79	188.20	0	11	1 147
换手率(%)	5.29	19.10	0.00	0.00	100.60

面板 B：男女性交易层面变量差异检验

变量	（1）子样本：男性	（2）子样本：女性	（3）差异	（4）t 统计量
投资收益率(%)	12.47	12.64	−0.17**	−1.68
持有贷款利率(%)	12.70	12.69	0.01	0.82
持有贷款期限(月)	20.59	20.59	0.00	0.87
持有贷款评级	2.73	2.81	−0.08***	−5.48
持有贷款价值(元)	24 593	25 086	−493	−0.17
历史交易次数(次)	82.67	81.04	1.63	1.01
换手率(%)	5.43	4.37	1.06***	5.03
观测数(投资者-月)	51 771	9 473		

注：＊＊＊ $p<0.01$，＊＊ $p<0.05$，＊ $p<0.1$。

进一步将样本分为男性和女性两个子样本进行对比，结果在面板 B 中报告，男女投资者只在投资收益率、持有贷款信用评级和换手率中有显著差异。男性投资收益率平均比女性显著低 0.17%，而男性持有贷款的利率反而是高于女性，但不显著。同样，男性与女性在持有贷款的期限、投资的金

额、投资经验（历史交易次数）上都没有显著差异。因此，男性更低的收益率可能是由于对贷款信用评级选择的差异和换手率的差异引起的。男性相比于女性，更倾向于选择评级高的产品。如果在其他情况不变时，信用评级与投资收益率负相关，则男性比女性投资回报低可能是由于对于贷款产品评级的偏好选择不同导致的。另外，结果显示男性比女性的换手率显著高20%以上，过去的许多研究表明，换手率作为过度自信的衡量标准之一，与收益率负相关（如 Barber and Odean，2001 等）。这说明男性相比于女性的低回报可能是由于高换手率导致的。

为了更直观地了解男女投资者投资收益率和换手率的关系，图 4-1 画出了不同年龄段男女选择贷款的评级、换手率与投资收益率的差异。面板 A 中画出了男女在换手率上的差异。总体上男性的换手率高于女性，而这一差异在 25 岁以下的年轻群体中更为显著，男性投资者换手率比女性高将

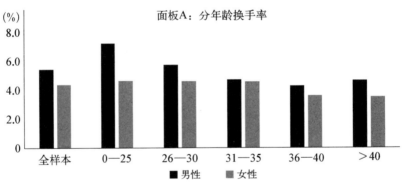

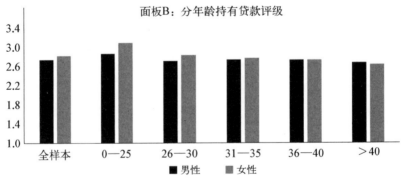

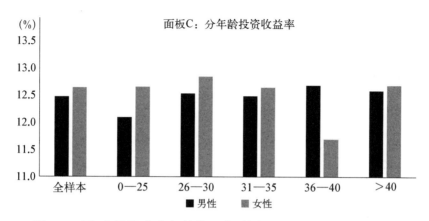

图 4-1　男、女投资者分年龄换手率、持有贷款评级和投资收益率

近一倍。随着年龄增长,男性投资者的换手率快速下降,在 30 岁以上的人群中,男女投资者的换手率差异减小。在面板 B 中,男女投资者在贷款评级的选择上则差异不大。除了 25 岁以下年轻女性投资者持有贷款评级相对较低外,其他群体对评级的选择差异较小。与之对应的,面板 C 按年龄分组画出了男女投资者收益率的差异。同样在 25 岁以下的年轻人群中,男性投资者的收益率显著比女性低。随着年龄增加,男性投资者的收益率也随之上升,而女性的收益率没有明确的变化趋势,有趣的是在年龄大的小组中,男性的投资收益率甚至超过了女性。总体来说,男性比女性投资收益率低的现象主要存在于年轻投资人样本中,而这部分样本也恰好是男性换手率比女性显著高的样本。

图 4-2 可以进一步确认投资收益率与换手率和持有贷款评级的关系。将样本按收益率从低到高分为五组,分别在组内比较男女投资者换手率和持有贷款评级的差异。在面板 A 中,可以看到在收益率最低的组内,男女投资者的换手率都显著比其他组高,且男性的换手率比女性高将近 30%。随收益率增加,男女换手率的差异减小,在第三到第五组内,男女换手率的差异在 10% 以内。与此相伴的,男女之间投资收益率的差异也在减小,在收益率最高的小组内,男性的收益率甚至高于女性。这说明男女投资收益率的差异,主要存在于收益率较差的样本中,而在这部分样本中,男性换手

率显著比女性高。在面板 B 中,不同收益率分组内,男女投资者持有贷款评级的差异都不大。以上结果表明,男性相比女性更低的收益率可能是由于高换手率导致的,以下的实证分析将通过回归分析进一步研究这一关系。

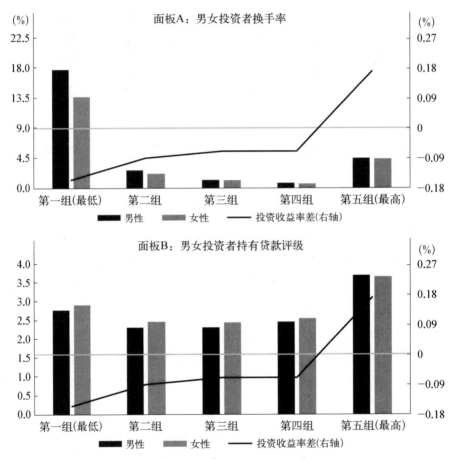

图 4-2 按投资收益率分组的换手率与持有贷款评级

关于本章的样本需要指出的是,这里选取的是所有投资人中占到 5% 的有详细信息的样本。在未报告的结果中,研究发现这部分样本与所有投资人相比,已实现收益率较高,对贷款偏好利率高、期限短、评级差的产品,可见投资更为激进一些,但差异不大。持有贷款金额有比较明显的差异,所有投资人人均持有的贷款数量为 3.7 万元,显著高于本章样本(2.4 万元)。

这在进行结果的解释和推广时是需要注意的。

4.4 实证结果与分析

在上一节简单的数据描述与单变量分析中,研究发现男女投资者的投资收益率和投资行为存在显著的差异,本节通过回归分析更细致地研究这一差异以及投资行为对投资收益率的影响。首先分别用投资者收益率和换手率对性别回归,来研究男女投资者投资回报和投资行为的差异:

$$Return_{i,t} = \beta_0 + \beta_1 Male_i + \gamma Control_{i,t} + d_t + \upsilon_i + \varepsilon_{i,t} \quad (4-7)$$

$$Turnover_{i,t} = \beta_0 + \beta_1 Male_i + \gamma Control_{i,t} + d_t + \upsilon_i + \varepsilon_{i,t} \quad (4-8)$$

本章采用面板随机效应对回归系数进行估计。由于投资人的人口特征变量不随时间变化,使用固定效应会吸收这些变量的影响,而我们主要考察的解释变量为性别,因此不使用固定效应模型进行估计。回归式中 $Return_{i,t}$ 和 $Turnover_{i,t}$ 分别是投资者的月投资收益率和月换手率,$Male_i$ 为投资者性别虚拟变量,为男性时取 1,女性时取 0,$Control_{i,t}$ 代表投资者其他人口特征、投资经验、产品选择等控制变量,d_t 为月份固定效应,控制了随时间变化的、影响所有投资者的宏观因素,υ_i 为投资者随机效应。而在标准差的估计中,为了控制可能的个体间异方差及个体组内相关性,本章报告了聚类在投资者层面的稳健标准差。

在图 4-2 中,可以观察到男性比女性投资者收益率低,主要发生在收益率最低的一组样本中,而在这一组中,男性投资者换手率比女性高出近一倍。这说明男性投资者比女性投资者收益率低,可能是由于过高的换手率导致的,为了验证这一猜想,在之前的回归(4-7)中加入性别与换手率的交叉项:

$$\begin{aligned}Return_{i,t} = &\beta_0 + \beta_1 Male_i + \beta_2 Male_i \times Turnover_{i,t} + \\ &\gamma Control_{i,t} + d_t + \upsilon_i + \varepsilon_{i,t}\end{aligned} \quad (4-9)$$

若男性比女性投资收益率低是由于换手率高导致的，则 β_2 应为负，即在换手率越高时，男性比女性投资收益率低的程度越大。

4.4.1 投资者性别与投资收益率

首先对回归式(4-7)进行分析，验证男女性投资者在投资者收益率上是否有差异。表 4-4 报告了回归结果。面板 A 将投资收益率对性别和投资者人口特征进行回归，模型(1)仅控制月份固定效应，发现男性投资者的收益率比女性投资者显著低 0.25%。模型(2)在控制了其他人口特征变量后，男女投资者收益率的差异依旧显著，且数值更大，在其他因素不变的情况下，男性的投资收益率平均比女性低 0.37%。

表 4-4 投资收益率与性别差异

	面板 A：投资收益率与投资者人口特征				
被解释变量	(1) 投资收益率	(2) 投资收益率	(3) 投资收益率	(4) 投资收益率	(5) 投资收益率
男性	−0.252*	−0.368**	−5.456**	−0.390**	−5.330**
	(0.144)	(0.146)	(2.287)	(0.157)	(2.367)
年龄对数		2.385***	1.266**	2.389***	1.297**
		(0.352)	(0.575)	(0.352)	(0.595)
历史交易次数		5.685***	5.686***	5.376***	5.547***
		(0.367)	(0.367)	(0.801)	(0.820)
男性×年龄对数			1.469**		1.430**
			(0.662)		(0.690)
男性 × 历史交易次数				0.382	0.171
				(0.857)	(0.882)
持有贷款价值		−5.283***	−5.261***	−5.272***	−5.257***
		(0.799)	(0.796)	(0.798)	(0.795)
未婚		0.0987	0.111	0.0981	0.110
		(0.141)	(0.141)	(0.141)	(0.141)

续 表

面板 A：投资收益率与投资者人口特征

被解释变量	(1) 投资收益率	(2) 投资收益率	(3) 投资收益率	(4) 投资收益率	(5) 投资收益率
专科及以上		−0.465***	−0.476***	−0.465***	−0.476***
		(0.173)	(0.173)	(0.173)	(0.173)
月收入5 000—10 000元		−0.169	−0.164	−0.169	−0.165
		(0.159)	(0.158)	(0.159)	(0.158)
月收入10 000元以上		−0.160	−0.166	−0.161	−0.166
		(0.186)	(0.187)	(0.187)	(0.187)
有房产		0.243	0.239	0.243	0.239
		(0.176)	(0.176)	(0.176)	(0.176)
有房贷		−0.309*	−0.309*	−0.310*	−0.310*
		(0.186)	(0.186)	(0.186)	(0.186)
有车产		0.264	0.262	0.265	0.262
		(0.164)	(0.164)	(0.164)	(0.164)
有车贷		−0.110	−0.118	−0.112	−0.119
		(0.332)	(0.333)	(0.332)	(0.333)
职业固定效应①	否	是	是	是	是
月度固定效应	是	是	是	是	是
观测数	64 995	64 995	64 995	64 995	64 995
R^2	0.013 6	0.019 0	0.019 1	0.019 0	0.019 1

面板 B：控制产品选择

被解释变量	(1) 投资收益率	(2) 投资收益率	(3) 投资收益率	(4) 投资收益率
男性	−0.254**	−0.218*	−0.305**	−0.237**
	(0.120)	(0.132)	(0.131)	(0.121)

---

① 由于职业固定效应回归系数均不显著，为节约篇幅不展开报告。

续 表

被解释变量	面板 B：控制产品选择			
	(1) 投资收益率	(2) 投资收益率	(3) 投资收益率	(4) 投资收益率
利率	1.732***			2.093***
	(0.105)			(0.132)
评级		0.799***		−0.102
		(0.077 2)		(0.072 2)
期限			0.051 3***	−0.116***
			(0.008 02)	(0.011 7)
人口特征控制变量	是	是	是	是
月度固定效应	是	是	是	是
观测数	64 904	64 904	64 904	64 904
R^2	0.056 2	0.028 6	0.023 5	0.059 3

注：括号中报告聚类在投资者的稳健标准差。*** $p<0.01$，** $p<0.05$，* $p<0.1$。

在模型(2)的回归结果中，年龄和历史交易次数的系数显著为正。年龄和历史交易次数可以衡量一个人的经验。具体来说，历史交易次数衡量了投资者在网贷的投资经验，而年龄可能衡量了更广泛的投资经验，那么结果显示，随着投资经验的增加，投资回报率增加。模型(3)和(4)分别加入了性别与年龄和历史交易次数的交叉项，来考察随着投资经验的增加，男女之间投资收益率的差异会有什么变化。结果显示，一方面，年龄与性别交叉项的系数显著为正，说明随着年龄增加，男女之间投资收益率的差异逐渐缩小。结果预测，年龄在 41 岁左右时，男女之间的收益率就没有显著的差异，而在年龄更大的样本中，男性的收益率将反超女性①。这与图 4-1 的结果是一致的。另一方面，历史交易次数与性别的交叉项虽然为正，但统计意义上不显

---

① 在模型(3)中，男性对回报影响的偏效应为 −5.456+1.469×年龄对数，随年龄增加而增加，简单计算得到年龄约为 41 时，此偏效应等于 0。

著。模型(5)将两个交叉项同时放入回归式,发现结果类似单独回归。说明普遍意义上的经验(年龄)增加,可以改善男性的低收益率,而在这个网贷平台上的投资经验对男性的低收益率是没有显著影响的。

投资者的收益率与投资者对标的的选择有直接的关系。直观上,在其他条件一样的情况下,利率高、评级高、期限短的产品会带来较高的投资回报。在描述性统计中也可以发现,男女投资者在对投资标的的选择上存在差异,尤其是在产品评级的选择上,男性持有贷款的平均评级显著优于女性投资者,那么有可能男女投资者收益率的差异是因为对产品选择的差异导致的。为了排除这种可能,在面板 B 中控制了产品选择的因素,重复了投资收益率对性别的回归。

面板 B 的前三列回归分别在之前的基础上加入投资者持有贷款的利率、期限与信用评级作为产品选择的控制变量。在加入产品特性后,男性变量的系数依然显著为负,但数值比没有加入产品特性时稍小。模型(4)同时控制了产品的三个维度特征,结果显示,在控制了产品选择后,男性投资收益率依旧显著低于女性。在三个产品选择变量的回归系数中,利率与收益率有显著的正向关系,期限与收益率有显著的负向关系,这与预期是一致的。而在男女投资者存在显著差异的产品评级这一维度,对投资收益率没有显著影响,且系数为负,即在其他条件相同的情况下,评级越高,收益率越高。在上一节的数据描述中,男性选择投资贷款的评级显高于女性,结合面板 B 的回归结果,研究发现男性的低收益率无法由男女选择贷款评级的差异解释。

4.4.2 投资者性别与换手率

从之前的结果可以看到,男性投资者收益率显著低于女性,但从他们选择投资标的的利率、期限和评级来看,没有证据说明男性选择了较差的投资标的而导致了更低的收益率。文献中通过对个人股票账户的交易数据研究发现,过度自信的投资者会过度交易,进而导致更低的收益率(Odean,1999)。本节参照文献中的方法,研究不同性别的投资者换手率的差异。

表 4-5 面板 A 中报告了换手率对性别及其他控制变量的回归结果。模型(1)中仅控制了月度固定效应,结果显示男性投资者比女性投资者月换手率显著高 1.6%,这一差异在控制了其他人口特征后依旧显著,且数值基本不变。

表 4-5 换手率与性别差异

面板 A：换手率与投资者特征

被解释变量	(1) 换手率	(2) 换手率	(3) 换手率	(4) 换手率	(5) 换手率
男性	1.603***	1.565***	16.74**	1.434***	19.81***
	(0.423)	(0.429)	(6.564)	(0.438)	(6.545)
年龄对数		−9.750***	−6.403***	−9.733***	−5.670***
		(0.942)	(1.638)	(0.943)	(1.630)
历史交易次数		14.49***	14.49***	12.53***	12.05***
		(0.985)	(0.985)	(1.615)	(1.624)
男性×年龄对数			−4.388**		−5.323***
			(1.874)		(1.870)
男性×历史交易次数				2.423	3.024
				(1.868)	(1.889)
控制变量	否	是	是	是	是
职业固定效应	否	是	是	是	是
月度固定效应	是	是	是	是	是
观测数	63 258	63 258	63 258	63 258	63 258
R^2	0.039 0	0.051 6	0.051 8	0.051 5	0.051 7

面板 B：控制产品选择

被解释变量	(1) 换手率	(2) 换手率	(3) 换手率	(4) 换手率
男性	1.539***	1.543***	1.546***	1.589***
	(0.410)	(0.413)	(0.413)	(0.412)

续 表

	面板 B：控制产品选择			
被解释变量	(1) 换手率	(2) 换手率	(3) 换手率	(4) 换手率
利率	−0.694***			−0.763***
	(0.076 9)			(0.095 6)
评级		0.229**		0.466***
		(0.091 9)		(0.115)
期限			−0.118***	−0.044 2**
			(0.019 3)	(0.022 1)
控制变量	是	是	是	是
月度固定效应	是	是	是	是
观测数	63 236	63 236	63 236	63 236
R^2	0.053 4	0.052 1	0.052 0	0.054 1

注：括号中报告聚类在投资者的稳健标准差。*** $p<0.01$，** $p<0.05$，* $p<0.1$。

与上一节投资收益率与性别的回归分析类似，这里也使用年龄和历史投资次数作为投资经验的代理变量。如果换手率高意味着过度交易，那么随着投资经验的增加，预期换手率会降低，且男女投资者在换手率上的差异也会减小。在模型(2)中，结果显示随着年龄增加，换手率显著降低，这与预测一致，而历史投资次数会显著增加投资者换手率。这一方面是由于换手率的构造方式本身与投资次数正相关；另一方面可能说明，网贷平台上的投资经验并不能帮助减少换手率。模型(3)和(4)中报告了年龄、历史投资次数和性别的交叉项的回归系数。研究发现年龄与性别的交叉项系数显著为负，而历史投资次数与性别的交叉项不显著。模型(5)同时放入两个交叉项结果类似。随着年龄增加，男女换手率差异减小，根据简单计算可知，到45岁之后，男性换手率不再显著高于女性[①]。这与图4-1是一致的。

---

① 在模型(5)中，男性对回报影响的偏效应为16.74−4.388×年龄对数，随年龄增加而减少，简单计算得到年龄约为45.4时，此偏效应等于0。

与表4-4类似,面板B进一步控制了投资者的产品选择,在加入了贷款的利率、期限与评级后,男性变量系数依然显著为正,且数值大小基本不变,说明产品选择不能解释男性的高换手率。

4.4.3 投资者性别、收益和换手率

表4-4和表4-5的结果表明,男性投资者的收益率显著比女性投资者低,同时换手率显著比女性投资者高。图4-2的分析中也可以发现,这一结果可能是由收益率低、换手率高的样本带来的。为了进一步研究男性的低收益率是否是由于高换手率导致的,本节将换手率和换手率与性别的交叉项加入到收益率对性别因素的回归中,结果在表4-6中报告。

表4-6 投资收益率与性别、换手率关系

	面板A:OLS回归				
被解释变量	(1) 投资收益率	(2) 投资收益率	(3) 投资收益率	(4) 投资收益率	(5) 投资收益率
男性	−0.230*	−0.237**	−0.128	−0.008 55	
	(0.134)	(0.121)	(0.122)	(0.124)	
换手率	−4.029***		−3.818***	−1.831*	−0.855
	(0.467)		(0.463)	(1.017)	(1.107)
男性×换手率				−2.428**	−2.266*
				(1.140)	(1.241)
利率		2.093***	1.983***	1.981***	2.696***
		(0.132)	(0.135)	(0.135)	(0.247)
评级		−0.102	0.092 8	0.094 4	−0.043 5
		(0.072 2)	(0.072 6)	(0.072 6)	(0.146)
期限		−0.116***	−0.106***	−0.106***	−0.170***
		(0.011 7)	(0.011 9)	(0.011 9)	(0.021 8)
控制变量	是	是	是	是	是

续　表

面板 A：OLS 回归					
被解释变量	(1)投资收益率	(2)投资收益率	(3)投资收益率	(4)投资收益率	(5)投资收益率
投资人固定效应	否	否	否	否	是
月度固定效应	是	是	是	是	是
观测数	63 258	64 904	63 236	63 236	63 236
R^2	0.028 3	0.059 3	0.067 7	0.068 1	0.059

面板 B：分位数回归					
被解释变量	(1)10%分位数	(2)25%分位数	(3)50%分位数	(4)75%分位数	(5)90%分位数
男性	−0.013 6	−0.009 81**	−0.020 2***	−0.037 1***	−0.033 5*
	(0.010 7)	(0.004 35)	(0.004 74)	(0.008 54)	(0.020 0)
换手率	−18.38***	−8.630***	−4.930***	−1.775***	37.57***
	(2.002)	(0.411)	(0.250)	(0.308)	(8.935)
男性×换手率	−7.070***	−1.296***	−0.250	−0.284	−7.013
	(2.584)	(0.480)	(0.256)	(0.323)	(8.975)
产品选择	已控制	已控制	已控制	已控制	已控制
人口特征	已控制	已控制	已控制	已控制	已控制
月度固定效应	是	是	是	是	是
观测数	63 236	63 236	63 236	63 236	63 236

注：括号中报告聚类在投资者的稳健标准差。***$p<0.01$，**$p<0.05$，*$p<0.1$。

表 4-6 面板 A 中报告了 OLS 回归的结果，在模型(1)—(3)中，分别在控制性别和其他人口特征的基础上，加入换手率和产品选择，研究其对投资收益率的影响。结果显示换手率增加显著降低了收益率，换手率增加一个标准差，将使投资收益率下降 0.77%。这在控制了产品选择后依旧显著。

模型(4)中进一步加入了性别与换手率的交叉项，其系数显著为负，如换手率为 10%时，男性比女性的收益率低 0.25%，而在换手率为 50%时，男性比女性的收益率低 1.22%。这意味着换手率越高时,男性投资者相对于女性投资者的收益率会越低,说明男性的低收益率的确与其高换手率有关。

为了进一步验证图 4-2 中展示的结果,表 4-6 面板 B 使用分位数回归(Quantile Regression)重复了模型(4)的回归。面板 B 分别报告了 10%、25%、50%、75% 和 90% 分位数(收益率由低到高)的回归结果,发现只有在 10% 和 25% 分位数的回归中,性别与换手率交叉项的系数是显著为负的,而在更高的分位数中是不显著的。这表明,在投资收益率较低的群体中,男性投资者因为换手率高导致与女性的收益率差异更为显著。这也验证了关于男性投资者高换手率带来更低的投资收益率的假设。

行为金融学模型预测,过度自信会带来过度交易,过度自信者会高估他们的信息精度,在期望收益率低于交易成本时也会交易。因此,高换手率导致的低收益率,有可能是由于高换手率带来的高交易成本导致的。网贷二级市场的定价规则简单,对于交易成本的核算较为方便,这使得我们有机会考察交易成本对投资回报的影响。

在网贷平台网站上投资贷款(无论在一级市场还是二级市场),都不收取手续费或管理费,而在债权转让市场上卖出债权时,原债权人需向平台支付 0.5% 的手续费,这是直接的交易成本。由于债权转让市场采用网站官方定价的机制,因此卖出债权时也不会产生冲击成本,可以认为间接成本等于零。接下来考察 0.5% 的交易成本对男女投资收益率差异的影响。

图 4-3 在图 4-1 面板 C 的基础上,加入不考虑交易成本计算得到的投资收益率。可以发现,不考虑交易成本的投资收益率比考虑交易成本的真实收益率高,未报告的结果显示,两者相差约 0.6%。在不考虑交易成本的投资收益率的对比中,男性投资者反而比女性投资者高。在分年龄的样本中,男性不考虑交易成本投资收益率在各年龄段数值类似,没有在真实收益率中表现出明显的随年龄上升的趋势,而女性投资者两种投资收益率的变化趋势类似。同时在较年轻的子样本中,男女投资者真实收益率的差异(男性显著低于女性)也在不考虑交易成本投资收益率对比中变得不显著。

用不考虑交易成本的投资收益率重复表 4-6 的回归,结果报告在表 4-7

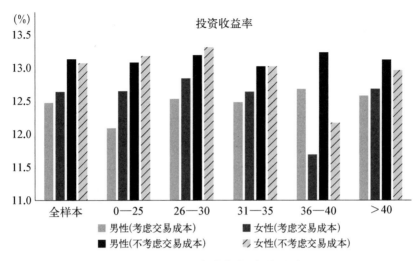

图 4-3 交易成本与投资收益率

中。表 4-7 面板 A 模型(1)中,仅控制投资人人口特征时,男女投资者不考虑成本的投资收益率差别不显著。模型(2)中加入换手率,结果与之前真实收益率的回归结果相反,不考虑成本的收益率随换手率增加而上升,这说明高换手率导致收益率下降主要是由于高交易成本导致的。而模型(3)中产品选择变量的系数大小和显著性都与表 4-6 中类似,说明产品选择与交易成本关系不大。模型(5)中加入了换手率与性别的交叉项,回归结果表明其系数为负但是不显著,说明在不考虑交易成本的情况下,男女换手率的差异并不导致二者投资收益率的差异。

表 4-7 投资收益率与性别、换手率关系

	面板 A：OLS 回归				
被解释变量	(1) 投资收益率 不考虑成本	(2) 投资收益率 不考虑成本	(3) 投资收益率 不考虑成本	(4) 投资收益率 不考虑成本	(5) 投资收益率 不考虑成本
男性	−0.031 0 (0.128)	−0.085 0 (0.131)	0.051 8 (0.116)	−0.013 9 (0.118)	−0.000 675 (0.119)

续　表

被解释变量	(1) 投资收益率 不考虑成本	(2) 投资收益率 不考虑成本	(3) 投资收益率 不考虑成本	(4) 投资收益率 不考虑成本	(5) 投资收益率 不考虑成本
换手率		7.423***		7.533***	7.761***
		(0.456)		(0.455)	(1.010)
男性×换手率					−0.280
					(1.131)
利率			1.841***	1.913***	1.912***
			(0.128)	(0.131)	(0.131)
评级			−0.042 3	0.057 8	0.058 0
			(0.070 7)	(0.071 4)	(0.071 4)
期限			−0.103***	−0.108***	−0.107***
			(0.011 5)	(0.011 7)	(0.011 7)
人口特征	已控制	已控制	已控制	已控制	已控制
月度固定效应	是	是	是	是	是
观测数	64 991	63 258	64 904	63 236	63 236
R^2	0.021 8	0.040 5	0.056 6	0.078 1	0.078 1

面板 B：分位数回归

被解释变量	(1) 10%分位数	(2) 25%分位数	(3) 50%分位数	(4) 75%分位数	(5) 90%分位数
男性	−0.018 9*	−0.014 5***	−0.021 1***	−0.040 1***	−0.026 6
	(0.011 2)	(0.005 14)	(0.005 32)	(0.007 56)	(0.021 8)
换手率	−5.134***	−1.390***	1.656***	7.589***	49.98***
	(1.450)	(0.268)	(0.192)	(0.968)	(6.338)

续表

被解释变量	(1) 10%分位数	(2) 25%分位数	(3) 50%分位数	(4) 75%分位数	(5) 90%分位数
男性×换手率	−0.849 (1.501)	0.445 (0.315)	0.566*** (0.219)	0.010 6 (1.124)	−2.532 (7.395)
产品选择	已控制	已控制	已控制	已控制	已控制
人口特征	已控制	已控制	已控制	已控制	已控制
月度固定效应	是	是	是	是	是
观测数	63 236	63 236	63 236	63 236	63 236

注：括号中报告聚类在投资者的稳健标准差。＊＊＊p＜0.01，＊＊p＜0.05，＊p＜0.1。

表4-7面板B中报告了分位数回归的结果，与表4-6中的结果不同的是，在不考虑交易成本的情况下，换手率与性别的交叉项只在50%分位处显著，且为正，说明不考虑交易成本后，男性的高换手率并没有导致其投资收益率比女性差。

综上讨论，验证了男性比女性更高的换手率带来更低的投资收益率，这一差异主要被高换手率造成的高交易成本所解释。

4.4.4 备择假设：风险偏好与预算约束

在前文的讨论中，研究发现男性相比女性交易次数更多，由此带来更多的交易成本，导致投资收益率变低。但过度交易可能并非由于男性过度自信，有可能是由于男性不同的风险偏好，使得他们需要不断再平衡（rebalancing）其投资组合；也可能是男性的预算约束比女性更紧，因此不得不卖出债权，从而产生更多交易成本。本节讨论这两种备择假设。

（1）风险偏好

风险偏好会影响投资者的产品选择（Hong et al.，2004；Weber et al.，

2013；Barberis et al.，2006)①。在网贷市场中，贷款人评级和贷款利率、期限可以很直接地反映产品风险。例如，信用评级可以反映贷款的违约率。信用评级越低贷款人违约的可能性越大，并且信用评级越低的贷款人贷款成交利率越高(Herzenstein et al.，2008)。投资人可以通过网贷平台中贷款人的信息识别其风险程度，即使是相同信用评级的贷款人，他们贷款成交利率越高，贷款违约率也越高(Iyer et al.，2009)。所以，风险偏好高的投资人可能倾向选择利率高、评级低的产品。这反映在数据上，就是投资者投资组合中债券的利率、评级和期限。

如果前文的结果是由男女投资人风险偏好的差异导致的，那么应该观察到，在控制了投资者投资组合中债券的利率、评级与期限后，男女的换手率、预期收益没有显著差异，而在表4-4投资收益率与性别差异的分析中，控制投资标的利率、期限与评级等特征，发现男女的收益率差异依旧显著，说明风险偏好不足以解释所有的男女差异。但是，男女不同的风险偏好可能导致了其换手率的差异，从而导致收益率的不同。如果这一假说成立，那么风险偏好应该可以解释男女换手率的差异。

重复表4-5中投资者性别与换手率关系的回归，在解释变量中加入利率、评级、期限等产品特征及其与性别的交叉项，控制风险偏好对换手率差异的影响。在表4-8的回归结果中，在分别控制了产品特征及其与性别的交叉项后，男女投资者间的换手率差异依然显著。虽然在加入交叉项后，性别差异的显著性有所降低，但系数增加了2倍。这说明风险偏好无法完全解释换手率的性别差异，控制了风险偏好之后，男女投资者之间换手率差异反而增大②。

---

① 风险忍受能力较强的居民更容易参与风险较大的股票市场投资，但这种现象在财富最低的居民分组中不显著(Hong et al.，2004)。投资者对风险的态度和收益的期望会影响投资者的风险承受能力，进而影响投资者的投资选择(Weber et al.，2013)。居民对风险的厌恶显著影响了他们参与股市的程度，他们尤其不喜欢参与小额的博彩型投资，尽管这些投资机会可以带来较好的收益(Barberis et al.，2006)。

② 债券的风险特征可能不只体现在利率、评级与期限上。在稳健性检验中，将贷款是否为信用认证标作为风险特征进行控制，结果也是稳健的。

表 4-8 换手率与风险偏好的关系

被解释变量	（1）换手率	（2）换手率	（3）换手率
男性	1.669***	1.709***	4.354*
	(0.430)	(0.415)	(2.280)
利率		−0.818***	−0.442***
		(0.096 2)	(0.169)
评级		0.497***	−0.041 2
		(0.116)	(0.195)
期限		−0.042 0*	−0.103***
		(0.022 2)	(0.032 2)
男性×利率			−0.506**
			(0.208)
男性×评级			0.713***
			(0.238)
男性×期限			0.081 3**
			(0.035 4)
人口特征	已控制	已控制	已控制
月度固定效应	是	是	是
观测数	63 258	63 236	63 236
R^2	0.049 4	0.052 3	0.052 5

注：括号中报告聚类在投资者的稳健标准差。***$p<0.01$，**$p<0.05$，*$p<0.1$。

(2) 预算约束

由于只有在二级市场上卖出才会产生交易费用，因此卖出行为对投资回报的影响更大。男性在二级市场交易次数更多的另一种可能是，他们预算约束更紧，因此不得不经常在市场上卖出套现。为了考察这种假说，本节具体检查了投资人在二级市场上的买卖次序，若投资人卖出债权后在短时间内又进行了投资，则说明由于预算约束而卖出的可能性较小。图 4-4 列出了投资人卖出之后间隔多久买入债权的分布。

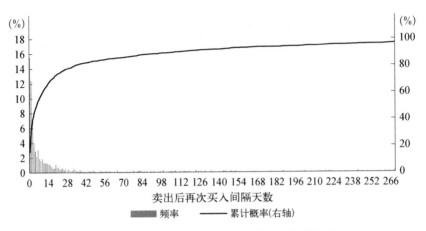

图 4-4 卖出债权后再次买入间隔天数分布

在二级市场有卖出交易的投资人中,超过 50% 在卖出债权后一周内又进行投资,超过 75% 会在一个月内又进行投资。这说明大多数投资人更可能是因为投机而非预算约束在二级市场上进行买卖。表 4-9 只保留投机交易者,对预算约束假设进行更正式的分析。

表 4-9 排除预算约束样本后投资收益率与性别和换手率关系

被解释变量	(1) 投资收益四周以下	(2) 投资收益三周以下	(3) 投资收益两周以下	(4) 投资收益一周以下	(5) 投资收益五天以下	(6) 投资收益三天以下
男性	0.001 15	0.007 46	0.010 7	0.023 4	0.008 04	0.027 4
	(0.130)	(0.131)	(0.133)	(0.138)	(0.140)	(0.142)
换手率	−2.050*	−2.042*	−2.301**	−2.832**	−3.641***	−3.570***
	(1.105)	(1.114)	(1.153)	(1.245)	(1.268)	(1.327)
男性×换手率	−2.273*	−2.450**	−2.229*	−2.219	−1.758	−2.178
	(1.240)	(1.250)	(1.290)	(1.385)	(1.410)	(1.468)
控制变量	是	是	是	是	是	是
月度固定效应	是	是	是	是	是	是
观测数	58 472	57 650	56 202	53 509	52 034	50 477
R^2	0.068 5	0.069 3	0.070 1	0.072 3	0.074 0	0.074 9

注:括号中报告聚类在投资者的稳健标准差。***$p<0.01$,**$p<0.05$,*$p<0.1$。

按不同的时间长度定义了有预算约束投资者,将其去除样本重复了表 4-6 的回归。去除二级市场卖出后超过四周、三周、两周才买入的预算约束投资人,结果显示高换手降低收益的效应依旧显著,且在男性样本中更强。将买卖的时间间隔限制为一周以下或更短时,研究发现男性与换手率交叉项系数大小保持不变,但显著性降低。由于从平台卖出债权后,资金并非实时到账,有 3—5 个工作日的转账时间,因此,很难认为卖出仅一周后又买入的投资人是因为预算约束而被迫卖出债权来周转资金,这部分投资人更可能是出于投机的动机在二级市场进行买卖。故模型(4)、(5)、(6)显著性的下降可能是因为排除了一部分进行投机的投资者。

综上证据,预算约束也无法解释男性高换手率的动机。

4.4.5 稳健性检验

本节从以下几个方面对文章主要结果进行了稳健性检验[①]。表 4-6 通过分位数回归研究了男女换手率差异对投资收益率的影响,但分位数回归仅考虑了换手率差异对投资收益率不同分位数的影响,没有考虑换手率不同的投资者,其性别及换手率对收益率的影响可能是非线性的。为此,表 4-10 分别根据投资收益率高、低和换手率高、低把投资者分为四组,分别重复了表 4-6 的回归。

高换手率的原因除了过度自信,还可能是拥有信息优势或更高的投资技能。信息优势或投资技能导致的高换手率会带来更高的收益,而过度自信导致的高换手率会使收益更低。若本章的假设成立,即男性高换手率是由于过度自信导致的,那么应该发现前文的结果在高换手率、低收益率的子样本中更为显著。

前四列只加入性别、控制产品选择和人口特征变量。结果显示只有在收益率低换手率高的一组,男性的投资收益率显著低于女性,而在收益率高换手率低的组内,男性的收益率反而高于女性。在其他两组中,男女投资者

[①] 部分结果因篇幅原因未在正文中展示。

表 4-10 根据投资收益率与换手率排序分组的收益率、性别与换手率关系

组别 被解释变量	(1) 收益高换手高 投资收益	(2) 收益低换手高 投资收益	(3) 收益高换手低 投资收益	(4) 收益低换手低 投资收益	(5) 收益高换手高 投资收益	(6) 收益低换手高 投资收益	(7) 收益高换手低 投资收益	(8) 收益低换手低 投资收益
男性	−0.06	−0.41**	0.39**	−0.00	−0.04	0.13	0.34**	0.16
	(0.17)	(0.17)	(0.16)	(0.23)	(0.16)	(0.17)	(0.17)	(0.25)
换手率					14.74***	−9.25***	9.36	8.26
					(2.05)	(0.88)	(7.23)	(14.51)
男性×换手率					−0.14	−3.19***	5.08	−6.22
					(2.25)	(0.99)	(8.61)	(15.17)
控制变量	是	是	是	是	是	是	是	是
月度固定效应	是	是	是	是	是	是	是	是
观测数	13 555	16 165	22 782	12 402	13 332	15 543	22 388	11 973
R^2	0.040 0	0.049 4	0.096 5	0.061 6	0.154	0.176	0.099 2	0.067 2

注：括号中报告聚类在投资者的稳健标准差。*** $p<0.01$，** $p<0.05$，* $p<0.1$。

收益率差异不显著。这说明男性投资者的低收益率主要是由收益率低、换手率高的子样本驱动的。男女的收益差更可能是由于过度自信导致的。因为根据之前的讨论，在高收益组中，换手率更可能是由于有信息优势或更高的技能。后四列进一步在回归式中加入换手率和换手率与男性虚拟变量的交叉项。同样只有在收益率低换手率高的组中，性别与换手率的交叉项系数显著为负，在这一组中，男性的高换手率导致了更低的收益率，而在其他组中都不显著。同时可以注意到，在换手率高的两组子样本中，加入换手率和交叉项带来的解释力度提升相对于换手率低的两组更为显著。如在收益率低、换手率高的组，加入换手率及交叉项使得 R^2 增加 12.7%，而在收益率低、换手率低的组，R^2 只增加 0.6%。

以上结果证明过度自信的确是男性高换手、低收益的作用机制之一。当然在部分样本中（如高收益高换手组），男性的高换手率背后可能有别的机制（如信息优势）。

由于平台披露信息的限制，本章的分析样本局限在过去填写过贷款申请资料的投资者，而非投资者全体，这可能导致样本选择的偏误。这里的样本选择偏误分为两个部分，一是投资人过去如果成功申请贷款，这些有负债的投资人行为是否同典型投资人有区别，二是投资人如果有过贷款意愿，其行为是否同典型投资人有区别。

为了去除第一个问题的影响，表 4-11 去除成功申请贷款的客户，只选取填写资料但没有申请到贷款的客户，这部分子样本占到正文样本总数的 80%。前三列的结果显示，是否成功申请贷款对结果没有影响。其次，子样本回归无法解决第二个问题，即申请过贷款的投资人与整体投资者的分布可能存在差异。为控制这一样本选择偏误，使用 Heckman 样本选择模型，第一步用全体的投资人的投资行为来解释其是否会填写信息，第二步在原回归中加入逆米尔斯比率（Inverse Mills Ratio）来控制样本选择问题。表 4-11 的后三列显示，在控制了逆米尔斯比率后，主要结果保持不变。通过这两种稳健性检验，可以缓解样本选择偏误对结果的影响。

表 4-11　样本选择模型回归

被解释变量	(1)	(2)	(3)	(4)	(5)	(6)
	子样本回归			Heckman 两阶段回归		
	投资收益率	换手率	投资收益率	投资收益率	换手率	投资收益率
男性	−0.291**	1.570***	−0.026 1	−0.234*	1.646***	−0.003 10
	(0.119)	(0.463)	(0.119)	(0.121)	(0.413)	(0.124)
换手率			−1.862*			−1.836*
			(1.035)			(1.017)
男性×换手率			−2.664**			−2.427**
			(1.169)			(1.140)
控制变量	是	是	是	是	是	是
月度固定效应	是	是	是	是	是	是
观测数	52 222	50 854	50 854	64 904	63 236	63 236
R^2	0.057 0	0.052 2	0.068 2	0.059 5	0.052 9	0.068 4

注：括号中报告聚类在投资者的稳健标准差。***$p<0.01$，**$p<0.05$，*$p<0.1$。

当然，样本选择问题依旧是研究网贷市场投资者行为时面临的一个挑战。使用多种实证手段可以尽量缓解这一问题对结果的影响，但必须承认在现有的数据下，此问题依然可能存在。

另一个可能影响结论的问题是，虽然前文控制了投资人的个体特征，但依然可能遗漏与投资行为和性别同时有关的变量，使得结果有内生性问题。为了进一步控制投资者的个体差异，在每一期对男女投资者进行倾向得分匹配(PSM)。具体来说，首先用性别变量对投资者个人特征和产品选择特征进行逻辑回归，得到倾向性得分，然后在每一期为男性投资者选择得分最相近的女性投资者进行匹配（匹配可能有重复），最后得到收益率的差异即平均处置效应(ATE)，进一步可以将收益率差对换手率进行回归。结果与正文一致，男性的收益率显著比女性低 0.92%（对比表 4-4 面板 B 全模型的 0.24%），且换手率比女性高 1.70%（对比表 4-5 面板 B 全模型的 1.59%），换手率差越高则收益率越低,影响系数为－3.64(对应表 4-6 面板 A 全模型的－2.27)。

此外,平台将贷款分为信用认证标、实地认证标、机构担保标等不同类型,对于信用认证标,平台对本金进行担保,而对其他种类的贷款进行本息担保,这对收益率有显著影响,同样反映了债券的风险特征。因此,在产品选择的变量中加入上月末信用认证标市值占投资者持有债券总市值的比例作为附加控制变量。结果显示,上月持有信用认证标越多的投资者,当月投资回报越高。而加入这一控制变量对于主要关注的变量系数没有显著影响。

最后,前文认为换手率高的投资者由于付出更多的交易费用,因此收益率更低。只有在债权转让市场上卖出债权才会产生交易费用,而前文在计算换手率时包括在债权转让市场上买卖债权。因此,这里只使用在二级市场上卖出债权的金额占持有债权的比例作为换手率的度量,重复正文分析,发现结果一致。

4.5 小　　结

4.5.1　主要结论

在网贷市场中,性别效应显著存在。本章研究发现,男性投资者比女性投资者更易过度自信,他们比女性投资者有着更高的换手率。然而,男性投资者的收益率却比女性投资者低。在控制了产品选择和其他人口特征变量后,男女投资者收益率的差异依旧显著,男性的投资收益率平均比女性低 24 个基点。这和人们一般认为男性更加善于投资的想法是相反的。本章的实证结果显示,男性比女性更易过度自信,这导致过度交易产生了更多的交易成本,降低了他们的投资收益率。

在股票市场的研究中,过度自信与风险偏好、背景风险、预算约束等其他可能的解释不容易区分。本章在相关回归中均控制了投资者的个人特征、产品选择及投资行为的控制变量,并在稳健性检验中进一步使用倾向性得分对男女投资者进行匹配,来控制投资人的风险偏好与背景风险差异。其次,只选择在卖出债权后短时间内又投资的子样本,排除可能存在的预算约束。最后,使用 Heckman 两阶段模型来控制样本自选择,发现结果是稳健的。

本章结果显示,在收益率较低的男性投资者中,过度自信的表现更加明显,他们有更高的换手率,与女性投资者收益率相差更大。但是,在收益率较高的男性投资者中不存在明显的过度自信现象,收益率没有显著低于女性投资者。这一结果对于补充过度自信理论,拓展过度自信理论应用、网贷市场监管,投资者教育都有重要的参考意义。

4.5.2 理论贡献

本章的主要贡献在于利用网贷市场的特殊市场结构与交易特性,将过度自信假说与风险偏好、信息不对称、预算约束等假说通过实证检验区分开来,这是之前的文献没有做到的。外加更清晰的交易成本核算以及控制了投资者自身特征,为男性更易过度自信导致男性过度交易、降低投资回报的机制提供了更加明确的证据。

网络个人借贷(以下简称网贷)市场是检验投资行为的一个单纯环境。首先,由于网贷市场上的投资标的为标准化的贷款产品,可以通过其利率、期限、评级等信息,更容易控制投资人对于产品偏好的差异。此外,本章在分析中利用倾向性得分对男女投资者进行匹配,进一步控制投资人其他风险偏好与背景风险属性的差异。其次,网贷市场上信息透明度高。所有投资人的信息集是一致的,不存在私有信息。一般情况下投资人与借款人彼此不认识,并且投资人一般在较短的时间内即做出投资决定。所以,信息不对称对投资行为的影响与证券市场相比很小。此外,国内网贷市场特殊的平台担保机制使得风险收益计算更为简单,投资者进行投资决策时需要考虑的维度更少,更容易作出最优选择。再次,本章选取在二级市场反复交易的样本，剔除了有预算约束的投资者。网贷市场的以上特点及本章使用的分析手段，更有可能将男性比女性更易过度自信假说与风险偏好、信息不对称、预算约束等假说通过实证检验区分开来。最后，由于网贷市场交易价格的特定计算方式，网贷市场中的交易没有类似于股票市场的冲击成本，只有固定比例的直接成本。交易成本在网贷市场中的核算更为明确。

  国内外学者对网贷市场的研究主要通过对借款人特征和标的特征的分析来实现，缺少直接利用投资者特征进行研究的文章，因此，本章将投资者特征数据运用到网贷市场研究中来，具体地研究了投资者特征对投资者行为的影响，为网贷市场投资者行为的研究提供了新的思路。这个新的思路意义在于，网贷作为一种去金融中介的新的市场组织形式，理论上有节约成本的优势，在同等条件下可以为投资者提供更高的收益。本章试图从学理上讨论网贷投资者的福利是否增加，一是高收益是否能够补偿高风险？二是投资者是否能作出理性最优的投资决策？过去关于网贷的研究大多关注研究网贷的违约风险，很少关注投资者行为。因此，本章将过度自信理论应用于网贷投资者行为研究，对于拓展过度自信理论的应用范围及投资人教育有重要的意义。

第 5 章
金融素养与网络借贷投资者行为

5.1 研究问题与主要发现

互联网和智能手机的普及助推了网贷市场的快速发展,同时使得更多个人可以享受到金融借贷的服务,尤其是在新兴经济体起到了普惠金融的作用。在这一市场中,很大一部分参与者是低收入和低教育背景的群体,无法正确地对信用风险进行评估和定价(Duarte et al.,2012;Michels,2012)。第 4 章从性别差异角度讨论了认知偏差在影响投资者行为中的作用。本章同样从性别差异入手,与第 4 章不同的是,本章利用性别差异来讨论金融指数、金融素养对于投资者行为的影响,具体来说,本章将分析个人投资者能否正确评估贷款的违约风险及其背后的影响机制[1]。

根据过去文献提供的证据,当不控制受教育程度、职业、经济状况时,平均意义上女性的金融素养差于男性,而金融素养又与使用金融工具的能力正相关。因此,本章假设女性投资者相对于男性来说,对信用风险评估的能力更差。为了验证这一假设,本章使用了我国一家主要网贷平台实际的投资人交易数据,每笔交易都记录了交易发生的时间、金额以及投资标的的履约。样本涵盖投资人的人口特征,如性别、受教育程度、收入水平、年龄等。同时,数据中记录了投资标的的基本特征,包括到期收益、期限、金额以及代

---

[1] 本章内容整理自作者已发表论文。Chen,J.,Jiang J.,and Liu Y. 2018:"Financial Literacy and Gender Difference in Loan Performance",*Journal of Empirical Finance* 48:307-320.

表借款人信用水平的指标。这一数据使得我们能够控制教育、收入、年龄、标的特征等一系列与金融素养潜在相关的变量（Huston，2010；Fonseca et al.，2012），进而更好地考察性别带来的差异。

本章的实证分析主要分为两部分。首先，本章将男女投资者的交易记录按照人口特征与投资行为进行配对。由于男性投资者的记录多于女性，以女性投资交易为基准，为每一笔投资匹配其他特征类似，但投资者为男性的记录，得到本章的配对样本。在这一配对样本中，女性投资者和男性投资者投资的贷款违约率分别为4.607%和3.856%。男女之间投资贷款的违约率差为0.751%，这在控制了投资者个人特征、投资经验、贷款特征后依然存在。这一结果有两种可能的原因，一是女性投资者更倾向于投资高风险、高回报的贷款，二是女性投资者对于信用风险的判别能力更差。为了区分这两种机制，在贷款产品层面，用贷款的违约率对贷款特征进行回归，得到了回归的预测值与残差。预测值，即预期违约率代表了投资者基于贷款特征的风险偏好；残差，即异常违约率代表了投资者承担的附加风险，这部分风险没有被贷款收益率、期限等特征解释或补偿，衡量了投资人对信用风险的识别能力。分别使用预期违约率和异常违约率对性别进行回归，在控制了其他个人特征、投资经验和贷款特征后，男女投资者的预期违约率没有显著区别，而女性投资者的异常违约率显著高于男性。这一结果说明女性投资者所投资标的的高违约率不能被风险偏好解释，而是承担了附加的风险，是一种错误的投资。另外，本章还从投资实际回报的角度考察男女投资者绩效差异。在考虑了违约的情况后，女性投资者的实际投资回报显著低于男性，在控制了贷款特征后，女性的超额回报也低于男性，这再次说明了女性投资者在投资贷款的过程中犯了更多错误，男女投资差异不仅仅表现为风险偏好的差异。

其次，在证明了男女投资者的信用风险评估和投资绩效存在差异后，本章研究了这种差异与金融素养的关系。由于低收入和低教育程度的投资者，其金融素养更低（Hastings et al.，2013；Lusardi and Mitchell，2014），应该看到在低收入和低教育程度的人群中，女性投资者对信用风险的评估更差。实证结果与假设一致,研究发现在月收入低于 10 000 元或未受过高等教育的人群中,女性投资者的异常违约率更高,超额回报更低,而在高收入和受过高等教育的人群中,性别差异则不显著。本章也考虑了投资者不同的职业类型。如果投资者在金融行业工作,则他们能够更好地理解贷款产品的信用风险。如果投资者在 IT 行业工作,那么他们有更高的量化分析技能,有助于提高评估信用风险的能力。虽然女性相对更不胜任量化分析的任务(Jacobs,2005),但这种性别差异在金融或 IT 从业者中应该更小。比如,研究发现金融行业中工作的女性,数学教育更好(Adams et al.,2017)。因此可以推断,金融或 IT 行业的从业人员,男女间信用风险评估能力的差异更小。实证结果发现,异常违约率或超额回报的差异在金融或 IT 业投资者中不显著,男女的投资绩效差异主要是由其他行业的投资者带动的。以上结果都说明,金融素养是解释网贷市场上男女投资者信用风险评估能力差异的重要因素。

以上结果在考虑了男女投资者不同的风险溢价、使用不同期限的违约率变量、或使用不同的样本配对方式后都是稳健的。

本章后续的安排如下:5.2 节进行文献回顾并提出研究假设。5.3 节介绍实证分析使用的数据与方法,并给出样本的描述性统计。5.4 节报告男女投资者信用风险差异,并区分其主要影响机制。5.5 节分析性别差异与金融素养的关系。5.6 节给出稳健性检验。5.7 节小结本章研究。

5.2 文献综述与研究假设:金融素养与预测精度

金融素养对于投资者衡量信用风险的能力起重要的作用,过去的研究发现,美国以及很多其他国家的居民缺乏必要的金融知识(Agarwal et al.,2010;Hastings et al.,2013;Lusardi and Mitchell,2014),且这一现象在低收入和低教育水平的人群中更为显著(Hastings et al.,2013;Lusardi and

Mitchell，2014）。在中国的家庭金融研究中，这一现象也存在（尹志超等，2014，2015a；王正位等，2016）。同时，在世界范围内的研究指出，男性的金融素养优于女性（Bucher-Koenen et. al，2017；Lusardi and Mitchell，2014；Atkinson and Messy，2011）。利用中国的数据发现，中国居民的金融素养也存在类似的性别差异（Xu and Gong，2017）。在网贷这样一个快速发展的市场中，不同性别间金融素养的差异对投资行为有重要的影响。

本章关注金融素养对于信用风险评估的影响。网贷市场上的借款人一般是在传统银行难以借款的"边缘"人群，因此在这一市场进行投资时，对于信用风险的正确评估是十分重要的。过去的研究发现，对于缺乏金融素养的投资者来说，他们对退休金缺乏规划（Lusardi and Mitchell，2007，2008，2011），缺乏积累财富的能力（Stango and Zinman，2009；Skimmyhorn，2016），较少参与股票市场（Christelis et al.，2010；van Rooij et al.，2011；Yoong，2011）或选择费率较低的基金投资（Hastings and Tejeda-Ashton，2008）。当使用债务工具时，金融素养低的借款人会产生更高的借款成本（Lusardi and Tufano，2015；Moore，2003；Brown et al.，2014）。本章直接检验了不同金融素养的个人投资者评估信用风险的能力差异，从而对相关文献进行了补充。此外，不同于以往文献常使用的调查与实验室数据，本章直接使用了真实的交易数据。

在过往的研究中，学者发现在世界范围内，男性通常比女性有更高的金融素养（Lusardi and Mitchell，2014；Atkinson and Messy，2011），因此推测，女性可能比男性做出更差的财务决策。

在网络借贷市场中最重要的风险是违约风险。当网贷平台在网页上发布一个新的贷款时，它根据借款人特征和贷款特征设定其到期收益率。在观察所有可投贷款的利率和借款人及贷款特征之后，投资者决定是否投资，投资哪个贷款。在进行投资决策时，投资者使用贷款收益率和其他贷款特征来评估贷款的违约风险。如果女性投资者在评估违约风险方面比男性投资者做出更差的决策，那么，应该观察到女性投资者投资的贷款违约率将高于男性投资者。这种性别差异既可能普遍存在，也可能在控制贷款收益率和借款人及贷款特征后存在。因此,假设女性投资者投资的贷款违约率高于男性投资者。

> **假设1** 在其他条件相同的情况下,女性投资者投资的贷款违约率高于男性。

有两种原因可能导致女性投资者投资高违约率贷款。一种原因是女性投资者偏好收益率较高的贷款,而在均衡市场中,高收益的贷款往往伴随着更高的风险。更一般地,女性投资者可能偏好某种特征,而这种特征恰好与违约风险成正比。因此本章将第一种可能的原因称为偏好机制。另一种原因是女性投资者对于信用风险的评估能力不如男性投资者,在控制了投资者对于贷款收益等特征的偏好后,女性投资者承担了附加的风险。本章将这一种原因称为风险评估机制。

这两种潜在机制对投资者行为有不同的影响。投资者可以观察贷款收益率和贷款特征,并利用这些可观察变量来估计贷款违约风险。第一个渠道表明,女性投资者更偏好收益率较高或具有其他风险特征的贷款。第二个渠道表明,在控制可观察变量之后,女性投资者更倾向于风险过高的贷款,在估计违约风险时可能会比男性犯更多的错误。

为了区分这两种机制,将违约率分解为两部分:预期违约和异常违约率。使用违约指标对可观察到的贷款特征回归,分别得到可以被贷款特征解释的部分和残差项,作为预期违约率和异常违约率的指标。如果偏好机制成立,女性投资者更偏好与高风险有关特征的贷款,应该观察到女性投资者的投资组合中,上述回归的预测值,即预期违约率更高,说明女性投资者承担了投资偏好带来的风险。如果风险评估机制成立,女性评估信用风险的能力较弱,则应该观察到女性投资组合中回归的残差,即异常违约率更高,说明她们承担了附加风险,做出了较差的投资决策。由此可以得到研究假设:

> **假设 2a** 如果偏好机制成立,在其他条件相同的情况下,女性投资者投资贷款的预期违约率高于男性。
>
> **假设 2b** 如果风险评估机制成立,在其他条件相同的情况下,女性投资者投资贷款的异常违约率高于男性。

除此之外,也可以从实际投资回报的角度来考察两种机制。如果男女投资者的风险评估能力没有差别,女性投资者的高违约率完全是由于偏好导致的,那么在均衡市场上,男女投资者在考虑违约后的实际回报率应该是相等的。反过来,如果女性的风险评估能力更差,那么由于女性投资者承担了过多的风险,这部分风险未被收益补偿,因此她们的实际投资回报更低。通过考察实际投资回报,可以进一步对两种机制进行识别。

> **假设 3a** 如果偏好机制成立,在其他条件相同的情况下,女性投资者投资贷款的实际回报率与男性没有差别。
>
> **假设 3b** 如果风险评估机制成立,在其他条件相同的情况下,女性投资者投资贷款的实际回报率低于男性。

如果实证结果证明女性投资者的高违约率是由于不同的偏好导致的,则从投资者福利角度,女性承担了高违约风险的同时获得了更高的收益,相对于男性来说并没有实际的损失。相反地,如果女性的高违约率是由于更差的风险评估能力,则有必要进一步对其原因进行分析。以往的研究已指出,受教育程度或收入水平较低的投资者也往往有较低的金融素养,而这样投资者相对来说更可能做出较差的财务决策。(Agarwal et al.,2010;Hastings et al.,2013;Lusardi and Mitchell,2014)。在这些投资者中,女性相对于男性更可能做出错误的投资决策(Bucher-Koenen et al.,2017)。因此,假设在低教育程度和低收入水平的投资者,违约率与女性指标之间的正相关关系更强。由于这种关联已经预设了风险评估机制存在,因此可以进一步假设,在低教育程度和低收入水平的投资者中,男女投资者异常违约率或实际投资回报之差更显著。

> **假设 4** 在其他条件不变的情况下,男女投资者之间违约率、异常违约率、实际投资回报的差异在低教育程度和低收入水平的群体中更显著。

最后,还可以将职业作为金融素养的度量指标。在金融或 IT 行业工作的投资者,可能有更好的财务知识,且可能有更好的量化分析能力(Jacobs, 2005)。因此,这些投资者可以更好地估计贷款违约风险。在这些行业的投资者中,男女投资者之间的违约率差异可能较低。类似地,同样可以假设这些行业的投资者,异常违约率和实际投资回报的男女差异也较低。

> **假设 5** 在其他条件不变的情况下,男女投资者之间违约率、异常违约率、实际投资回报的差异在金融或 IT 行业从业者中更不显著。

5.3 数据描述与实证设计

5.3.1 样本描述

本章与第 4 章类似,使用国内某网络借贷平台的交易数据。该数据包括投资人的交易行为和投资人本身的人口特征。该平台上公开保存了所有交易的记录,并为每一个投资人分配了唯一的身份识别码。这一数据结构使得我们能够识别每个投资者的交易,进而研究每个投资者的交易行为和表现。投资者可以使用两种方法在平台进行投资。他们可以自己选择投资哪些贷款标的。同时,他们也可以投资于一个贷款池,平台将为他们选择贷款投向。为了研究个人投资者行为,本章将数据限制为使用第一种方法进行的交易。

网贷平台没有提供投资人完整的人口统计信息,但对于一类投资人,可以获得详细的人口特征。对于曾经在平台上申请过贷款的人,无论最终贷款是否成功获批,网站上都记录了其详细的特征信息。通过唯一的身份识别码,可以将投资人与贷款申请人进行匹配,如果投资人曾经申请过借款,就可以获得这些投资人完整的人口特征信息。此外还从平台网站上提取了每一笔贷款的特征、借款人特征、投标记录和还款历史。数据的时间跨度从2010年5月至2016年9月。因为2012年之前的交易比较少,而最近的贷款离到期日很久,无法准确衡量违约情况,因此本章的最终样本包含2012年1月到2015年12月发行贷款的交易记录。样本包括4 223名投资者和180 718个交易记录。

5.3.2 变量构造

网贷平台提供贷款完整的还款历史,使得我们可以衡量贷款的信用情况。如果借款人逾期还款,但在一个月内补缴欠款,那么平台只收取一定的滞纳金,不会视其为违约。如果逾期一个月以上未偿还,平台将贷款记为违约,并进入催收程序。使用平台的标准,定义一个虚拟变量来衡量贷款违约,如果在贷款到期前[①]发生一个月以上的逾期,将违约变量记为1,反之为0。后续分析还用到了分解的违约率以及实际投资回报作为投资绩效的其他度量方式,构造方法在相关章节做具体描述。

使用贷款收益率、贷款金额、贷款期限、信用凭证数量、借款历史和逾期(一个月内)历史作为贷款风险特征的度量指标。前三个变量是贷款特性,后三个变量衡量借款人的个人风险状况。前三个变量中,贷款收益率是由平台根据借款人和贷款特性,在发行时设定的贷款收益率。后三个变量中,

---

① 可以进一步将违约发生的时间分为短期和长期,如投资后一年内和一年后违约,来分别考察投资人对不同期限的违约风险的偏好和识别能力。相关结果在稳健性检验中讨论。

信用凭证数量指借款人在申请贷款时提交的可以证明其信用的材料，包括征信报告、毕业证书、收入证明和房产证等。不同信用凭证的价值是不等同的。直观来说，提交了信用材料的借款人比没有提交的更可信，但很难比较提交不同数量材料的借款人之间的信用情况。比如，无法比较提供了一份央行征信报告的借款人和提供了两份毕业证书的借款人之间谁更可信。因此，为了结果的稳健性，定义虚拟变量，如果借款人至少提供一项材料，则记为1，反之为0，用这个变量来衡量借款人的可信度。借款历史是一个虚拟变量，如果借款人曾经在平台上成功借款至少一次，则记为1，反之为0。类似地，逾期历史也是一个虚拟变量，如果在过去的还款过程中至少逾期过一次，则记为1，反之为0。由于在平台上发生过一次违约后就无法再一次借款，因此这个变量考察的是过去逾期一个月以内的情况，这也可以反映一定的信用信息。

根据前文的描述，通过将投资人与借款人进行匹配，获得了一部分投资人详细的个人资料，包括性别、年龄、婚姻状况、受教育程度、收入水平、职业和房产情况。定义高教育水平、高收入、高年龄分别为研究生及以上、月收入1万元以上和30岁以上。定义金融或IT从业虚拟变量，如果投资人的职业为金融或IT行业，则记为1，反之为0。

以前的文献表明，投资者的投资经验会影响他们的投资行为（Korniotis and Kumar，2011），本章根据投资人过去投资贷款的违约情况来衡量一个投资者的投资经验。首先计算投资人过去投资贷款中违约的比例，然后定义一个投资经验的虚拟变量，如果当月投资人历史违约比例高于样本平均值，则记为1，反之为0。这个变量衡量了在调整交易数量后，投资者是否经历了更多的违约事件。最后，因为投资者在一天的不同时间投资时，可能有不同的行为。因此本章构建了一个"工作时间"来衡量交易是否发生在工作时间。如果交易发生在星期一到星期五早上8点和晚上6点之间，则变量的值是1。利用这个变量可以捕捉投资时机对违约风险评估的潜在影响。表5-1提供了主要变量的定义。

表 5-1　主要变量定义

面板 A：贷款表现	
变量名	变量定义
回报率	利率×(1－违约金额/贷款金额)
预期回报	贷款层面回报率对贷款特征回归的预测值
超额回报	贷款层面回报率对贷款特征回归的残差
违约率	虚拟变量,若贷款违约则等于 1
预期违约	贷款层面违约率对贷款特征回归的预测值
异常违约	贷款层面违约率对贷款特征回归的残差
面板 B：投资人特征	
变量名	变量定义
女性	虚拟变量,若投资者为女性则等于 1
未婚	虚拟变量,若投资者为未婚则等于 1
高教育	虚拟变量,若投资者是研究生及以上学历则等于 1
高收入	虚拟变量,若投资者月收入高于 1 万元则等于 1
高年龄	虚拟变量,若投资者年龄大于 30 岁则等于 1
有房产	虚拟变量,若投资者有房产则等于 1
金融或 IT 从业	虚拟变量,若投资者在金融或 IT 行业工作则等于 1
面板 C：贷款特征	
变量名	变量定义
利率	年化利率,百分点
期限	贷款发行时期限,月份
信用凭证	虚拟变量,若借款人提供至少一份信用凭证则等于 1
历史逾期	虚拟变量,若借款人在平台上至少发生一次逾期则等于 1
历史借款	虚拟变量,若借款人在平台上至少借款一次则等于 1
贷款金额对数	贷款金额的自然对数
面板 D：交易经验与时间	
变量名	变量定义
违约经历	虚拟变量,若投资人过去经历的违约事件比例高于当月的样本均值则等于 1。投资人的违约比例是投资人过去投资的贷款中发生违约的比例
工作时间	虚拟变量,若当前交易发生在工作时间则等于 1。工作时间为周一到周五的 8 点到 18 点

5.3.3 倾向得分匹配

本节采用倾向得分匹配法(PSM)来匹配男性和女性投资者的交易。这种匹配有助于减轻男性和女性投资者由于个人特征、投资经验和习惯等不同导致的投资结果的差异。在交易的层面进行匹配,首先用性别指示变量对所有投资人特征、投资经验以及所投贷款特征进行逻辑回归①,得到一个预测概率作为倾向性得分。对于每一笔女性投资者作出的交易,找到一笔得分最相近的男性投资者交易。通过这样的操作,得到匹配的样本,包括1 720个投资者和48 704笔交易。

5.3.4 描述性统计

表5-2报告了主要变量的均值,并分析了男女子样本的均值差异。

表5-2 主要变量描述性统计与性别差异

面板A:贷款表现					
变量	全样本	女性	男性	差值	P值
违约率	4.232	4.607	3.856	0.751	<0.001
面板B:投资人特征					
变量	全样本	女性	男性	差值	P值
女性	0.500				
未婚	0.428	0.427	0.430	−0.003	0.498
高教育	0.083	0.085	0.082	0.003	0.173
高收入	0.142	0.137	0.147	−0.010	0.002
高年龄	0.676	0.668	0.684	−0.016	<0.001
有房产	0.254	0.253	0.256	−0.003	0.486
金融或IT从业	0.152	0.160	0.145	0.015	<0.001

---

① 贷款特征中不包括贷款收益率,因为在后续分析中,会使用收益率作为被解释变量。在稳健性检验中,报告了使用收益率进行匹配的结果。

续 表

面板 C：贷款特征					
变量	全样本	女性	男性	差值	P 值
利率	12.659	12.636	12.682	−0.046	＜0.001
期限	23.337	23.538	23.137	0.401	＜0.001
信用凭证	0.769	0.770	0.767	0.004	0.356
历史逾期	0.044	0.044	0.044	0.000	0.843
历史借款	0.099	0.096	0.101	−0.005	0.068
贷款金额对数	10.931	10.936	10.927	0.009	0.212
面板 D：投资经验与时间					
变量	全样本	女性	男性	差值	P 值
违约经历	0.443	0.446	0.440	0.006	0.192
工作时间	0.714	0.717	0.711	0.006	0.160
观测数	48 704	24 352	24 352		

面板 A 报告了投资者所投贷款的违约率。样本中的投资人所投贷款的平均违约率为 4.232%。这一违约率是基于所有投资者投资的贷款计算的。网贷平台有两类贷款，一类为信用认证标，即对借款人所有的审核工作在线上完成，另一类是实地认证标，平台会在线下对借款人进行实地审核。与国外网贷平台模型比较类似的是信用认证标，其平均违约率为 13%①。结果显示女性投资者的贷款违约率高于男性投资者的贷款。女性投资者所投贷款的平均违约率为 4.607%，而男性投资者所投贷款的平均违约率为 3.856%。两者的违约率差为 0.751%，在 1% 水平上显著。

面板 B 报告了投资者的个人信息特征。由于使用了匹配后的样本，男女投资者各占一半的样本。男女投资者的婚姻状况、受教育程度和是否有房产没有显著的差异。高收入、高年龄、非金融 IT 业工作的女性投资者显著较小，说明 PSM 没有做到在所有变量层面的完全匹配。但差异的数值较

---

① 美国第二大网贷平台 Prosper 样本中，平均违约率为 19.87%（Duarte et al.，2012）。

小,仅在1%左右。

面板 C 报告了投资者的贷款选择偏好。男女投资者所选择的贷款在信用凭证数量、历史逾期情况、历史借款情况和贷款金额上没有显著差异(以 1% 显著水平来看)。女性投资者投资的贷款期限较男性显著长 0.4 个月,相对于平均 23 个月的借款期限来说数值较小。由于在样本配对时没有将贷款到期收益率作为自变量,因此配对样本中男女投资者所投贷款的到期收益率有显著差异。女性投资者的贷款收益率比男性显著低 0.046%,这与文献中女性高风险规避是一致的(Croson and Gneezy, 2009),但不支持前文提出的,女性追求高收益从而投资高违约风险贷款的机制。

最后,面板 D 报告了投资者的投资习惯与经验。配对样本中投资者过去经历违约事件多于横截面均值的比例为 44.3%,投资者中在工作时间投资的比例为 71.4%。在配对后,这两个变量的男女差异均不显著。

5.4 贷款表现与投资人性别

本节研究男女投资者所投贷款违约率的差异及其原因。第一,直接用贷款违约率对性别指示变量及其他控制变量进行回归,在控制了其他可能的影响因素后,考察违约率的性别差异,检验假设 1。第二,分别用分解为两部分的违约率和事后实际回报作为因变量,研究违约率差异的具体机制。通过对假设 2 和 3 的检验,辨别偏好机制与风险评估机制是否能够解释违约率的性别差异。

5.4.1 贷款违约率的性别差异

表 5-3 使用配对后的样本估计违约率对性别的回归。回归估计了双向聚类在贷款和月份层面的稳健标准差(Petersen, 2009)。在所有的回归模型中,加入了月份的固定效应来控制不可观测的随时间变化的宏观因素。第(1)列仅使用女性虚拟变量作为解释变量。女性的系数是正且显著的,说

明女性投资者投资的贷款违约率平均比男性投资者投资的贷款高 0.621%，相比于平均违约率高 14.67%。

表 5-3 违约率的性别差异

被解释变量	(1) 违约	(2) 违约	(3) 违约
女性	0.621**	0.551*	0.689***
	(0.266)	(0.281)	(0.244)
高收入		−1.625***	−0.659**
		(0.357)	(0.318)
高教育		−0.865	−0.220
		(0.765)	(0.592)
高年龄		−1.821***	−0.627
		(0.412)	(0.388)
未婚		−0.041	0.005
		(0.329)	(0.321)
有房产		−0.002	0.538*
		(0.315)	(0.286)
工作时间		2.611***	0.852***
		(0.432)	(0.260)
违约经历		1.487***	0.164
		(0.419)	(0.305)
利率			2.184***
			(0.376)
期限			−0.021
			(0.039)
信用凭证			−12.570***
			(1.218)
历史逾期			13.577***
			(1.853)
历史借款			5.364***
			(1.122)

续 表

被解释变量	（1）违约	（2）违约	（3）违约
贷款金额对数			−0.168
			(0.316)
月份固定效应	是	是	是
观测数	48 704	48 704	48 704
调整后 R^2	0.013	0.022	0.122

注：为提高可读性，因变量单位为百分点。括号中报告了双向聚类在贷款和月份的稳健标准差。＊＊＊$p<0.01$，＊＊$p<0.05$，＊$p<0.1$。

在第（2）列中，在控制了投资者的人口信息、投资者经验和交易时间之后，女性的系数是 0.551％，这个数字与总体样本的平均违约率相比是13.02％。结果表明，性别差异不能被投资者的其他特征解释。第（2）列中控制变量的系数符号与直觉一致，即金融素养更高的投资者投资于风险较小的贷款。具体而言，收入水平较高、文化程度较高、年龄较大的投资者投资于违约概率较低的贷款。

在第（3）列中，进一步控制了贷款的收益率及其他特征。结果显示，女性投资者所投资的贷款比男性投资者投资的贷款违约的可能性显著高出 0.689％，与样本平均值相比为 16.28％。这一结果进一步说明，性别差异无法被贷款的选择完全解释。在贷款特征的回归系数中，贷款收益率、历史逾期和历史借款与违约概率正相关，信用凭证数量与违约概率呈负相关。这些系数方向与直觉一致，即风险较大的贷款，其实际违约的现象也更为常见。

以上结果支持假设 1 的结论，即在其他条件相同的情况下，女性投资者投资贷款的违约率高于男性。

5.4.2　性别差异的机制识别

在确认了男女投资者投资的贷款违约率存在显著差异后，本节进一步研究这种差异背后的形成机制。根据研究假设一节的讨论，风险偏好或者风险评估能力差异可能导致了实际违约率的差异。为了区分这两种机制，可以将违约率对所有贷款特征进行回归，分别得到回归的预测值与残差。事实上，一方面，可以将预测值理解为事前的预期违约率，如果是风险偏好导致了性别差异，应该观察到女性更多地投资预期违约率更高的贷款；另一方面，可以将残差理解为异常违约率，即事前无法预测到的部分。如果是风险评估能力导致了性别差异，应该观察到女性更多地投资异常违约率高的贷款。

图 5-1 分别画出了实际违约率、预期违约率和异常违约率的性别差异。结果显示虽然女性投资者的实际违约率高于男性，但其预期违约率反而低于男性。相反地，女性投资者的异常违约率高于男性，几乎解释了所有违约率的性别差异。简单的单变量分析支持假设 2b，即风险评估能力的机制。

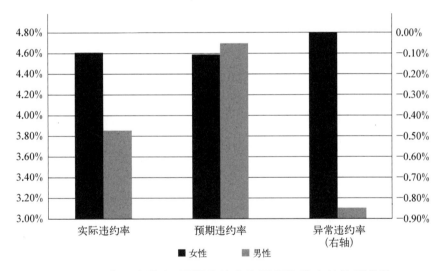

图 5-1　实际违约率、预期违约率和异常违约率的性别差异

表 5-4 对违约率分解部分的性别差异进行了 t 检验。为了提高可读性，这些变量的单位是百分点。结果显示，女性投资者的平均预期违约率低于男性投资者，但仅在 10% 水平下显著，且数值较小。而女性投资者的平均异常违约率显著高于男性，差值达到 0.859%，为样本均值的 208%，经济意义非常显著。总的来说，预期违约率的结果表明女性的风险偏好比男性

更保守，与文献中的结论一致。异常违约率的结果表明，女性投资者对违约风险的估计能力较差，承担了过多无法被贷款特征解释的风险。这些结果支持假设 2b，与假设 2a 不一致。

表 5-4 贷款表现的性别差异

贷款表现	全样本	女性	男性	差异	P 值
预期违约率	4.644	4.590	4.698	−0.108	0.097
异常违约率	−0.412	0.017	−0.842	0.859	<0.001
回报率	12.369	12.327	12.412	−0.085	<0.001
预期回报率	12.306	12.291	12.321	−0.030	0.002
超额回报率	0.063	0.036	0.091	−0.055	<0.001
观测数	48 704	24 352	24 352		

为了进一步检验这些结果的稳健性，将预期违约率和异常违约率对女性指标和控制变量进行了回归。结果见表 5-5。第(1)到(3)列估计了预期违约率与性别的关系，无论是单变量回归还是控制了投资人和贷款的特征变量，男女投资人的预期违约率都没有显著差异。第(4)到(6)列估计了异常违约率与性别的关系。在单变量回归中，女性的异常违约率比男性投资者高 0.645%。在逐步控制了投资人和贷款特征后，男女差异变为 0.631% 和 0.686%，在统计意义上依然显著。这些结果与图 5-1 和表 5-4 所示的数据一致，表明在控制了投资者和贷款的特征后，女性投资者倾向于投资异常违约率更高的贷款，支持假设 2b 的机制，即女性投资者评估违约风险的能力较差。

表 5-5 预期违约率和异常违约率的性别差异

被解释变量	(1) 预期违约率	(2) 预期违约率	(3) 预期违约率	(4) 异常违约率	(5) 异常违约率	(6) 异常违约率
女性	−0.024 (0.148)	−0.080 (0.158)	0.003 (0.012)	0.645** (0.249)	0.631** (0.253)	0.686*** (0.250)

续 表

被解释变量	(1) 预期 违约率	(2) 预期 违约率	(3) 预期 违约率	(4) 异常 违约率	(5) 异常 违约率	(6) 异常 违约率
投资者特征	否	是	是	否	是	是
产品特征	否	否	是	否	否	是
月份固定效应	是	是	是	是	是	是
观测数	48 704	48 704	48 704	48 704	48 704	48 704
调整后 R^2	0.209	0.248	0.978	0.019	0.020	0.029

注：为提高可读性，因变量单位为百分点。括号中报告了双向聚类在贷款和月份的稳健标准差。 *** $p<0.01$，** $p<0.05$，* $p<0.1$。

从事后投资回报的角度考虑男女投资贷款违约率差异的经济意义，并为区分具体机制提供附加的证据。如果女性投资者是因为偏好高预期收益的贷款，导致所投资的贷款违约率更高，那高风险会被更高预期收益补偿。在市场均衡时，女性投资者的实际投资回报与男性投资者并不会有显著差异，对女性投资者福利没有损害。如果女性投资者由于缺乏正确评估信用风险的能力，导致投资了高违约率贷款，那么其实际的投资回报会低于男性。

通过以下方法计算可以得到实际的投资回报。如果贷款没有违约，投资回报等于贷款的到期收益率。如果贷款发生违约，由于平台有风险准备金机制会保证本金的赔付，因此违约部分的收益率为零，未发生违约（已还本金）的部分，其收益率等于到期收益率，计算加权平均的收益率即为实际投资回报。在表 5-4 中，女性投资者的投资回报显著低于男性，差值为 0.085％。而在表 5-2 中，女性投资者投资贷款的预期收益率是低于男性的，结合女性更高的违约率，其实际回报低于男性也是很合理的。在表5-6 中正式用实际投资回报对女性虚拟变量回归，在单变量、控制投资人特征和同时控制投资人和贷款特征的回归中，女性的实际回报分别较男性低 0.058％、0.054％ 和 0.042％。虽然在控制其他特征后数值略有下降，但在统计意义上都是显著的。以上结果支持假设 3b，即由于女性投资者评估风险的能力较差,导致其高违约率没有被高收益补偿,实际回报较低。

表 5-6 实际投资回报的性别差异

被解释变量	(1)回报率	(2)回报率	(3)回报率
女性	−0.058**	−0.054*	−0.042**
	(0.028)	(0.029)	(0.020)
投资者特征	否	是	是
产品特征	否	否	是
月份固定效应	是	是	是
观测数	48 704	48 704	48 704
调整后 R^2	0.099	0.106	0.341

注:为提高可读性,因变量单位为百分点。括号中报告了双向聚类在贷款和月份的稳健标准差。*** $p<0.01$,** $p<0.05$,* $p<0.1$。

类似于违约率分解的方法,可以用贷款的实际回报率对贷款特征进行回归,取回归的预测值与残差,作为预期实际回报与超额回报的度量。这样分解可以进一步区分由偏好导致的回报差异和由风险评估能力导致的回报差异。举例来说,如果女性投资者由于流动性的考虑,偏好短期的贷款,而短期贷款的实际回报较低,那么女性投资的低回报率就可能是由于补偿了对于流动性的需求。在对回报进行分解后,能被偏好解释的部分在预期实际回报中,不能被解释的部分属于超额回报。

图 5-2 展示了男女投资者实际回报、预期实际回报与超额回报的差异。在三种回报指标中,女性投资者均低于男性,但直观上来看,男女投资者间超额回报的差异更大。表 5-4 的结果证实了这一点。实际回报的性别差异中,约 65%(0.055/0.085)的部分都被超额回报的差异解释。

表 5-7 展示了预期回报率与超额回报率对性别变量和控制变量的回归结果。在第(1)到(3)列中,在加入了月份固定效应,预期回报率的性别差异

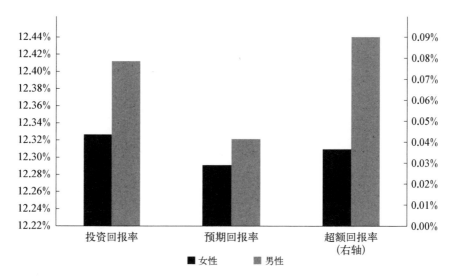

图 5-2　投资回报、预期投资回报和超额回报的性别差异

变得不显著,继续加入其他控制变量对显著性没有影响。相反地,在后三列中,超额回报的性别差异在所有回归模型中均显著为负,在第(6)列加入所有控制变量后,女性投资者的超额回报比男性显著低 0.042%。表 5-7 的结果进一步支持假设 3b,与假设 3a 不一致。

表 5-7　预期回报率、超额回报率的性别差异

被解释变量	(1) 预期回报率	(2) 预期回报率	(3) 预期回报率	(4) 超额回报率	(5) 超额回报率	(6) 超额回报率
女性	−0.021 (0.021)	−0.018 (0.021)	−0.000 (0.001)	−0.037* (0.020)	−0.036* (0.020)	−0.042** (0.020)
投资者特征	否	是	是	否	是	是
产品特征	否	否	是	否	否	是
月份固定效应	是	是	是	是	是	是
观测数	48 704	48 704	48 704	48 704	48 704	48 704
调整后 R^2	0.126	0.141	0.997	0.028	0.029	0.037

注:为提高可读性,因变量单位为百分点。括号中报告了双向聚类在贷款和月份的稳健标准差。***$p<0.01$,**$p<0.05$,*$p<0.1$。

综上所述，通过对分解后的违约率和实际回报的研究，发现女性投资者投资高违约率贷款，更有可能是因为对信用风险的评估能力更差，而与对贷款特征的偏好无关。

5.5　金融素养与性别差异

在上一节中，研究发现女性投资者所投贷款的违约率显著高于男性，并证明了这一性别差异是由于女性投资者评估风险的能力较差所致。在过去文献中发现，在银行的授信人员中，女性评估信用风险能力更强，这与前文的结论矛盾（Beck et al.，2013）。本节提出可能影响女性投资者风险评估能力的因素，并对与文献的矛盾之处提供解释。

过去对于性别差异的研究往往局限于一个特定行业的样本或是调查数据，存在着样本选择的偏差。这些样本往往都是金融素养较高的样本。根据本章的研究假设，如果金融素养与信用风险评估能力有关，那么应该在金融素养较差的群体中发现更显著的性别差异。

首先验证假设 4。将样本按受教育程度或收入水平分组，绘制各组内平均异常违约率和超额回报率。图 5-3(a)(b) 展示异常违约率的情况。第一，结果显示高收入、高教育水平群体的异常违约率低于低收入、低教育水平群体。这些结果与高收入、高教育水平的投资者具有更好的财务知识和金融素养的假设相一致。第二，在低收入、低教育水平群体中，异常违约率的性别差异高于相应的高收入、高教育水平群体。在高收入群体中，女性投资者的异常违约率甚至低于男性。这一结果与假设 4 一致。图 5-3(c)(d) 展示超额回报率的情况。与异常违约率类似，高收入、高教育水平的投资者整体有较高的超额回报率，而超额回报率的性别差异在低收入、低教育水平的投资者中更为显著。

分组回归分析产生了类似的结论。表 5-8 将样本分为高、低收入群体和高、低教育水平群体。在各组中，分别用异常违约率与超额回报对女性指

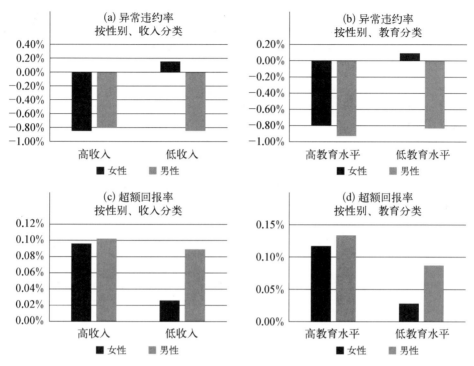

图 5-3 异常违约率和超额回报率的性别差异（按教育或收入分类）

标和控制变量进行回归。面板 A 报告了异常违约率的回归结果。高收入组女性变量系数为正(0.162)，低收入组为正(0.776)；高教育水平组为负(−0.202)，低教育水平组为正(0.745)。系数只在低收入组和低教育水平组显著。这些结果证实了假设 4 的结论，无论从显著性或是数值大小的角度看，低教育水平和低收入群体异常违约率的性别差异更大。

表 5-8　异常违约率与超额回报率的性别差异，按收入、教育分组

分组	面板 A：被解释变量为异常违约率			
	(1) 高收入	(2) 低收入	(3) 高教育水平	(4) 低教育水平
女性	0.162	0.776**	−0.202	0.745***
	(0.572)	(0.290)	(0.961)	(0.255)

续 表

面板 A：被解释变量为异常违约率

分　组	(1) 高收入	(2) 低收入	(3) 高教育水平	(4) 低教育水平
投资者特征	是	是	是	是
产品特征	是	是	是	是
月份固定效应	是	是	是	是
观测数	6 901	41 803	4 055	44 649
调整后 R^2	0.029	0.029	0.038	0.029

面板 B：被解释变量为超额回报率

分　组	(1) 高收入	(2) 低收入	(3) 高教育水平	(4) 低教育水平
女性	−0.018 (0.045)	−0.044* (0.024)	0.005 (0.088)	−0.043** (0.021)
投资者特征	是	是	是	是
产品特征	是	是	是	是
月份固定效应	是	是	是	是
观测数	6 901	41 803	4 055	44 649
调整后 R^2	0.046	0.037	0.048	0.038

注：为提高可读性，因变量单位为百分点。括号中报告了双向聚类在贷款和月份的稳健标准差。*** $p<0.01$，** $p<0.05$，* $p<0.1$。

面板 B 报告了超额回报率的回归结果。女性变量的系数显示出与面板 A 类似的结果，只在低收入和低教育水平组显著为负（−0.044 和−0.043），在高收入和高教育水平组均不显著（−0.018 和 0.005）。这些结果再次验证了假设 4 的结论，说明女性较低的风险评估能力可能与其金融素养较低有关，在金融素养较高的组内，男女投资者不存在风险评估能力的差异。

最后，验证假设 5 提出的结论。过去研究发现，在金融或 IT 行业工作的投资者，可能有更好的财务知识，且可能有更好的量化分析能力（Jacobs,

2005)。而文献中针对性别差异的研究,也以金融从业人员为样本(Beck et al.,2013)。利用本章样本涵盖各行业投资者的优势,将样本分为金融或IT从业人员和非金融IT业两个子样本。图5-4绘制了两个子样本中,异常违约率与超额回报率的性别差异。可以直观地看到,在金融IT从业人员样本中,女性投资者的表现是优于男性的,她们的异常违约率更低,超额回报率更高,这与过去文献中的发现是一致的。而在非金融IT从业人员样本中,女性投资者的异常违约率显著高于男性,超额回报率显著低于男性。这说明整体样本的结果主要是由非金融IT从业人员驱动的。

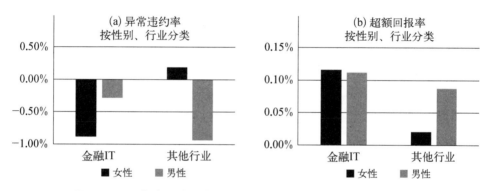

图 5-4 异常违约率和超额回报率的性别差异(按行业分类)

表5-9通过多元回归进一步确认了该结果。该表的面板A报告了异常违约率的回归,面板B展示了超额回报率的回归结果。在面板A中,金融和IT行业女性变量系数不显著,且为负(−0.666);其他行业女性变量系数为正(1.376),且在1%水平下显著。由此可以得出结论,异常违约率的性别差异只存在于非金融IT行业中。在面板B中,可以观察到在金融IT行业中,女性变量对超额回报率有正的影响,但统计意义上不显著,但在其他行业中显著为负(−0.093)。总的来说,表5-9的结果与图5-4一致,支持假设5成立,也说明了本章结果与文献矛盾的原因。在金融IT行业从业人员中,由于财务知识和金融素养较强,女性对于信用评估的表现是优于男性的。然而,由于样本中多数投资者并非是金融或IT行业的专业人士,因此导致了总体来说,女性的表现比男性差。

表 5-9 异常违约率与超额回报率的性别差异,按行业分组

面板 A:被解释变量为异常违约率		
分组	(1) 金融或 IT	(2) 其他行业
女性	−0.666	1.376***
	(0.662)	(0.340)
投资者特征	是	是
产品特征	是	是
月份固定效应	是	是
观测数	7 413	23 149
调整后 R^2	0.034	0.040
面板 B:被解释变量为超额回报率		
分组	(1) 金融或 IT	(2) 其他行业
女性	0.021	−0.093***
	(0.049)	(0.032)
投资者特征	是	是
产品特征	是	是
月份固定效应	是	是
观测数	7 413	23 149
调整后 R^2	0.052	0.047

注:为提高可读性,因变量单位为百分点。括号中报告了双向聚类在贷款和月份的稳健标准差。*** $p<0.01$,** $p<0.05$,* $p<0.1$。

综上所述,本节验证了假设 4 和 5 提出的结论,发现女性信用评估能力比男性低的原因可能是由于金融素养较低。本节的结果也启示我们,加强投资者教育、提高金融素养对于减少投资中的性别差异、提高投资者福利有很大帮助。

5.6 稳健性检验

5.6.1 不同性别的风险溢价差异

前文用贷款的违约率与回报率对贷款特征回归,将违约率(回报率)分解为可预期和异常违约率(回报率),进而对风险偏好机制和信用评估能力机制进行区分。这种方法可能存在的问题是,男女投资者可能对不同贷款特征的偏好不同,导致相应的风险溢价存在差异。举例来说,如果女性对流动性要求更高,那么贷款期限同样增加一年,女性要求的回报增加更多,那么男女投资者对于可预期回报率和超额回报率的计算方式就存在差异。对于违约率也有类似的问题。因此,本节对男女投资者的贷款分别进行违约率和回报率的分解,并重复相关的回归分析,来检验结果的稳健性。

表 5-10 报告了分解的违约率、回报率对性别及其他控制变量的回归。研究发现结果与前文中表 5-5 和表 5-7 类似,女性的异常违约率显著高于男性,但统计和经济显著性稍弱;女性的超额回报率显著低于男性,经济显著性更强。

表 5-10 预期、异常违约率和回报率的性别差异,考虑风险报酬的性别差异

被解释变量	(1) 预期违约率	(2) 异常违约率	(3) 预期回报率	(4) 超额回报率
女性	0.013 (0.050)	0.676** (0.253)	0.012*** (0.003)	−0.055** (0.021)
投资者特征	是	是	是	是
产品特征	是	是	是	是
月份固定效应	是	是	是	是
观测数	48 704	48 704	48 704	48 704
调整后 R^2	0.981	0.026	0.998	0.036

注:为提高可读性,因变量单位为百分点。括号中报告了双向聚类在贷款和月份的稳健标准差。 *** $p<0.01$,** $p<0.05$,* $p<0.1$。

在分组回归的结果中,研究发现只在低收入、低教育水平和非金融IT业的投资者中,男女异常违约率、超额回报率有显著差异,所有的回归系数和统计显著性与前文类似,在某几个回归中,结果甚至强于正文。

以上结果说明,在考虑了不同性别的风险溢价差异后,结果是稳健的。

5.6.2 不同的违约率指标

本章的主要分析使用在到期日前是否发生违约作为信用风险的衡量指标。由于投资者买入贷款后,可以在债权转让市场中转让,因此,投资于违约贷款的投资者可能没有实际经历违约事件。这些流动性投资者可能不关注长期的信用风险,因此,前文的结果可能并不能反映男女投资者真实的福利区别。因此本节使用在一年内违约作为短期信用风险的指标,重新进行回归分析。

表5-11中报告了一年内违约及分解后的违约率对性别及其他控制变量的回归。结果显示,使用短期违约率作为被解释变量不影响主要结果,依然发现女性的短期违约率和异常短期违约率高于男性,说明不太可能是投资的期限影响了结果。分组短期异常违约率的结果,研究发现在低收入、低教育水平和非金融IT从业人员中,女性的短期异常违约率显著高于男性,与使用长期违约率的结果一致。

表5-11 预期、异常违约率的性别差异,考虑一年内违约

被解释变量	(1) 是否一年内违约	(2) 预期短期违约率	(3) 异常短期违约率
女性	0.627***	0.011	0.706***
	(0.226)	(0.010)	(0.233)
投资者特征	是	是	是
产品特征	是	是	是
月份固定效应	是	是	是
观测数	48 704	48 704	48 704
调整后 R^2	0.106	0.973	0.022

注:为提高可读性,因变量单位为百分点。括号中报告了双向聚类在贷款和月份的稳健标准差。*** $p<0.01$,** $p<0.05$,* $p<0.1$。

在主要分析的被解释变量中，除了是否违约是虚拟变量，其他均为连续变量，为了避免结果受到异常值的影响，对可预期及异常违约率、回报率进行 1%、99% 双边截尾（Winsorization）处理。使用截尾后变量作为被解释变量重复了主要回归结果，发现截尾处理对违约率的回归影响不大，主要回归系数及显著性与前文类似。总体来说，结果不完全由异常值导致。

5.6.3　不同的配对方式

本章的主要分析使用了倾向性得分匹配的方式，得到了男女投资者在交易层面配对的样本。在配对时，由于后续分析会使用收益率作为被解释变量，因此没有使用贷款利率作为配对变量。在稳健性检验中，将利率包括进配对变量，重复了违约率的相关回归。

结果显示，无论是违约率和分解后违约率的回归，还是异常违约率的分组回归，女性变量的回归系数和显著性都与正文中类似，说明前文的结果对不同的配对方式也是稳健的。

5.7　小　　结

5.7.1　主要结论

本章研究了投资者对信用风险的评估与他们性别的关系。本章从一家中国大型的网络借贷平台获得了投资者投资贷款的交易数据与投资人个人信息数据，对此进行研究。结果显示，女性投资者投资的贷款往往比男性投资者投资的贷款更容易出现违约。这一结果在控制了投资者的其他人口统计信息和贷款的特征信息后依然存在。

在发现违约风险的性别差异之后，本章研究了导致这种性别差异的原因。本章区分了两种机制：女性投资者的风险偏好使得她们承担了偏好对应的风险或是女性投资者由于评估风险的能力较差而承担了过多的违约风险。为了区分这两种机制,本章将事后违约指标分解为事前预期违约率与异常违约率。事前预期违约率是可以被贷款特征解释的违约率,代表为了选择某种特征的贷款而应该承担的风险。异常违约率则相反,是违约率中不能被贷款特征解释的部分。结果显示,男女投资者间,预期违约率没有显著差异,而女性的异常违约率显著高于男性。这说明风险评估能力决定了违约率的性别差异。本章还从实际回报率的角度识别两种机制。类似于违约率分解的结果,研究发现,根据贷款特征计算得到的预期回报率在男女投资者间没有显著差别。但女性投资者的超额回报率显著低于男性。这一结果再次验证了风险评估能力的性别差异。

为了进一步解释女性的风险评估能力与什么因素有关,本章将样本按照投资人受教育程度、收入水平和工作行业分组,在不同子样本中考察异常违约率与超额回报率的性别差异。结果显示,在教育程度低、收入低和非金融IT行业的子样本中,女性的异常违约率显著高于男性,超额回报率显著低于男性。相反地,这两个指标的性别差异在教育程度高、收入高和金融IT行业投资者的子样本中均不显著。这一结果说明,女性风险评估能力较低可能与金融素养有关,在金融素养偏低的样本中,性别差异更为显著。提高金融素养,对于缩小男女在金融决策中的差异有很大的帮助。在一些金融素养更高的子样本中,女性的表现甚至高于男性,这对于投资者教育等政策制定也有重要的参考意义。

5.7.2 理论贡献

本章主要对三类文献有贡献。首先,本章对研究投资行为和金融素养的性别差异的文献有贡献。过去的研究很少关注金融素养与违约风险的关系。少数文献提出了与本章相反的证据。一方面,过去的学者发现男性投资者更可能在权益市场中存在过度自信的现象(Barber and Odean, 2001)。同时,有研究发现女性授信人员更善于与顾客建立信任关系,更善于评估信用风险(Beck et al., 2013)。可能的原因在于,女性比男性更风险规避(Croson and Gneezy, 2009),女性比男性能更全面地分析信息(Meyers-

Levy and Loken，2015）。另一方面，在许多国家，女性的金融素养低于男性（Hastings et al.，2013；Lusardi and Mitchell，2014；Xu and Gong，2017）。女性对于借贷的理解程度较低，往往会用更高的成本进行借款（Lusardi and Tufano，2015；Brown et al.，2014）。这些结果说明，相比于专业的金融从业人员（如股票交易员、授信官），普通民众的金融决策更多地受到金融素养的影响。本章的贡献在于，使用了网贷这样一个新兴发展的金融市场交易层面的数据，样本不再局限于金融素养较高、比较专业的人群中，可以更全面地分析金融素养与投资者信用风险评估的关系，为这一领域的性别差异提供更可靠的实证证据。

其次，本章也对会计研究中预测偏误与精度的一类文献进行了补充。过去的研究指出证券分析师的盈余预测更偏向乐观（Francis and Philbrick，1993；McNichols and O'Brien，1997；Easton and Sommers，2007），女性分析师发布的盈余预测精度比男性更高（Kumar，2010）。不同于对于专业金融分析师的研究，本章的结果发现，女性对于违约风险的预测能力低于男性，承担了过多的风险。

最后，本章与近年来兴起的网贷支付与网络借贷的文献有关。过去的大多数研究集中在影响借款成功率和违约率的决定因素上（Duarte et al.，2012；Freedman and Jin，2014；Michels，2012；Lin et al.，2013；Iyer et al.，2015）。近期的几篇研究中，学者对网贷投资者的时间压力对投资绩效的影响进行了研究（Wang，2016；Liao et al.，2017）。与其不同的是，本章研究了投资人自身的人口特征如何影响其在网贷平台上的投资行为。这一研究的重要性在于，金融素养问题对于网络借贷市场的良性发展有重要的意义。网贷平台促进了普惠金融，使得信用产品可以接触到更广大的人群，但这些人群往往缺乏金融素养，无法做出最优的借贷决策。而本章是首次研究了在这样一个市场上，金融素养会如何影响参与人的行为，无论是对于网贷参与人、网贷行业或是监管者都有重要的参考意义。

第 6 章
社会资本与网络借贷投资者行为

6.1 研究问题与主要发现

行为经济学的文献表明,个人投资者做出的投资决定可能由多种行为偏误驱动(Agrawal,2012;Ayal et al.,2011;Shapira and Venezia,2008;Thaler,1999)。其中,本地偏好是在各种金融市场中被广泛发现的一种行为偏误。在投资决策中,本地偏好是指投资者的投资组合偏好"本地"资产,如当地的公司或借款人。本地偏好使得财务决策偏离理性基准(Hirshleifer,2001;Ofir and Wiener,2016)。本章考察网贷市场中投资者的本地偏好以及社会资本在本地偏好形成过程中的影响作用[①]。

本章首先研究了网贷市场中本地偏好的存在性。结果显示投资人普遍存在本地偏好。平均而言,投资人向本地借款人放贷的可能性要高9.3%。在投资金额方面,在控制了个人与贷款特征和时间固定效应后,投资人会多投资105%的资金到本地的贷款。这些结果对于使用不同样本、不同聚类的稳健标准误和回归模型都是稳健的。

网贷投资是一个财务决策,所以经济理性应该对贷款决策具有一定的

---

① 本章整理自作者发表于论文 Jiang, J., Liu, Y. and Lu, R. 2019:"Social Heterogeneity and Local Bias in Peer-to-Peer Lending—Evidence from China", *Journal of Comparative Economics* 48(2): 302-324.

影响。本地投资人可能拥有外地投资人所没有的有关贷款或借款人的私人信息。在这种情况下,本地贷款应该更安全,并具有更高的实际回报。然而,本章发现那些吸引了更多投资人的贷款表现更差。本地贷款偏好与较高的违约风险,较低的回收率和更低的已实现收益正相关。这表明,本地偏好更可能是一种行为偏误。

理解行为偏误及其影响因素,有助于减少偏误并帮助发展减少偏误的措施方法(Byrne and Utkus,2013;Larrick,2004)[①]。具体来说,本章强调社会资本在本地偏好形成中的作用。社会资本理论认为,社会资本,即一个人拥有的关系网络以及网络中嵌入的资源集合,对个人的行为有强烈的影响(Bandura,1989;Nahapiet and Ghoshal,1998)。普特南认为,社会资本促进了互利互惠的协调与合作(Putnam,1995)。肯尼斯·阿罗认为,世界上许多地区经济落后的原因可能是缺乏相互信任(Arrow,1972)。许多研究从宏观经济角度关注社会资本的重要性,发现与以上观点一致的结论(Guiso et al.,2004;Knack and Keefer,1997;La Porta et al.,1997b;Lins et al.,2017;Sangnier,2013)。

为了研究社会资本在本地偏好形成中的作用,本章采用社会资本最常用的一种定义(Nahapiet and Ghoshal,1998)。社会资本定义为"个人或社会单位所拥有的关系网络中,实际和潜在资源的总和"。他们从三个不同的维度来考虑社会资本:认知、关系和结构维度。认知维度广泛使用的一种度量方式是共同语言(Nahapiet and Ghoshal,1998)。关系维度最重要的因素是社会信任(Cohen and Prusak,2001;Fukuyama,1995;Guiso et al.,2004;Putnam,1995)。文献中常用是否存在社会互动关系来衡量结构维度。由于在网贷平台上,投资人和借款人之间并不知道对方的真实身份,因此本章主要关注社会资本的前两个维度,不考察结构维度。

本章使用一个省内山地的比例和方言的数量来衡量社会资本的认知维

---

① 比如,可以通过信息的不同展示方式,令借款人更关注利率,可以改善其还款行为(Amar et al.,2011)。

度(Nahapiet and Ghoshal,1998)。尽管交通成本急剧下降且信息技术大幅进步,但地理和语言因素继续在当地经济中发挥关键作用(Angrist and Lavy,1997;Krugman,1991;Lang,1986)。多元的人口构成导致不同人群的先验信念不同,对相同信息也因不同的文化或语言有差异化的解读(Chang et al.,2015)。来自心理学的研究表明,语言的多样性尤其会导致对信息更多样的解读。研究发现,在山地占比更大或方言较多的地区,投资者更容易出现本地偏误,其投资的贷款违约率也更高。

本章使用在同一省内人群间的信任(内部信任)和来自其他省份的信任感(外部信任)来衡量社会资本的关系维度。社会信任可能会影响投资选择,因为金融投资其实是为未来的承诺而做出的投资(Sapienza and Zingales,2012)。与这种观点一致的是,最近的研究发现信任是股票市场参与的重要决定因素(Giannetti and Wang,2016;Guiso et al.,2008;Gurun et al.,2018)。当投资者不熟悉股票市场或缺乏评估它的数据时,这种个人信念可能会发挥更大的作用。相反,当不信任根深蒂固时,人们可能会怀疑他们所获得的任何信息而无视这些信息。当内部信任比外部信任更强时,投资者也可能有更严重的本地偏好。研究发现,信任感较高省份的投资者具有更严重的本地偏好,而且遭遇更高的违约率。

最后,本章从平台角度,提出了两种可能的消除偏误的方法。一个是来自其他省份具有类似特征的贷款应出现在新贷款列表的顶部。这些贷款将引起投资者的注意,帮助投资者进行地域分散化投资。另一个是借贷平台可以代替证券投资贷款,将具有相似特征但在不同省份的贷款证券化,并打包出售给投资者,这也能使得投资者的投资组合多样化。

本章的研究结果对地级市层面的分析、交易层面的回归以及控制借款人、投资人、月份固定效应都是稳健的。本章还采用了夏普比率和超额收益这两种稳健指标来检验本地贷款的表现。同时,本章进一步针对因本地偏好产生的福利损失进行了估算,发现在本地偏好较强的地区,当投资者较少时,借款人需要等待更长的时间才能贷款,而当借款人较少时,投资者的回报较低。

本章的其余部分安排如下。6.2 节介绍了研究背景与相关文献，6.3 节介绍样本选择和描述性统计，6.4 节介绍了实证结果并进行稳健性检验，6.5 节总结并讨论理论贡献与政策建议。

6.2 研 究 背 景

对社会资本对本地偏好的影响进行实证研究具有挑战性。首先，文献中关于本地偏好的解释没有达成一致。一方面，本地偏好可能是一种理性选择，因为本地投资者相对拥有信息优势，不同的风险偏好，或更低的交易成本（Ivković et al.，2005，2008）；另一方面，本地偏好可能源于有限理性导致的行为偏误（Huberman，2001；Strong and Xu，2003）。依靠实证检验来区分这两个渠道是非常困难的。本章希望从行为偏误的角度研究本地偏好，因为这可能有助于理解并降低投资人偏误。其次，对社会资本异质性的研究需要较大的横截面差异，而这种差异通常需要跨国数据。但是，跨国研究通常也存在一些问题，即很难将诸如制度背景之类的混淆因素与社会资本异质性区分开。

本章使用网贷平台交易数据，研究社会异质性如何影响投资者的本地偏好。这是考察本章问题很好的研究环境。首先，在网络借贷的背景下研究本地偏好是有意义的[①]。一方面，在线上投资平台上，所有资金交易都是电子化的。投资者不能通过亲自上门，强制借款人执行合同。在违约的情况下，他们也没有直接针对借款人的法律追索权。此外，由于众筹的性质，每个投资者在每笔贷款中只拥有少量份额，因此他们对于直接监督合同执行的动机不足。因此，可以认为此类在线众筹借贷市场不应出现任何本地

[①] 网络借贷在很多方面与传统借贷存在差异。首先，网贷平台使用技术创新，提高了借贷服务的便利性、速度和质量。网贷平台的贷款审核机制更为简便快捷（Segal，2015；United States Department of the Treasury，2016）。其次，网贷借款人只需要提供少量的个人信息与证明材料，就可以申请贷款，这吸引了许多借款人（Deloitte，2016）。最后，网贷平台的信息披露更为透明细致，使得投资人能更好地管理投资组合（Milne and Parboteeah，2016）。

偏好。但另一方面,由于对于某一借款人的投资是一次性、高风险的,使得投资者在判断贷款质量时可能会注重地域这一信息。与传统的金融机构不同,在网贷市场中,处理分析金融信息、进行贷款决策的任务交由个人投资者完成,他们更容易出现行为偏误。此外,在线上平台中,地理位置的邻近可能不会带来信息优势。投资人并不认识借款人,而是根据平台提供的标准化的公共信息来做出决定。因此,如果投资者在网贷市场中仍然表现出本地偏好,则更可能是行为偏误。

其次,与美国的网贷平台不同,中国的投资者发现网络贷款具有吸引力,在贷款发布后很快就能筹满额度。根据过去的研究,有 25% 的贷款在 42 秒内筹得所需资金,75% 的贷款在不到三分钟的时间内筹得资金,而 90% 的贷款在不到八分钟的时间内筹得资金(Liao et al., 2018)。考虑到这些时间限制,投资人只能依靠平台提供的标准化信息,而不能自己收集线下的私人信息。此外,中国的网贷不具有硬信息,如央行等机构的信用评分,而在美国网贷市场上那些借款人一般有信用分数[①]。因此,如果投资者仍然表现出本地偏好,则行为原因更有可能是其驱动力。

最后,使用我国的数据可以研究社会资本如何影响一个国家内部的本地偏好。各国之间金融投资合同受到许多其他因素的影响,这些因素在回归分析中很难控制(Mankiw, 1995)。因此,研究社会资本与投资决策的理想环境是一个其他维度同质的社会。但问题在于,一般而言,社会资本水平是一种国家间的不同特征。一个明显的例外是中国。中国是统一的多民族国家,有着非常多元的文化和制度。例如,"世界价值观调查"(World Values Survey)的数据显示,中国各省之间的价值差异通常大于 13 个欧洲国家间的价值差异(Ang et al., 2015)。这种独特的地理多样性以及同一个网络借贷平台的市场微观结构特征,可以帮助我们识别社会异质性是否会影响本地偏好的形成。

---

① 比如,在 Prosper 平台上,只有美国公民、有社会安全账号(Social Security Number)和大于 520 的信用评分才能注册成为借款人。

6.3 数据、实证设计与描述性统计

6.3.1 样本选取

本章的网贷交易数据来自国内某网贷平台。不像其他某些大型网贷平台,该平台的主要业务线为纯线上运营,没有当地的分支机构和线下服务场所。通过这种方式,可以确保投资人不认识借款人,投资人是根据网贷平台提供的标准化公共信息进行决策。因此,这可以帮助我们识别本地偏好的行为动因[①]。

借款人在网站上提交贷款申请,指定要求的借款金额、期限和利率。本章主要考察那些没有抵押或担保的信用贷款。此外,投资者可以选择自行投资或委托平台进行投资。为了研究个人投资者的行为,本章将数据限制为投资者自行选择的贷款交易。

样本跨度期间从 2010 年 5 月 31 日到 2016 年 9 月 30 日。数据从平台成立之初开始。由于在 2016 年 9 月之后,投资者自行选择标的的交易方式只占到所有交易的不到 10%,因此本章的样本截止于 2016 年 9 月。

到 2016 年 9 月 30 日为止,平台上有约 600 000 笔贷款申请,而由于不良的信用评级或信用认证资料不充分,大约 95% 的申请没有通过平台审核。经过审核的贷款在平台上展示,所有潜在投资者均可查看。每个贷款详情包括贷款特征以及借款人信息,例如信用等级、年龄、受教育程度、婚姻状况、月收入的范围、拥有房产和车产的情况以及是否有房屋抵押贷款或车贷。借款人可以自愿提供其他证明(如信用报告、在职证明和家庭住址信息)。平台上未列出借款人和投资者的联系信息。所有与身份相关的信息(姓名、手机、身份证号码、家庭住所等)都是不公开的。根据公开信息无法得到关于借贷双方的联系方式。初筛后,得到大约 30 000 笔筹款成功的贷款信息。

---

① 比如拍拍贷,另一家网贷平台,强调朋友与社交网络的重要性,鼓励投资人借钱给认识的朋友,或者通过朋友网络发现投资机会。

借款人在平台申请贷款时需要填写个人信息。具体来说,借款人必须提供以下信息：贷款的预期用途,身份证复印件,基本人口统计信息(即年龄、性别、民族、出生地、当前地址和近亲联系信息),工作信息(即公司、职位、薪水和任期),平台获得信用报告的授权以及银行账户信息。此外,根据平台上的声明以及与平台的沟通,后台可以对不同的信息来源进行交叉检查,以验证信息的准确性,例如,中国人民银行征信中心提供的信用报告、与平台有合作关系的银行、借款人所在的公司以及借款人的近亲。经过验证的借款人将被分配一个唯一的 ID。为了获得投资人的个人特征信息,平台要求投资人也至少填写了贷款申请(不一定成功筹资)。最后,样本中有 16 720 笔贷款,共得到了 550 188 笔投资,对应于 43 850 个投资人。进一步按省-月份加总这些投资者的新投资,为了使结果具有代表性,删除了投资者少于 10 个的省份。最后,本章得到 271 297 个观测数的投资者-省-月份样本。

6.3.2 指标构造

(1) 本地偏好指标

本章构造了对某一省份贷款的偏好指标,来衡量投资者地域偏好的程度。直观上,如果投资者随机选择要投资的贷款,则某省的贷款在其投资组合中的比例应等于该省的所有可投资贷款额除以整个市场上的所有可投资贷款额的比例。基于此逻辑,可以计算出投资者在某个省份过度投资的程度,表示地区偏好指标：

$$LocationPreference_{i,t,p} = \frac{Investment_{i,t,p}}{Investment_{i,t}} / \frac{Tradable_{i,t,p}}{Tradable_{i,t}} - 1 \quad (6-1)$$

其中：$Investment_{i,t,p}$ 指投资者 i 在 t 月对 p 省的投资,而 $Investment_{i,t}$ 指他在 t 月的总投资。$Tradable_{i,t,p}$ 是 t 月 p 省的可交易贷款总额,而 $Tradable_{i,t}$ 是 t 月市场中所有可交易贷款总额。如果地区偏好指标 $LocationPreference_{i,t,p}$ 是正的,则代表投资者相对更偏好这个省的贷款,反之亦然。如果省份 p 是投资者居住的地方,则这一 $LocationPreference_{i,t,p}$ 指标便衡量了本地偏好。

（2）社会资本指标

本章考虑两组社会资本变量，使用方言的数量和山地比例来衡量社会资本的认知维度。参考过去文献，方言的数量来自《中国语言图集》，山地比例来自人地系统专题数据库(Chang et al.，2015)。本章使用信任指数来衡量社会资本的关系维度。信任指数来自中国企业家调查问卷数据(Zhang and Ke，2003)，该指数是通过一项调查询问经理们最信任的省份而构建的①。本章构建了两种信任感度量指标。第一种是信任指数研究使用的原始指数，用于衡量平均可信度，称为外部信任指数。第二个是本地人和其他人对当地的信赖程度之间的差异，称为内部信任指数。这两个指数与当地经济状况高度相关，为了控制这一因素干扰，将信任指数对该省人均 GDP 的自然对数回归，使用回归残差作为与经济条件正交化后的信任指数。

6.3.3 实证设计

如果存在本地偏好，则投资者更有可能投资于本地贷款。定义 $InvestmentDummy_{i,t,p}$（投资哑变量）为虚拟变量，如果投资者 i 在 t 月投资于 p 省的贷款则取 1，反之取 0。定义 $LocalDummy_{i,p}$ 本地哑变量为虚拟变量，如果投资者 i 来自 p 省则取 1，反之取 0。使用 Logit 回归来估计以下模型，以检验投资者是否存在本地偏好。

$$\ln\left(\frac{Pr(InvestmentDummy_{i,t,p}=1)}{1-Pr(InvestmentDummy_{i,t,p}=1)}\right)=\beta_0+\beta_1 LocalDummy_{i,p}+$$
$$\beta_2 TradableRatio_{t,p}+\beta_3 Control_{i,t,p}+\lambda_t+\varepsilon_{i,t,p} \quad (6-2)$$

其中：$TradableRatio_{t,p}$（可投贷款比例）代表在 t 月来自 p 省的贷款在整个市场中所占的比例。如果比例更高，即使投资人随机做出投资决定，他们也更有可能选择 p 省的贷款。在回归中控制该比例，检验投资者是否对

---

① 信任指数来自 2000 年中国企业家调查问卷数据(Zhang and Ke，2003)。这一调查涵盖中国 13 个行业，各种所有制的企业管理者。调查共发出 15 000 份问卷，回收超过 5 000 份。关于信任感的问题是："在你的经验中，哪五个省份你认为最值得信任？请从高到低列出。"可以根据这一问题中不同省份出现的比例来衡量信任感。

本地贷款有过度需求。$Control_{i,t,p}$ 代表贷款特征和投资者人口统计特征的控制变量。贷款特征变量包括利率、期限、贷款金额和信用质量。投资者人口统计变量包括年龄、性别、婚姻状况、教育程度、收入和是否有房产。此外，估计时在回归中添加每月固定效应 λ_t 以控制时变宏观因素，并计算聚类在投资者的稳健标准差。

此外，还可以考察投资者投入多少钱到每个省的贷款上。如果存在本地偏好，投资者会将更多资金投资于本地贷款。模型(6-3)使用投资者对省份 p 的贷款投资金额与 t 月投资者的总贷款额之比作为被解释变量。与模型(6-2)一样，使用本地哑变量 $LocalDummy_{i,p}$ 作为自变量。其他控制变量与模型(6-2)类似。由于投资比率分别在 0 和 1 处被截断，因此不符合标准正态分布，需要使用 Tobit 回归来估算以下模型：

$$InvestmentRatio_{i,t,p} = \beta_0 + \beta_1 LocalDummy_{i,p} + \beta_2 TradableRatio_{t,p} + \beta_3 Control_{i,t,p} + \lambda_t + \varepsilon_{i,t,p}. \quad (6\text{-}3)$$

最后，使用上一节构造的地域偏好指标估计下面的模型：

$$Location\,preference_{i,t,p} = \beta_0 + \beta_1 Localdummy_{i,p} + \beta_2 Control_{i,t,p} + \lambda_t + \varepsilon_{i,t,p}. \quad (6\text{-}4)$$

如果投资者存在本地偏好，则上述三个回归中的 β_1 都应该显著为正。接下来的分析将基于这些基准回归模型。

6.3.4 描述性统计

表 6-1 报告了本章使用的主要变量的描述性统计。投资人特征与第 4、5 章所使用样本类似，这里不再重复。面板 A 报告了本地偏好度量的统计数据。投资者对本地贷款表现出很强的偏好。平均而言，投资者将超过 10.7% 的资金投资到本省贷款(样本中共有 27 个省)。考虑相对贷款比例后，地域偏好指标为 0.2，而 0 表示无本地偏好。本地偏好有地区聚集性。东北和西南地区的本地偏好更为明显，而东南沿海省份的投资者则更少选择本地贷款。这种区域集中也意味着不同省份的经济和文化环境可能会影响投资者的行为。

面板 B 报告了贷款特征的描述性统计：平均贷款金额为 10 400 元，平均贷款期限为 11 个月，平均利率为年化 13.5%，平均信用凭证数量是 2.2。面板 C 报告了各省制度背景特征：平均每省有超过 5 种方言，有约 17% 的面积是山地。

表 6-1 主要变量描述性统计

面板 A：本地偏好指标					
变量	均值	标准差	5%分位点	中位数	95%分位点
地域偏好	0.207	14.632	−1.000	−1.000	2.328
投资哑变量	0.107	0.309	—	—	—
投资比例	0.035	0.151	0.000	0.000	0.200
可投贷款比例	0.035	0.050	0.001	0.017	0.146
本地哑变量	0.035	0.185	—	—	—

面板 B：贷款特征					
变量	均值	标准差	5%分位点	中位数	95%分位点
贷款金额对数	10.400	1.157	8.421	10.276	12.256
利率	13.454	1.920	11.125	13.077	16.810
期限	11.129	4.681	3.750	10.835	19.032
信用凭证	2.220	2.017	0.000	1.621	6.000
违约率	0.094	0.277	0.000	0.000	1.000
违约金额占比	0.055	0.177	0.000	0.000	0.458

面板 C：省份特征					
变量	均值	标准差	5%分位点	中位数	95%分位点
人均 GDP 对数	10.960	0.429	10.238	11.040	11.550
方言数量	5.251	4.199	1.000	3.000	12.000
山地比例	0.174	0.148	0.000	0.130	0.470
外部信任指数	0.444	0.680	−0.677	0.701	1.257
内部信任指数	5.485	12.171	−11.042	0.965	24.869

表 6-2 报告了每个省(区、市)的月度平均贷款特征。各省(区、市)根据本地偏好的程度从高到低排序。贷款额在 10 000—100 000 元。甘肃省的平均贷款规模最小,约为 21 000 元,而浙江省的平均贷款规模最大,约为 120 000 元。各省之间的平均利率差异不大,范围在 12%—14%。平均期限约为一年。信用凭证的数量从 1 到 2 不等。使用信用凭证的数量,而不是信用评级衡量信贷质量,是因为平台网站上报告的信用评级是抓取数据时的一个快照。如果贷款违约,则信用评级将重置为最低类别,从而导致信用评级和违约率之间存在事后的内生关系。相反,信用凭证的数量是一种事前的度量方式,不会受到这种内生性问题的影响。最后,平均违约率差异很大,黑龙江最高(23.57%),北京最低(4.42%)。

表 6-2 分省(区、市)网络贷款特征

省(区、市)	贷款数量	贷款金额(元)	利率(%)	期限(月)	信用凭证数(个)	违约率(%)
吉林	374	22 469	12.65	15.20	1.39	20.91
四川	1 187	40 269	12.71	15.14	1.27	21.31
云南	588	27 309	12.70	14.06	1.63	9.39
辽宁	609	97 332	13.18	14.23	1.87	17.25
贵州	551	27 461	12.22	13.53	1.71	8.38
湖北	886	80 111	12.71	12.08	2.14	12.16
新疆	283	50 681	12.52	13.45	1.76	5.84
陕西	637	24 095	12.40	14.02	1.21	12.34
黑龙江	528	38 587	12.42	15.51	1.34	23.57
安徽	799	41 272	12.62	12.74	1.33	15.79
上海	1 092	85 696	12.76	13.59	1.26	9.21
江苏	2 196	94 738	13.15	12.32	1.83	13.76
河北	824	104 804	13.04	12.02	1.72	12.26
广西	814	46 581	12.78	13.83	1.47	13.95
湖南	858	51 523	12.60	13.00	1.62	14.84
广东	4 619	81 267	12.78	13.36	1.39	12.61

续 表

省 (区、市)	贷款 数量	贷款金额 (元)	利率 (%)	期限 (月)	信用凭证 数(个)	违约率 (%)
山东	2 111	126 540	13.37	11.82	1.52	20.70
福建	1 466	100 030	13.15	13.45	1.85	16.51
北京	1 329	110 421	13.03	12.68	1.95	4.42
浙江	2 906	119 605	13.24	11.66	1.82	13.60
江西	619	33 086	12.39	13.07	1.30	17.98
河南	1 204	89 753	13.12	12.30	1.30	15.78
内蒙古	475	37 329	12.51	14.22	1.07	14.86
甘肃	308	20 993	12.53	13.73	1.31	9.94
山西	512	55 833	12.64	13.44	1.48	23.23
天津	237	95 080	13.04	12.94	1.78	7.11
重庆	329	66 431	12.80	13.98	1.66	11.50

表6-3概述了不同省份的社会资本指标。方言数量的范围从1到12。上海、重庆、吉林、四川、云南和贵州等省(区、市)只有一种方言,而福建、江西、广西和湖南则有多达12种方言。上海的山地最少(0%),而浙江的山地最多(47%)。各省(区、市)山地的分布类似于方言数量。方言数量与山地比例之间的相关性为0.81。外部信任指数衡量了全省平均受信任程度。上海、广东和山东最受信赖,而内蒙古、天津和湖南最不受信赖。内部信任指数衡量的是当地人所感知的信任度。该分布类似于外部信任指数的分布,其中最受信赖的是上海、广东和云南,而最不受信赖的是福建、湖北和江西。这两个信任指数均已与当地经济条件正交化处理。

表6-3 分省(区、市)制度背景特征

省(区、市)	人均GDP(元)	方言数量	山地比例	外部信任指数	内部信任指数
吉林	45 145	1	0.05	−0.42	−3.87
四川	31 635	1	0.18	0.79	−2.85

续 表

省(区、市)	人均GDP(元)	方言数量	山地比例	外部信任指数	内部信任指数
云南	24 242	1	0.09	0.87	31.43
辽宁	56 158	3	0.20	−0.01	−3.47
贵州	23 132	1	0.08	0.05	−2.53
湖北	42 424	3	0.22	−0.38	−11.18
新疆	35 388	3	0.04	0.04	15.22
陕西	41 121	7	0.41	−0.20	−2.77
黑龙江	36 060	3	0.11	0.02	−3.32
安徽	31 046	11	0.19	0.05	−3.81
上海	93 247	1	0.00	1.06	23.44
江苏	75 084	4	0.05	0.83	−3.98
河北	37 347	5	0.09	0.59	0.54
广西	30 078	12	0.26	0.13	0.95
湖南	36 347	12	0.17	−0.45	−7.35
广东	59 066	11	0.39	1.20	21.95
山东	55 839	3	0.07	1.10	16.68
福建	57 779	12	0.31	−0.32	−12.33
北京	94 618	2	0.06	0.78	9.51
浙江	68 386	11	0.47	0.54	−1.41
江西	31 419	12	0.20	−0.50	−10.92
河南	33 941	3	0.16	0.04	−5.00
内蒙古	64 465	5	0.13	−1.26	−9.89
甘肃	23 209	3	0.20	0.10	4.07
山西	33 110	8	0.33	−0.12	−0.44
天津	97 104	2	0.01	−0.48	0.33
重庆	43 272	1	0.18	−0.37	−6.87

为了能够直观地展示社会资本对本地偏好的影响，图6-1展示了按不同社会资本指标分组后，投资人投资本地和外地贷款的倾向。首先计

算每个投资者在每个省(区、市)投资贷款占其总投资的比例。投资于本地贷款的平均概率定义为投资人投资于自己所在省份的贷款比例的平均值。投资于外地贷款的平均概率定义为对其他省份贷款的平均投资比例的平均值。根据社会资本指标的样本中位数将样本分为高低两类。(a)和(b)显示,认知维度社会资本的高低两组(方言数量和山地比例)都显示出较强的本地偏好。(c)展示了在较高的社会信任度和较低的社会信任度群体都显示出较强的本地偏好。同时,在社会资本指标较高的群体中,本地贷款和外地贷款之间的借贷概率差异要大得多。图 6-2 绘制了本地贷款的违约概率。它表明,在社会资本指标较高的子样本中,本地贷款的违约概率也更大。

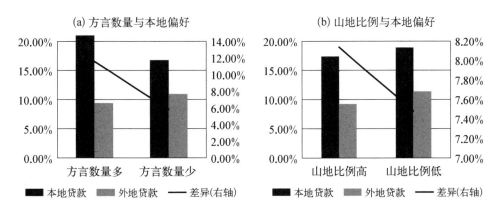

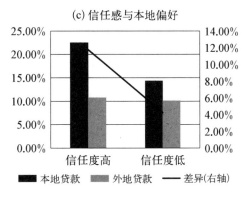

图 6-1 不同社会资本分组内本地偏好差异

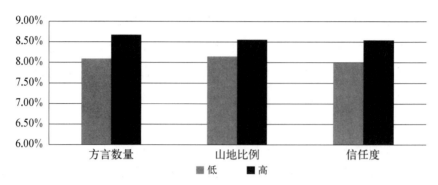

图 6-2　不同社会资本分组内贷款违约率差异

6.4　实证结果

6.4.1　本地偏好的存在性

检验在网贷市场中投资者是否存在本地偏好，分别用是否投资、投资金额比例和地域偏好指标对本地虚拟变量进行回归，结果在表 6-4 中报告。

表 6-4　基准回归：本地偏好的存在性

被解释变量	(1) 投资哑变量	(2) 投资哑变量	(3) 投资比例	(4) 投资比例	(5) 地域偏好	(6) 地域偏好
本地哑变量	0.011*** (0.003)	0.010*** (0.003)	0.045*** (0.013)	0.037*** (0.013)	13.136*** (1.471)	7.164*** (1.052)
可投贷款比例	1.174*** (0.033)	0.891*** (0.025)	5.760*** (0.209)	4.543*** (0.171)		
人口特征	否	是	否	是	否	是
贷款特征	否	是	否	是	否	是
月固定效应	是	是	是	是	是	是
观测数	271 297	271 297	271 297	271 297	271 297	271 297
伪 R^2	0.132	0.150	0.126	0.139	0.006	0.026

注：括号中报告了聚类在投资者的稳健标准差。***$p<0.01$，**$p<0.05$，*$p<0.1$。

第(1)—(3)列使用回归模型(6-2)的设定进行 Logit 回归。为了更易于解释,结果报告了回归的边际效应。在第(1)列中,本地虚拟变量的系数显著为正,这意味着投资者更有可能投资于本地贷款。根据过去的文献,教育背景、职业、出生地和所在地等人口统计变量对借款人与投资者之间的借贷行为会产生影响(Chen et al.,2016)。

如果特定省份的投资者更喜欢具有一定风险特征(例如长期和低风险)的贷款,而该省的贷款恰好是长期低风险类型的,则投资者的风险偏好会导致他们投资更多本地贷款,这将产生与本地偏好类似的回归结果。在第(2)列中进一步控制了投资者人口统计信息和省内可交易贷款的风险特征,包括贷款规模、利率、期限和信用质量。在控制了贷款特征后,本地虚拟变量的系数略有下降,但仍显著为正,这表明人口特征与风险偏好无法完全解释投资者的本地偏好。本地偏好系数的经济意义也是显著的。在第(2)列中,其他条件相同的情况下,投资者选择本地贷款的可能性比外地贷款高 1%,这是从某个省选择贷款的无条件概率(10.7%)的 9.3%。

第(3)—(4)列使用回归模型(6-3)来研究投资者是否投资更多钱给本地贷款。使用不同的控制变量可以发现一致的结果。本地虚拟变量的系数显著为正,表明投资者投入到本地贷款的资金比其他贷款多。例如,在第(4)列,所有条件相同的情况下,相比于外地贷款,投资者多投资 3.7% 的资金给本地贷款,这是资金投向某个省(区、市)贷款平均比例(3.53%)的 105%。

第(5)—(6)列使用回归模型(6-4)来考察投资者是否过度投资于本地贷款。在第(5)列中,本地虚拟变量的系数为 13.136,这表明本地贷款在投资者投资组合中的比例比整个市场中本地贷款比例高 13 倍。在第(6)列中,在控制了投资者的人口统计特征和贷款特征之后,本地贷款在投资者投资组合中的比例仍为整个市场中本地贷款的比例的 7.164 倍。这些结果表明,网贷市场中的本地偏好无论在统计意义还是经济意义上都是显著存在的。

6.4.2 行为偏误或信息优势

在上一节中,研究发现在网贷市场中存在本地偏好。文献认为,这种偏好可能是由于行为偏误或信息优势造成的。本节试图考察私人信息优势是否导致了本地偏好,从而产生更好的投资绩效。

如果投资者有关于本地贷款的信息优势,则他们会更青睐于投资本地贷款。股票市场中的本地偏好的相关研究表明,本地投资者对于当地公司更加熟悉,并且获取关于当地企业信息的成本较低,所以他们相对于非当地投资者存在信息优势,进而进行更多的本地投资。在网络借贷市场中,投资者也可能会获得更多有关本地贷款的私人信息,或者对这些贷款的公共信息有更好的解读。如果本地投资者拥有信息优势,在控制了风险偏好之后,他们应该有更好的投资绩效。使用违约率来衡量投资绩效,具体来说,计算在投资者的投资组合违约贷款数量和违约贷款金额的比例。按每个投资者-省-月来构造绩效指标。然后,用违约率与违约金额比例对本地虚拟变量和地域偏好指标的交叉项及其他控制变量进行回归。

表 6-5 报告了对本地偏好潜在机制的检验结果。第(1)—(3)列用违约贷款数比例对本地虚拟变量、地域偏好指标及其交叉项进行回归。如果还款的拖欠期限超过 30 天,则认为这一贷款发生违约。地域偏好系数显著为负,这表明投资者有能力选出低风险贷款。当投资者过度分配资金到某省贷款中时,这些贷款的违约率是较低的。但是,地域偏好与本地虚拟变量的交叉项显著为正,这表明当投资者过度投资本地贷款时,投资组合的违约率会增加。在第(1)列中,结果显示当地域偏好指标每增加一个单位时,违约比例就会下降 0.8%。但是,由于地域偏好与本地虚拟变量的交互项系数为 1%,因此当本地偏好增加一单位时,本地贷款的违约率提高了 0.2%。在第(2)列中控制投资者的人口统计信息,以及在第(3)列中控制贷款特征,都不改变结果显著性与方向。在第(3)列中,地域偏好的单位增加导致本地贷款的违约率增加 0.3%。

表 6-5 本地偏好与违约风险

被解释变量	(1) 违约率	(2) 违约率	(3) 违约率	(4) 违约比例	(5) 违约比例	(6) 违约比例
本地哑变量	−0.108***	−0.098***	−0.071***	−0.019***	−0.017***	−0.008
	(0.020)	(0.021)	(0.022)	(0.005)	(0.005)	(0.005)
地域偏好	−0.008***	−0.008***	−0.006***	−0.002***	−0.002***	−0.001***
	(0.000)	(0.000)	(0.000)	(0.000)	(0.000)	(0.000)
本地哑变量×	0.010***	0.010***	0.009***	0.002***	0.002***	0.002***
地域偏好	(0.001)	(0.001)	(0.001)	(0.000)	(0.000)	(0.000)
贷款金额对数			0.147***			0.006***
			(0.003)			(0.001)
利率			0.321***			0.075***
			(0.002)			(0.001)
期限			0.157***			0.028***
			(0.002)			(0.001)
信用评级			−0.052***			−0.009***
			(0.008)			(0.002)
人口特征	否	是	是	否	是	是
月固定效应	是	是	是	是	是	是
观测数	29 051	29 051	29 051	28 915	28 915	28 915
伪 R^2	0.080	0.080	0.090	0.090	0.091	0.100

注：括号中报告了聚类在投资者的稳健标准差。*** $p<0.01$，** $p<0.05$，* $p<0.1$。

第(4)—(6)列用违约金额比例对本地虚拟变量、地域偏好指标及其交叉项进行回归。与违约贷款数比例回归类似，投资者在某个省份过度投资时，违约金额比例较低（回收率较高）。地域偏好与本地虚拟变量的交叉项显著为正,这表明当投资者过度投资本地贷款时,会增加投资组合的违约率。结果对于控制投资者特征[第(5)列]以及进一步增加了贷款特征控制变量[第(6)列]都是稳健的。在控制了投资者的人口统计特征和贷款特征之后,地域偏好的单位增加将导致本地贷款的违约率提高0.1%。总的来说,这些结果都表明投资者有能力选出低违约率产品,但是当他们过度投资本地贷款时,其违约率会更高。

由于无法直接观察到投资者在做出决策时面对的信息集,只能从事后度量指标,即违约率中推断出投资者是否拥有信息优势。投资者有可能拥有一些信息,但这些信息本身并不一定会带来有利的结果,因为投资者可能高估了他们拥有信息的价值。有研究认为,当地投资者可能确实通过当地报纸了解有关本地公司的信息,但这种信息并不能转化为有关这些公司的信息优势(Engelberg et al., 2011)。根据上述结果,至少拒绝了本地偏好的理性动机,即内部信息会导致本地偏好,从而提升投资绩效。

文献中还发现了本地偏好的其他形成机制,例如税收优惠、本地投资较低的交易成本(Kim and Kim, 2017)和口碑效应(Hong et al., 2005; Pool et al., 2015)。由于网络借贷市场的特性,投资不同地区的贷款成本是相同的,且这一市场没有资本利得税。因此,交易成本渠道无法解释本章结果。此外,由于所有投资都是在线上进行的,并且网站不提供投资者交流的渠道,因此,口碑效应不会造成该市场的本地偏好。因此,在排除其他可能的机制之后,可以认为网贷市场中的本地偏好很可能是由行为偏误机制驱动的。

6.4.3 偏好与社会资本

社会资本理论(Bandura, 1989; Nahapiet and Ghoshal, 1998)表明,社会资本,即个人或社会网络所拥有的关系网络以及网络中嵌入的资源结合,对个人的行为会产生较强的影响。社会资本理论是相对于古典和新古典经济学中,完全竞争市场中个体独立行动假设的补充。因此,本章假设社会资本会影响本地偏好的形成。

本章从三个不同的维度来定义社会资本：认知、关系和结构维度。值得注意的是，结构维度的常用度量方式是参与者之间存在社会关系。由于借贷双方在网贷平台并不实际认识与互动，因此不考察结构维度。

（1）认知维度

社会资本的认知维度是指对于信息共有的表达和阐释体系。它着重于共有的语言或叙述方式，使得网络中的个体对事件具有相似的解释。社会资本的认知维度会影响本地偏好的形成，因为它有助于投资者明确自己所处的社会共同体。

共享语言是一种广泛使用的衡量认知维度的方法（Nahapiet and Ghoshal，1998）。此外，尽管运输成本大幅下降、信息技术快速发展，地理区隔仍然在地方经济活动中起到关键作用（Angrist and Lavy，1997；Krugman，1991；Lang，1986）。使用各省山地的比例和方言的数量来衡量社会资本的认知维度。如果一个省的山地和方言较多，则人口较多样化，那么投资者可能会表现出较多的本地偏好。这一假设的逻辑是，较多的山地和方言，增加了本地的人口群体与外部的沟通成本，进一步降低双方的认同感。通过地域偏好指标对认知维度度量和本地虚拟变量交叉项回归来检验这一假设。

结果在表 6-6 中报告。在第（1）列中，本地虚拟变量与方言数量的交叉项系数为正，并且在 1% 的水平上显著。本地虚拟变量的系数表示本地偏好的大小，而交叉项的系数则衡量了本地偏好如何随着方言数量的变化而变化。估计结果表明，增加一种方言可以使投资组合中的本地贷款比例提高 1.19 倍。回归中控制了以下变量：投资者人口特征、贷款特征、当地经济状况以及月固定效应。第（2）列使用山地比例作为衡量社会资本认知维度的指标。结果与第（1）列一致，在所有其他条件相同的情况下，山地比例每增加 1%，将导致投资者投资组合中，当地贷款的比例提高 32.94%。

表 6-6 认知维度的社会资本与本地偏好

被解释变量	(1) 地域偏好	(2) 地域偏好	(3) 违约率	(4) 违约率
本地哑变量	0.479	1.098	−0.133***	−0.090**
	(1.329)	(1.232)	(0.040)	(0.036)
本地哑变量×方言数量	1.190***		0.019***	
	(0.219)		(0.005)	
方言数量	−0.232		−0.008***	
	(0.182)		(0.003)	
本地哑变量×山地比例		32.944***		0.359***
		(5.887)		(0.135)
山地比例		−7.178		−0.183**
		(4.618)		(0.075)
人均 GDP 对数	4.007**	3.790**	0.097***	0.095***
	(1.768)	(1.863)	(0.003)	(0.003)
人口特征	是	是	是	是
贷款特征	是	是	是	是
月固定效应	是	是	是	是
观测数	271 297	271 297	29 051	29 051
伪 R^2	0.026 3	0.026 3	0.089 7	0.089 7

注:括号中报告了聚类在投资者的稳健标准差。***$p<0.01$,**$p<0.05$,*$p<0.1$。

这些结果表明,更加多样化的人群将导致更加明显的本地偏好。然而,根据之前的讨论,这样的本地偏好不一定是一种行为偏误。因此,表 6-6 的第(3)、(4)列进一步用违约率对本地虚拟变量与社会资本测度的交叉项进行回归,确认这种本地偏好更可能是行为偏误。在第(3)列中,交叉项的系数为正,这意味着如果投资者来自方言较多的省份,则其投资组合中的本地贷款表现会更差。在第(4)列中，来自山地比例较大省份的投资者在投资当地贷款时的表现较差。总体而言，这些结果证实了社会资本的认知维度显著影响了投资者的本地偏好。

(2) 关系维度

投融资本质上是用今天的钱来换取未来返还更多钱的承诺。这种交换是否发生，不仅取决于合同能否被执行，还取决于投资人对融资人的信任程度。因此，预计社会信任感会影响投资者的本地偏好。

本节使用信任指数来衡量社会资本的关系维度，并探讨其对本地偏好的影响。内部和外部信任指数都可以作为关系维度的衡量。外部信任指数衡量某个省的整体受信任程度，而内部指数则更具体地衡量当地人对本省的信任程度。由于信任度与当地经济状况高度相关，因此，下文使用与经济状况正交化后的信任指数，通过使用地域偏好指标对本地虚拟变量和信任指数的交叉项进行回归来检验这一假设。

结果在表6-7的面板A中报告。在第(1)列中，本地虚拟变量与外部信任指数之间的交叉项系数为正且在1%的水平上显著。外部信任指数一个样本标准差的增加(0.68)将导致本地贷款在投资者的投资组合比例增加6.7倍。回归控制了投资者的人口特征、贷款特征、当地经济状况以及月固定效应。第(2)列使用内部信任指数衡量社会资本关系维度。结果类似于第(1)列。在所有其他条件相同的情况下，内部信任指数的一个样本标准差的增加(12.17)将导致投资组合中本地贷款的比例提高3.7倍。

这些结果表明，较高的信任将导致更明显的本地偏好。表6-7面板A的第(3)、(4)列将违约率对本地虚拟变量和信任指数的交叉项进行回归，以研究信任引起的本地偏好是否是行为偏误。在第(3)列中，交叉项的系数为正，这意味着如果投资者来自被认为更值得信赖的省份，则投资组合中的当地贷款表现会更差。外部信任指数的标准偏差增加(0.68)意味着本地贷款的违约率高出8.6%。在第(4)列中，结果类似，内部信任指数增加一个标准差(12.17)将导致本地贷款违约率高18.2%。总体而言，这些结果表明社会资本的关系维度显著影响投资者的本地偏好。

表 6-7 关系维度的社会资本与本地偏好

面板 A：信任感指数与人均 GDP 正交化

被解释变量	(1) 地域偏好	(2) 地域偏好	(3) 违约率	(4) 违约率
本地哑变量	0.994 (1.314)	4.797*** (1.054)	−0.129*** (0.040)	−0.162*** (0.030)
本地哑变量×外部信任感	9.843*** (1.730)		0.127*** (0.042)	
外部信任感	−0.679 (1.238)		0.059*** (0.014)	
本地哑变量×内部信任感		0.303*** (0.074)		0.015*** (0.002)
内部信任感		−0.010 (0.053)		0.002** (0.001)
人均 GDP 对数	4.695** (2.027)	4.397** (1.913)	0.054*** (0.003)	0.095*** (0.003)
人口特征	是	是	是	是
贷款特征	是	是	是	是
月固定效应	是	是	是	是
观测数	271 297	271 297	29 051	29 051
伪 R^2	0.026 3	0.026 2	0.089 7	0.089 7

面板 B：信任感指数与人均 GDP、历史违约率正交化

被解释变量	(1) 地域偏好	(2) 地域偏好	(3) 违约率	(4) 违约率
本地哑变量	−0.580 (1.466)	4.813*** (1.058)	−0.302*** (0.041)	−0.176*** (0.030)
本地哑变量×外部信任感	11.695*** (1.981)		0.359*** (0.045)	

续表

面板 B：信任感指数与人均 GDP、历史违约率正交化

被解释变量	（1）地域偏好	（2）地域偏好	（3）违约率	（4）违约率
外部信任感	−1.110		0.036**	
	(1.326)		(0.017)	
本地哑变量×内部信任感		0.296***		0.016***
		(0.075)		(0.002)
内部信任感		−0.023		0.001
		(0.056)		(0.001)
人均 GDP 对数	4.451**	4.237**	0.070***	0.082***
	(2.057)	(2.124)	(0.003)	(0.002)
人口特征	是	是	是	是
贷款特征	是	是	是	是
月固定效应	是	是	是	是
观测数	268 998	268 998	28 730	28 730
伪 R^2	0.025	0.025	0.089	0.089

注：括号中报告了聚类在投资者的稳健标准差。***$p<0.01$，**$p<0.05$，*$p<0.1$。

为了缓解省内贷款的违约风险对于信任感的影响，本节进一步构建了与违约风险正交的信任指数。具体来说，将原始信任指数对人均 GDP 对数和省内贷款历史违约率进行回归，并将回归的残差作为新的信任指数。这些新的信任感度量指标与违约风险无关。使用新的指标重复表 6-7 面板 A 的回归，结果在面板 B 中报告。与前文的主要发现一致，来自信任感更高省份的投资者表现出更加严重的本地偏误。与非本地贷款相比，信任高更高省份的本地贷款也有较大的违约概率。

6.4.4 进一步的证据

(1) 交易层面分析

前文在投资者-省-月层面上构建投资决策,因为投资者在不同省份之间的选择有良好的定义,如果在某月,投资者在某省(区、市)内不进行任何投资,那么可以为观测值填充零。相反,在贷款层面仅能观察到投资者实际投资的贷款,不知道投资者的其他潜在可选项。因此,接下来按照以下方式构造投资者在投资时的潜在选择。对于每笔贷款,样本中都会收集交易的确切时间戳。投资者在投资时的潜在选择被定义为当时可以投资的贷款(已经公开竞标,但还没有筹满金额)。因此,实际投资的贷款是投资者选择的选项,其他贷款是投资者未选择的选项。

表 6-8 在交易层面重复前文的回归分析,并控制借款人、投资者和日历月固定效应。研究发现和主回归一致的结论。第(1)、(2)列确认了投资者更有可能投资于本地贷款,并且本地贷款的违约概率要高于非本地贷款。第(3)—(6)列证实了横截面结果,即当一省(区、市)方言更多、山地比例更高、信任度更高时,投资者表现出更严重的本地偏好。

表 6-8 交易层面回归分析

被解释变量	(1) 投资	(2) 违约	(3) 投资	(4) 投资	(5) 投资	(6) 投资
本地哑变量	0.006**	0.004**	−0.007	−0.002	0.016***	0.007**
	(0.003)	(0.002)	(0.005)	(0.004)	(0.006)	(0.003)
本地哑变量 ×方言数量			0.002*** (0.001)			
本地哑变量 ×山地比例				0.040** (0.015)		
本地哑变量 ×外部信任感					0.011* (0.006)	

续表

被解释变量	(1)投资	(2)违约	(3)投资	(4)投资	(5)投资	(6)投资
本地哑变量×内部信任感						0.001*(0.001)
贷款特征	是	是	是	是	是	是
投资者固定效应	是	是	是	是	是	是
借款人固定效应	是	是	是	是	是	是
月固定效应	是	是	是	是	是	是
观测数	275 334	67 203	275 301	275 301	275 301	275 301
R^2	0.447	0.898	0.448	0.448	0.448	0.448

注：括号中报告了聚类在投资者的稳健标准差。***$p<0.01$，**$p<0.05$，*$p<0.1$。

(2) 城市层面分析

类似于主回归所使用的样本，在投资者-城市-月的层面重新构建样本进行回归分析。首先，表6-9的面板A重新检验本地偏好存在性的结果。第(1)列报告了投资虚拟变量对本地虚拟变量和控制变量Logit回归的边际效应系数。第(2)、(3)列分别报告了投资比例和地域偏好指标对本地虚拟变量和控制变量的Tobit回归结果。研究发现与主回归类似的结果，投资者更有可能在当地城市进行投资。

其次，表6-9面板B重新检验了认知维度的社会资本指标对本地偏好影响的结果。第(1)、(2)列报告了地域偏好指标对本地虚拟变量和认知维度指标交叉项的Tobit回归。第(3)、(4)列报告了违约率对本地虚拟变量和认知维度指标交叉项的Tobit回归。第(1)、(2)列中的系数比省级回归中的系数大得多，因为城市层面样本填充了更多零观测。每个投资者平均每月投资3.4笔贷款，而样本中有300多个城市，因此，在城市-月层面上有大量的投资指标为0。总体而言，结果显示与主回归类似的结果,在方言多、山地多的城市中,投资者表现出更严重的本地偏好。而与非本地贷款相比,在方言多、山地多的城市中,这些本地贷款也有较高的违约概率。

表 6-9 城市层面回归分析

面板 A:本地偏好存在性			
被解释变量	(1) 投资哑变量	(2) 投资比例	(3) 地域偏好
本地哑变量	0.007***	0.123***	520.000***
	(0.001)	(0.021)	(182.956)
可投贷款比例	0.387***	9.112***	
	(0.023)	(0.435)	
人口特征	是	是	是
贷款特征	是	是	是
月固定效应	是	是	是
观测数	2 328 287	2 328 287	2 328 287
伪 R^2	0.140	0.141	0.040 4

面板 B:社会资本与本地偏好				
被解释变量	(1) 地域偏好	(2) 地域偏好	(3) 违约率	(4) 违约率
本地哑变量	298.183**	313.339**	−0.093***	−0.143***
	(138.781)	(138.327)	(0.014)	(0.014)
本地哑变量×方言数量	37.565**		0.006***	
	(18.654)		(0.002)	
方言数量	−7.703		−0.002***	
	(8.792)		(0.001)	

续 表

面板 B：社会资本与本地偏好

被解释变量	(1) 地域偏好	(2) 地域偏好	(3) 违约率	(4) 违约率
本地哑变量×山地比例		1 048.798**		0.394***
		(476.547)		(0.060)
山地比例		−252.289		−0.051***
		(231.033)		(0.016)
人均 GDP 对数	189.676*	179.926*	0.011***	0.009***
	(96.943)	(99.163)	(0.001)	(0.001)
人口特征	是	是	是	是
贷款特征	是	是	是	是
月固定效应	是	是	是	是
观测数	2 328 287	2 328 287	44 754	44 754
伪 R^2	0.040 7	0.040 7	0.097 4	0.097 5

注：括号中报告了聚类在投资者的稳健标准差。 *** $p<0.01$，** $p<0.05$，* $p<0.1$。

(3) 贷款利率、已实现收益和风险调整收益

对于本章发现的本地偏好，一种可能的竞争性假说是风险收益的权衡。具体来说，如果本地贷款为投资者提供了更高的利率，投资者获得的事后已实现收益也可能会更高。为了排除这种假说，表 6-10 正式考察本地偏好投资者所投贷款的利率和已实现收益。在第(1)、(2)列中，结果显示，本地偏好投资者所投贷款的利率与其他贷款没有显著区别，而已实现收益则显著更低。

本节还使用两种替代指标来确认本地贷款表现较差的结果。首先，借用股票市场中的夏普比率的概念，在投资者-省-月的水平上构建夏普比率：

表 6-10 本地偏好与其他投资绩效指标

被解释变量	(1) 利率	(2) 已实现收益	(3) 夏普比率	(4) 超额收益
本地哑变量 ×地域偏好	−0.008 (0.005)	−0.014*** (0.005)	−0.009** (0.004)	−0.013*** (0.005)
本地哑变量	0.061 (0.059)	0.120 (0.081)	0.697*** (0.171)	0.111 (0.081)
地域偏好	−0.002*** (0.000)	−0.001* (0.000)	−0.002*** (0.001)	−0.001** (0.000)
人口特征	是	是	是	是
贷款特征	是	是	是	是
月固定效应	是	是	是	是
观测数	29 051	29 051	26 855	29 051
R^2	0.424	0.257	0.307	0.253

注：括号中报告了聚类在投资者的稳健标准差。*** p＜0.01, ** p＜0.05, * p＜0.1。

$$ShapeRatio_{p,t} = \frac{r_{p,t} \times (1-pdr_{p,t}) - rf_t}{r_{p,t} \times \sqrt{pdr_{p,t}(1-pdr_{p,t})}} \quad (6\text{-}5)$$

其中：$r_{p,t}$ 是 t 月 p 省的贷款加权平均利率，$pdr_{p,t}$ 是指 t 月 p 省的贷款历史违约率，rf_t 是 t 月的一年期存款利率。使用该省过去的贷款违约率来衡量事前违约率，$r_{p,t} \times (1-pdr_{p,t})$ 这一项代表贷款的预期收益，而 $r_{p,t} \times \sqrt{pdr_{p,t}(1-pdr_{p,t})}$ 这一项代表贷款收益的标准差。这项指标反映出在给定的风险水平下，投资者可以从其投资组合中获得多少超额回报。此外，构建投资者-省-月层面的异常回报率。具体来说，首先用已实现收益对可观察到的贷款特征进行回归。然后使用回归的残差，并对给定省-月份中的残差进行加权平均，得到贷款平均异常收益。在控制了可观察的贷款特征之后，该指标衡量了投资者可以在其投资组合中获得多少异常回报。表 6-10 分别用两种指标对本地虚拟变量回归。研究发现，本地偏好投资者的贷款组合确实表现较差,即夏普比率较低,异常收益较低。这些结果说明,本地偏好投资组合更高的违约率不能归因于潜在的高回报。

(4) 福利损失估算

表 6-11 构造了三种衡量福利的度量指标。第一,比较本地偏好投资者和非本地偏好投资者的实际回报损失。具体来说,使用表 6-10 第(2)列的系数(-0.014),如果本地偏好水平从 25% 分位点(地域偏好指标 1.09)升至 75% 分位点(地域偏好指标 10.2),则投资者实际收益损失 0.139%[$-0.14\%-(-0.005)\%$]。

表 6-11 福利损失估算

面板 A:按本地偏好和投资人数量分组的筹款时间 t 检验					
每筹一元所需时间(秒)	投资人数量低	投资人数量高	差异	t 统计量	p 值
本地偏好强	5.484	4.080	1.405	3.50	<0.001
本地偏好弱	4.613	3.558	1.055	2.91	0.004

面板 B:按本地偏好和借款人数量分组的已实现收益 t 检验					
已实现收益(%)	借款人数量低	借款人数量高	差异	t 统计量	p 值
本地偏好强	12.719	12.975	-0.256	-4.35	<0.001
本地偏好弱	12.703	12.604	0.099	1.63	0.1027

第二,计算每笔贷款的满标时间(从开始竞标到融资完成的时间)。使用本地偏好水平的样本中位数将各省分为本地偏好强和本地偏好弱两类。在两个子样本中,根据投资者数量的中位数,进一步将各省分为投资者多和少两组。与"流动性约束"假说一致,在本地偏好较高的群体中,对于平均规模贷款(61 511元),来自投资者较少地区的借款人将多等待大约 1 天(61 511×1.4/3 600=23.9 小时)来筹资。组间差异也具有统计显著性。相反,在本地偏好较低的组中,等待时间相似。

第三，计算每笔贷款的实际收益。使用本地偏好水平的样本中位数将各省分为高低组，使用借款人数量的样本中位数进一步将各省分为借款人多和少两组。结果显示，在本地偏好程度较高的群体中，来自借款人较少地区的投资人实际收益损失为0.26%。组间差异也具有统计显著性。相反，在本地偏好较低的组中，实际收益相似。

6.4.5 稳健性检验

（1）排除未偿还贷款的投资者

为了缓解样本集中在曾经申请过贷款的投资者，而有贷款可能会影响投资决策的问题，这里排除了那些成功申请贷款并尚未偿还的投资者，只保留填写了信息，但实际上并没有申请贷款的投资者。该子样本占整个样本的80%。重复表6-3和表6-4的回归，主要回归系数的显著性和符号保持不变。

（2）排除流动人口比例较高的省份

本地偏好是指投资人借钱给与其住在同一省（区、市）的借款人。理想的情况下，应该将这一同省份定义为家乡省份。例如，有很多生活在北京的人，但他们可能原本来自不同的省份。在这种情况下，本地偏好应该是投资给来自故乡的借款人而不是北京的借款人。但是由于隐私原因，该平台未披露投资者和借款人的家乡信息。该平台也未公开投资者和借款人的身份证，从而无法推断家乡信息。根据中国人口普查（2010年）的统计数据，排除了以下几个流动人口比例较高的省份，来缓解这一问题：北京（45.38%）、上海（44.81%）、广东省（23.05%）、浙江省（23.63%）、天津市（23.44%）。样本中的其他省份的常住人口比率大于80%。不在上述五个省（区、市）中的投资者、借款人更有可能是当地居民。

用这一子样本再次进行回归分析，发现主要结果类似。

（3）Heckman两阶段模型

使用Heckman两阶段选择模型解决潜在的样本选择问题[①]。在第一

---

① 这里潜在的样本选择问题是指，样本中可以观察到信息的，曾经申请过贷款的投资人与没有申请过贷款的投资人之间存在无法观察的系统性差异。

步回归中,在所有投资人样本中,用是否申请贷款虚拟变量对投资行为回归。在第二步回归中,添加第一步得到的逆米尔斯比率来控制样本选择问题。在控制了逆米尔斯比率后,结果依然稳健①。

6.5 小　　结

6.5.1 主要结论

在网贷市场上,本章研究发现存在本地偏好,即投资者更倾向于向本省的借款人投资。这些本地贷款的违约风险较高,表明信息优势不太可能是进行本地贷款投资的原因。综合以上结论,在网贷市场上对于本地贷款的偏好更可能是一种行为偏误。

利用中国多样化的本地文化背景和网贷市场全国性运营的特征,本章发现了社会资本对本地偏好有显著的影响。本地偏好的社会异质性可以对本地偏好的影响机制进行交叉验证。如果信息优势是本地偏好背后的驱动力,那么本地偏好程度一般不会随本地文化制度特征改变。而结果显示,来自方言更多、山地比例更高、更受到信赖的省份的投资者更倾向于投资于本地贷款,他们的本地投资组合也有较高的违约概率。

总体而言,本章揭示了社会资本对本地偏好的影响,这对在网贷市场中改善投资者行为偏误,提高投资者福利有启示作用。近年来,各种行为科学中发现的策略已经被用于克服个体决策中的不足。本章根据文献提出了两种缓解投资者偏误,提升福利的政策建议。

第一,新兴的行为科学领域可以为相关的政策问题提供参考,而政府对使用行为经济学中的发现,作为传统经济政策的补充或替代越来越感兴趣(Benartzi et al.,2017)。这些行为政策包括使得个体行为与公共政策相匹

---

① 在第一步回归中没有强外生变量,因此根据 Lennox et al.(2011),依靠非线性性质来识别第二阶段回归。逆米尔斯比率通过了 VIF 测试。

配的激励措施等。例如,以行为科学为依据的政策干预措施,可能会使人们自主参加减贫项目,减少相关的手续或行政程序(Bettinger et al.,2012)。沿着这条思路,一种潜在的缓解偏误的方法是使参与者的注意力集中在其他省份的贷款申请上,从而使他们的投资组合可以更好地进行地域分散化投资。具体来说,来自其他省份且具有类似特征的贷款可能会出现在新贷款列表的顶部。这些贷款将引起投资者的注意,自然会导致多元化投资的结果。

第二,人们在有正收益的情况下,为自己做决策会比为陌生人做决策时表现得更加风险规避(Zhang et al.,2017)。而在损失的情况下,社会距离对风险偏好的影响要比在正收益情况下强。进一步的结果表明,使用第三方财务顾问,可能减少社会距离造成的行为偏差。顺着这个思路,另一种可能缓解行为偏误的机制是可以将具有相似特征但在不同省份的贷款证券化,打包出售给投资者,从而使得投资者进行地域分散化投资。

6.5.2 理论贡献

本章的主要贡献有三个方面。首先,本章研究对社会资本的文献有贡献。最近发表的一系列论文发现,信任的差异有助于解释股票市场的参与程度和证券投资的其他特征(Guiso et al.,2004,2008,2009)。其他的文献发现高社会资本公司会长期与利益相关者进行互动(Eccles et al.,2014);社会信任很可能会影响投资选择,因为金融投资的本质是购买未来的承诺(Sapienza and Zingales,2012)。本研究是首次对社会资本在网贷市场投资者本地偏好形成中的作用进行探索。

其次,本研究对理解网贷市场上的本地偏好有贡献。有大量的文献记录了不同金融市场中的本地偏好,例如股票市场(Cooper and Kaplanis,1994;Dziuda and Mondria,2012)、债券市场(Fidora et al.,2007)等。使用 Prosper 平台的数据,有学者发现,当借款人搬家到另一个州之后,原始州投资人竞标的百分比降低了 10.9%,而目的地州竞标的百分比提高了 21.2%(Lin and Viswanathan,2015)。他们得出结论,在美国的网贷市场上,投资者存在本地偏好,且可能是一种行为偏误。相比之下,另一篇使用相同的数据集的研究认为,是信息不对称导致了本地偏好(Kim and Kim,2017)。本章使用中国的网贷平台数据,在这一研究环境下投资者行为不太可能受到信息不对称影响,而更容易产生行为偏误,进而为澄清本地偏好的来源作出贡献。

最后,本章对网贷文献有贡献。该领域的大多数研究主要通过利用借款人和产品的特征来分析违约风险。文献中考察了信用等级(Herzenstein et al.,2008)、性别(Barasinska and Schaefer,2010)、外观(Duarte et al.,2012;Pope and Sydnor,2011)和朋友网络(Freedman and Jin,2014)对违约率的影响。相比之下,本章从投资人的角度,记录了投资人的本地偏好导致更差的投资绩效。理解偏误及其影响因素可能有助于减少这些不利结果,并帮助设计减少行为偏误的应对方案(Byrne and Utkus,2013;Larrick,2004)。

第 7 章
技术进步与网络借贷投资者行为

7.1 研究问题与主要发现

信息技术的发展改变了人们使用金融服务的方式。随着金融科技在全世界范围内的发展,越来越多的人在手机上完成投资决策。互联网,尤其是移动互联网的渗透,使得金融服务不再受到时间和空间的限制。然而,收益也伴随着成本。文献研究发现,移动互联网的信息搜索成本更高。研究指出,在手机上,置顶的链接更容易被点击(Ghose et al., 2012)。更高的信息搜索成本对于人们的认知能力有负向的冲击,因此电脑更适合用来进行探索性的信息搜索(Adipat et al., 2011)。营销学的文献也发现,在小屏幕上搜集信息,限制了消费者能够接收信息的种类和数量(Shankar et al., 2010)。使用手机网购者的交易数据,学者发现他们更倾向于购买熟悉的商品,而非仔细权衡所有的可选项(Wang et al., 2015)。同样在金融市场中,投资者在使用网络进行交易后,变得更为过度自信(Barber and Odean, 2002)。然而,目前尚无文献将移动互联网与投资行为联系起来。本章考察移动互联网投资者的行为偏误,并讨论了移动互联网对投资行为影响的作用渠道①。

本章考察了一种具体的行为偏误——排序偏好。具体来说,本章计算

---

① 本章内容整理自作者发表论文。江嘉骏、刘玉珍、陈康:"移动互联网是否带来行为偏误——来自网络借贷市场的新证据",《经济研究》,2020 年 6 期。

了投资者所投资的标的在所有可选贷款列表中的排序。排序偏好在各种场景普遍存在，例如学者利用中国股票市场上涨跌停板制度与价格四舍五入造成的外生排序变化，发现排名更高的股票，其波动率、交易量、流动性和短期收益率都较高(Wang，2017)。选民在大选中也表现出排序偏好，当候选人排在选举列表第一位时，其得票数显著提高，这一差异与候选人的实际能力等指标无关(Ho and Imai，2008)。在本章的样本中，投资标的不是按照其风险回报特征排列，因此如果投资者倾向于投资排位靠前的标的，则说明投资行为可能存在偏误。

网贷市场是研究移动互联网对投资行为影响的理想平台。首先，平台为投资者提供了两种访问方式：PC 和移动 App。此外，直到 2014 年年中，本章研究的网贷平台才引入了移动投资方式。这使我们有机会研究同一投资者在使用不同投资方式时，会有怎样的行为变化。其次，网贷市场的投标过程在 PC 和手机上都是一样的。具体地说，可投资的标的在两种设备上展示的顺序是一致的。两者唯一的区别是投资者何时何地以及如何访问他们的账户。这个特性提供了一个可控的环境来研究改变互联网接入方法对交易行为的影响，而不是其他干扰因素。最后，利用违约概率能容易地估计从 PC 投资转变为移动投资带来的福利影响。

实证结果表明，手机投资者更可能表现出排序偏好，即更倾向于投资排位靠前的贷款，这一结果在控制了贷款、投资人、时间固定效应，并调整了残差相关性后依然显著存在。与此同时，投资者的投资组合中，标的违约率与其排序正相关，而且在手机投资者中更显著。这一结果进一步说明，手机投资者的排序偏好可能是一种行为偏误。在排除了羊群效应、贷款特征对排序的影响、样本自选择等竞争性假设后，手机投资者依然表现出更强的排序偏好。

接下来，本章验证了手机投资者与电脑投资者行为差异的影响机制。首先，本章使用可选贷款数量作为信息复杂度的指标，验证信息搜索成本机制。当信息数量更多时，从中提取有效信息的难度增加。如果手机投资者的行为偏误是由更高的信息搜索成本所导致的，那么当信息更为复杂时，应该看到手机投资者行为偏误变得更为严重。结果显示,当可选贷款数量增加时,手机与电脑投资者排序偏好的差异增大,说明信息搜索成本的影响渠道存在。

其次,本章验证了在干扰环境中进行投资时,手机投资者是否表现出更多的行为偏误。样本中的网贷平台在每个工作日的 11:00、13:30 和 17:00 固定发布贷款标的,而在其他时间随机发布。对于固定时间,投资者可以提前对时间进行安排来保证这段时间可以不被干扰地进行投资。而在随机时间段,由于手机的便利性,可以在任何情况下登录软件查看,但这也使得手机投资者更容易处于干扰的环境中,从而可能选择更显著的投资选项(即排名靠前)。本章将样本分为发生在固定时间和随机时间的交易,发现发生在随机时间的交易中,手机投资者表现出更多的排序偏好,这与环境干扰的影响机制一致。

最后,本章验证了金融素养的差异对投资行为的影响。文献认为对于金融素养较低的人群,同样的信息内容但以不同方式呈现会显著影响金融决策质量(Hastings and Tejeda-Ashton,2008;Hastings et al.,2011)。由于移动互联网投资的普及,进入该市场的门槛降低,新进投资者的平均金融素养较差、投资经验不足,这些投资者在手机端和电脑端面临同样的投资机会时,更可能做出不同的投资决策,从而降低了市场投资决策的整体质量。本章使用投资经验和人口特征作为金融素养的代理指标,发现在金融素养高的群体中,手机与电脑投资者的排序偏好差异并没有缩小,甚至更大。这说明提高金融素养对于改善由新技术带来的行为偏误作用不显著。

此外还考虑了潜在的数据质量问题,限制样本中的可选集数量,变换不同排序偏好和投资绩效指标,改变标准差调整方法等进行稳健性检验,结果均与正文分析结果类似,说明结论是稳健的。

本章后续安排如下:7.2 节回顾文献并给出研究假设,7.3 节介绍变量构造与研究设计,7.4 节报告实证结果,7.5 节小结本章并讨论理论贡献。

7.2 文献综述与研究假设：排序偏误与移动互联网

7.2.1 排序偏好与搜寻成本

投资者在股票市场上进行投资时注意力有限（Barber and Odean, 2008）。当面对广泛的信息和成千上万的可选项时, 投资者应用启发式的投资决策。他们会被吸引到显著的选择, 如业绩好、交易量高或有新闻的股票。文献中对于一种显著性变量——排名进行了研究。累积前景理论（Tversky and Kahneman, 1992）认为, 回报的排序会影响人们进行决策时所赋予的权重。一些学者提供了排序影响决策的实证证据。例如, 姓氏字母排序更靠前的学者更容易在顶级的经济学系获得终身教职（Einav and Yariv, 2006）、姓名排名第一的候选人会获得更多的选票（Ho and Imai, 2008; Koppell and Steen, 2004）等。在投资领域中, 研究发现当股票代号的字母排序更高时, 其交易量与流动性更高（Jacobs and Hillert, 2016）。在中国市场, 涨跌幅四舍五入导致的外生排序变化导致排名更靠前的股票, 波动率、交易量、流动性和短期收益都更高（Wang, 2017）。以上研究都考察了排序效应的结果, 本章直接考察排序对投资决策的影响, 提供了对于排序偏好更直接的一手证据。

一般来说, 移动设备的屏幕比 PC 的屏幕要小。显然, 因为受屏幕大小的限制, 投资者不能同时看到所有可用的信息, 在手机上, 人们需要进行更多的滚动操作才能浏览和搜索信息, 这限制了投资者可以接收的信息的种类和数量（Shankar et al., 2010; Sweeney and Crestani, 2006）。一项准自然实验表明, 由于搜索成本高, 用户更倾向于在手机上点击排名靠前的链接（Ghose et al., 2012）。学者还发现, 更高的搜索成本会影响移动用户的认知能力, 因此电脑相比于手机, 更适合用来完成复杂的任务（Adipat et al.,

2011；Albers and Kim，2000）。

在本章的样本网贷平台中，网页上列出的可供投资的贷款中，排名靠前的更显著，更能吸引投资者注意。而在手机 App 进行投资时，由于每一屏可显示的内容更少，搜索浏览信息不如电脑方便，因此预计手机投资者更偏好于投资排名靠前的贷款。根据以上讨论，可以得到本章的第一条假设：

> **假设 1** 在其他条件不变的情况下，手机投资者相比于电脑投资者，更可能投资于排名靠前的贷款。

以上的讨论说明，手机显示信息数量少、搜寻信息成本高，是导致手机与电脑投资人行为差异的主要原因。考虑一个极端的情况，如果投资人只面对一个可选项，那么无论是手机或是电脑投资者，其行为没有区别。如果投资人面对两个可选项，那么考虑到现有智能手机的屏幕大小和操作方式，信息可以在一屏幕内显示完全，手机投资者与电脑投资者的行为也不应有显著差异。继续增加可选项的数量，当标的的信息无法在手机一屏幕内显示完全时，手机更高的信息搜索成本变得更为显著。因此，如果信息搜索成本可以解释手机投资者的行为偏误，那么应该看到：

> **假设 2** 当可选择的投资标的越多时，手机投资者与电脑投资者的排序偏好差异越大。

7.2.2 外部环境与时间压力

除了移动设备本身的特征属性与传统 PC 不同之外，人们使用不同设备时的外部环境也不同。由于智能手机是可携带的，移动投资者可以更随意地选择投资的时机与环境，而使用电脑则一般需要有一个固定的场所、不被干扰的时间，等等。因此，使用手机的投资者更有可能在一个容易使人分心的环境中进行投资，如会议、午餐桌和通勤等。在这种情况下，注意力进一步被其他事物吸引,这将加剧排序偏好。

最近的两篇利用网贷市场数据的研究,考察了在外部的时间压力下,投资人的决策差异。在进行快速思考时,投资人会更关注高利率的标的,而忽视违约率(Liao et al., 2016)。研究者采用"贷款开始和结束招标之间经过的时间"作为时间压力的代理指标,考察投资者在两种思维系统之间的切换(Kahneman, 2011)。他们认为,面对更短的投资时间,投资者将采用一种快速而自动的思考方法。因此,投资者使用启发式的思维,筛选可选集,做出次优决策。另一篇研究使用"平均每笔投标时间"作为时间压力代理变量,发现了类似的结果(Wang, 2016)。研究发现,在控制风险因素后,个体投资者在较高的时间压力下,往往选择事后收益较低的贷款。

这两篇论文都强调了时间压力对投资者决策的影响。然而,他们并没有复原投资者在进行决策时实际面对的信息环境和选择集合。由于投资者事前不知道他们还有多少时间来做出决定,因此事后估计的时间压力并不能很好地代表投资者进行实际交易时的环境。

本章样本中的网贷平台在每个工作日的 11:00、13:30 和 17:00 固定发布贷款标的,而在其他时间随机发布。对于两种不同类型的贷款标的,投资者面对的投资环境可能是不同的。对于固定时间,投资者可以提前安排时间来保证这段时间可以不被干扰地进行投资,可以进行比较充分的准备。因此,无论是手机还是电脑投资者,都可以在外部干扰相对少的环境中进行投资决策。在随机时间段,由于手机的便利性,可以在任何情况下登录软件查看是否有新的投资标的,使得手机投资者更容易处于干扰的环境中,而且可供投资者进行决策的时间也比较短。因此,在随机时间段,手机投资者更可能处于外部环境的干扰和时间压力下,进而更可能做出次优的选择。

假设3 在随机发布的标的中,手机投资者与电脑投资者的排序偏好差异更大。

7.2.3 金融素养

本章也与金融素养的文献有关。缺乏金融知识或对金融工具认识不足的人会做出较差的金融决策（Agarwal et al.，2010；Lusardi and Mitchell，2014）。对于金融素养较低的人群，同样的信息内容但以不同方式呈现会显著影响金融决策质量，但对于金融素养较高的人群，信息呈现方式的影响不显著（Hastings and Tejeda-Ashton，2008；Hastings et al.，2011）。

移动 App 的便利性可以帮助网贷平台吸引更多的投资者。然而，随着进入门槛的降低，新进投资者的平均金融素养较差、投资经验不足，这些投资者在手机端和电脑端面临同样的投资机会时，更可能做出不同的投资决策，从而降低了市场投资决策的整体质量。

以往的研究通常使用问卷调查中设计的针对金融知识的问题来衡量金融素养（van Rooij et al.，2011；Lusardi and Mitchell，2008）。但由于无法直接对本章样本中投资者进行访问或调查，本章使用以往文献中发现的，与金融素养相关的投资者特征，作为金融素养的代理变量。过去文献认为，经验丰富的投资者更可能拥有较多的金融知识（Korniotis and Kumar，2011），金融素养与经验正相关（Calvet et al.，2009）。许多文献也研究了投资者从经验中进行学习，从而改善金融决策的质量（Agarwal et al.，2012；Agarwal et al.，2008）。因此，本章使用投资者在网贷平台上的投资经验作为第一组金融素养的代理指标。

另一类文献研究了人口特征与金融素养的关系。教育（Agarwal et al.，2010；Hilgert et al.，2003）和收入（Andersen et al.，2015）通常被认为与金融素养正相关。过去研究发现，金融决策质量与年龄呈倒 U 型的关系，可能是因为年龄增长一方面掌握更多金融知识，另一方面衰老导致认知能力下降（Agarwal et al.，2009）。研究发现在 53 岁左右的个体，金融决策质量最佳。是否工作（Lusardi and Mitchell，2011）、工作的类型（Kadoya and Khan，2019）也与金融素养有关，金融或保险行业员工的金融素养显著高于其他行业。综合以上文献，本章使用收入高、教育程度高、中年年龄段和金融或 IT 相关行业工作作为金融素养较高的代理指标。

如果金融素养较低导致了投资人在手机端和电脑端投资决策的不一致,那么可以验证以下假设:

> **假设 4** 在金融素养越高的人群中,手机投资者与电脑投资者的排序偏好差异越小。

7.3 数据来源与描述性统计

7.3.1 样本选取

本章研究的网贷平台在 2014 年 7 月,正式向投资者提供手机 App 的投资方式。样本中每笔贷款的信息与投资人在投资时获取的信息是相同的。手机与电脑投资者所获得的贷款列表与排序都是相同的,可以进行投资的时间也没有区别。由于 2011 年以前的贷款较少,在 2016 年及以后的贷款中,大多数以理财计划形式对投资者发售,投资者没有自主选择单个债权的权限,对投资行为的分析产生影响,因此选取从 2011 年 1 月到 2015 年 12 月的样本,同时包括手机 App 推出前后的数据。

平台网站为每个投资者分配了一个独特的用户 ID。这使得我们能够追踪同一投资者的所有交易,并重构数据以展示每个投资者的交易行为和表现。平台提供两种投资方法。投资者可以由自己决定或者让平台管理资金投向。为了研究投资者的行为,本章将数据限制在使用第一种投资方法的样本中。该网站还提供每次标的投标的开始和结束时间。利用这些数据可以重建每个投资者在实际交易发生时面对的可选择标的集合。对于多个可选择的贷款,网站根据投标开始时间,由近及远排序,若时间相同,则按照贷款 ID 降序排列,因此可以计算每笔贷款出现在投资人可选集中的排序位置[①]。关于排序偏好变量具体的构造方法在指标构造的小节进行了描述。本章排除了可选集只有一个贷款的观测,因为在这种情况下无法衡量排序偏好的大小。根据上述筛选方法,得到主要分析的样本共1 548 333笔交易,涉及78 011个投资人和53 897笔贷款。

7.3.2 指标构造

(1) 排序偏好指标

本章的核心指标是排序偏好,即投资人所投的贷款在可选集合里的排序。具体采用如下方式构造排序偏好指标。网贷平台网站记录了每笔贷款开始和结束投标的时间,精确到秒。同时,网站也记录了每笔交易发生的实际时间,同样精确到秒。利用这些数据,可以重构出每笔交易发生时,还有哪些贷款正在投标的过程中,这些就是投资人当时面对的可选集。对于每笔发生在 t 时的交易,定义其可选集为 $C=\{l \mid t_l^s \leqslant t, t_l^e \geqslant t\}$,其中 t_l^s 和 t_l^e 分别为贷款 l 开始和结束投标的时间。可选集中的贷款以投标开始的时间排序,越晚开始的排在越靠前的位置。理论上,这一排序与贷款的其他特征无关。这样可以得到一个有序的可选集 $C=\{l_i\}_{i=1}^n$。其中 n 是可选集中贷款的数量。定义排序偏好指标为 $r = \frac{1+n}{2n} - \frac{i}{n}$。$\frac{1+n}{2n}$ 为理论上在可选集中随机选择时呈现的平均相对排序。该变量的取值范围为 $\left(-\frac{1}{2}+\frac{1}{2n}, \frac{1}{2}-\frac{1}{2n}\right)$,如果投资者是随机选择贷款进行投资,则该指标等于 0[②]。若指标为正,说明投资者有排序偏好,数值越大说明越偏好排名靠前的贷款。

此外,也可以定义一组虚拟变量来考察排序偏好。比如 $r_{10\%} = \mathbb{I}_{i/n<10\%}$,表示投资者选择的贷款是否在列表的前 10%。如果投资者随机

---

① 在与平台网站工作人员确认了这一排序方法,并通过互联网历史存档网站 http://web.archive.org/,对比历史多个时期网站排序与本章重构排序后,确认排序方法是一致的。

② 排序偏好的取值范围与可选集的大小有关,在排序偏好作为因变量的回归中均控制了可选集数量。

选择贷款,那么 $r_{10\%}$ 的均值应为 10%①。如果 $r_{10\%}$ 的均值大于 10%,则说明投资者在可选集中不是随机选择,而是更偏好排名靠前的贷款标的。

(2) 信息环境与金融素养指标

本章使用三组变量来衡量信息的复杂性、环境干扰和金融素养。

首先,对于每笔交易和可选集 $C = \{l_i\}_{i=1}^{n}$,使用可选贷款的总数 n 来衡量信息的复杂度。当可选贷款总数更多时,投资者需要在更多的信息中进行筛选比较,进而做出决策。

其次,将每个工作日的 11:00、13:30、17:00 三个时间点后的半个小时定义为固定发放时间,其余时间为随机发放时间。固定时间是在网贷网站上提前公告的,因此投资者会提前准备,安排有利于投资的环境。在固定时间,手机和电脑投资者面临的环境干扰是类似的。而在随机时间,手机投资者可能随时随地查看 App 并投资,这使得手机投资者可能面临更多的环境干扰。因此用交易是否发生在随机发放时间来衡量环境干扰。

最后,使用投资人在网贷平台上的投资经验和个人特征作为金融素养的衡量指标。分别构造四个经验变量:本平台历史交易次数、历史交易金额、从第一次投资到现在的天数以及历史投资中遭遇违约的次数。分别取其中位数,定义大于中位数的观测为经验较多,即金融素养较高的样本。同时,一些回归中也选取了有投资人个人特征的一个子样本,用收入、教育水平、年龄和职业作为金融素养的代理指标。网贷平台不提供投资者详细的个人特征,但通过一种独特的匹配方法,获得了一个子样本的投资人特征②。在平台上,可以看到曾经申请过贷款的借款人个人信息。将贷款人和投资人通过用户 ID 进行匹配,可以得到曾经申请过贷款的投资人的详细信息。针对这一子样本的投资人,可以获得投资者的收入、教育背景、年龄及职业等信息,以此来定义金融素养指标。根据文献中与金融素养正相关的人口特征变量,分别定义月收入高于 10 000 元、教育水平本科及以上、年

---

① 这一结论当可选集较小时不一定成立。在稳健性检验中,只保留可选集较大的样本,得到类似的结果。

② 该子样本数为 84 372,约占全样本的 5%。

龄在 40—60 岁之间和金融或 IT 行业从业者作为金融素养较高的样本。

(3) 投资表现指标

为了检验投资者对于排序的偏好是否是一种行为偏误，需要一个理性的基准来进行比较。在网贷市场中，投资者的投资绩效取决于所投贷款的违约风险。因此使用事后违约概率作为违约风险，如果贷款发生违约，则该变量取值为 1，否则为 0。

如果一个贷款的高违约率可以被高收益补偿，从投资者效用的角度来看可能仍然是理性的。同时，违约率还与贷款期限、大小及其他贷款特征和宏观因素有关。投资者所投贷款的违约率差异也可能反映对于贷款特征偏好的差异。为了进一步考虑这种可能性，在所有贷款层面，将违约率对贷款及宏观特征进行 Logit 回归，得到如下回归式的预测值和残差。

$$Default_i = \alpha + \beta_0 Char_i + \beta_1 Macro_i + \upsilon_t + \varepsilon_i \tag{7-1}$$

其中：$Char_i$ 代表贷款特征，包括利率、期限、金额、信用质量、贷款人历史借款和逾期。$Macro_i$ 为贷款人所在省份的宏观特征，包括该省人均 GDP 和市场化指数。υ_t 为月份固定效应，控制了总体的宏观经济因素。回归的预测值代表预期违约率，即可以被贷款特征和宏观因素解释的部分。回归的残差为异常违约率，在控制了贷款特征偏好后，投资于异常违约率最低的贷款应该是较优的决策。

在稳健性检验中还使用考虑违约的事后实际收益率以及风险调整后的预期收益率等指标来衡量投资者绩效。具体的变量构造与结果在稳健性检验中报告。

7.3.3 描述性统计

表 7-1 报告样本的描述性统计。面板 A 报告了排序偏好指标的样本统计结果。排序偏好指标的均值为 0.040，表明相比理论上随机分布的选择结果，样本中投资者实际偏好排序更靠前。样本中的贷款平均排名在中间偏上 4% 的位置(25 个可选贷款时排名提前 1 位)。排序偏好指标的中位数

为 0.075，表示排名在中间偏上 7.5% 的位置（13 个可选贷款时排名提前 1 位）。其他度量排序偏好的指标也提示投资者倾向于投资排名靠前的贷款。有 23.5% 的交易中贷款排在可选列表的第一位，40.1% 的交易中贷款排序前二位。28.9% 交易中，贷款排在前 10%，若投资者随机选择投资标的，则理论上这个数字应为 10%。同样地，分别有 39.0% 和 45.4% 的交易中，贷款排在可选列表的前 20% 和 30%。

表 7-1　主要变量描述性统计

面板 A：排序变量					
变量	均值	标准差	1% 分位数	中位数	99% 分位数
排序偏好	0.040	0.313	−0.475	0.075	0.480
排序第一	0.235	0.424	—	—	—
排序前二	0.401	0.490	—	—	—
排序前 10%	0.289	0.453	—	—	—
排序前 20%	0.390	0.488	—	—	—
排序前 30%	0.454	0.498	—	—	—
面板 B：贷款特征与表现					
变量	均值	标准差	1% 分位数	中位数	99% 分位数
利率(%)	12.409	1.329	10.000	12.600	15.000
期限(月)	24.913	11.138	3.000	24.000	36.000
贷款金额对数	11.015	0.813	8.517	11.127	12.612
信用凭证	0.831	0.375	—	—	—
历史借款	0.076	0.265	—	—	—
历史逾期	0.015	0.122	—	—	—
投标完成率	0.498	0.327	0.000	0.503	0.998
距离满标时间对数	6.246	2.748	0.000	6.365	12.022
违约率(%)	3.328	17.937	—	—	—
预期违约率(%)	3.539	5.658	0.226	1.587	25.899
异常违约率(%)	−0.212	16.963	−24.664	−1.501	92.530

续　表

面板 C：机制识别变量					
变　　量	均值	标准差	1%分位数	中位数	99%分位数
可选贷款数量	12.412	11.572	2.000	10.000	60.000
随机时间	0.716	0.451	—	—	—
历史交易次数	95.135	165.643	0.000	37.000	843.000
历史交易金额（千元）	147.558	510.627	0.000	26.150	1 896.050
交易历史时长（日）	278.021	294.146	0.000	190.000	1 295.000
历史遭遇违约数	1.727	6.354	0.000	0.000	29.000
观测数	1 548 333				
面板 D：投资人人口特征					
变　　量	均值	标准差	1%分位数	中位数	99%分位数
收入＞10 000 元	0.271	0.444	—	—	—
教育程度本科或以上	0.581	0.493	—	—	—
年龄 40—60 岁	0.144	0.351	—	—	—
工作行业金融或 IT	0.229	0.420	—	—	—
观测数	84 372				

　　面板 B 报告了贷款特征及违约情况。利率在本章的样本中变化不大，平均值为 12.409%，标准差为 1.329%。平均借款期限为 24.913 个月，最短的期限为 3 个月，最长的期限为 36 个月。平均贷款金额的对数为 11.015，即大约 60 000 元。贷款期限相对较长，有将近一半的贷款期限在 36 个月或更长，而这部分贷款的违约率较低。媒体曾报道部分网贷平台标的虚假，平台自行生成期限长、金额大、违约率低的自融标的等问题。在稳健性检验部分讨论了潜在的数据真实性问题对本章结果的影响。

　　贷款人向平台提供可以证明其信用的凭证，包括房产证明、收入证明、手机账单、社交网络账号认证，等等。定义至少提供一份信用凭证的虚拟变量衡量信用质量。样本中有 83.1% 的交易中，标的贷款人提供一份以上的信用凭证①。此外，样本中有 7.6% 的贷款人历史上至少借过一笔款，有 1.5% 的贷款人历史上至少发生过一次逾期。为了控制投资者的羊群效应，计算了交易发生时贷款的投标完成率与距离满标时间的对数。样本中贷款标的的平均投标完成率为 49.8%，距离满标时间对数平均为 6.246，即大约 515 秒。最后报告了贷款的履约情况。样本中有 3.328% 的贷款发生违约，进一步分解后得到预期违约率和异常违约率的均值分别为 3.539% 和 −0.212%②。

面板 C 报告了实证分析中使用到的机制识别变量。样本中投资者在交易时可选贷款数量的均值为 12.412，中位数为 10 个可选贷款。有 71.6% 的交易发生在随机时间，说明投资者主要是在非固定的时间进行交易。衡量投资者交易经验变量的均值分别为 95.135 次历史交易、14.76 万元历史交易金额、遭遇 1.727 次违约以及 278.021 天的交易历史。

面板 D 报告了在有投资人人口特征的子样本中，有 27.1% 的投资者月收入大于 1 万元、58.1% 的投资者有本科或以上学历、14.4% 的投资者年龄在 40—60 岁、22.9% 的投资者在金融或 IT 行业工作。

表 7-2 比较了手机投资者和电脑投资者排序偏好、贷款选择及表现、其他机制识别变量的差异，并进行了 t 检验。手机投资者的交易数为 550 785，约占到总样本数的 35.6%。

表 7-2　手机与电脑投资者主要变量 t 检验

变量	面板 A：排序偏好			
	手机	电脑	差值	p 值
排序偏好	0.121	−0.004	0.125	<0.001
排序第一	0.247	0.229	0.018	<0.001

---

①　平台提供信用评分，可以用来衡量贷款人的信用质量。但从网站上获取的数据是软件抓取当时的快照，而信用评分会随贷款人的履约情况动态变化。如贷款人发生违约，则信用评分自动设为 0 分，这会造成违约率与信用评分的内生性问题。因此使用信用凭证数量衡量信用质量。

②　根据之前对于异常违约率构造方法的描述，违约率分解的回归是在贷款层面进行。因为不同贷款在交易层面的样本中出现的频数不同，因此异常违约率，即前述回归的残差在交易层面的均值不一定为零。

续　表

变　量	手机	电脑	差值	p 值
排序前二	0.419	0.390	0.029	<0.001
排序前 10%	0.342	0.260	0.082	<0.001
排序前 20%	0.479	0.341	0.138	<0.001
排序前 30%	0.554	0.399	0.155	<0.001

面板 B：贷款特征与表现

变　量	手机	电脑	差值	p 值
利率(%)	12.034	12.616	−0.581	<0.001
期限(月)	29.695	22.273	7.422	<0.001
贷款金额对数	10.993	11.028	−0.035	<0.001
信用凭证	0.883	0.803	0.080	<0.001
历史借款	0.048	0.091	−0.043	<0.001
历史逾期	0.012	0.017	−0.005	<0.001
投标完成率	0.501	0.497	0.004	<0.001
距离满标时间对数	5.397	6.714	−1.317	<0.001
违约率(%)	3.161	3.420	−0.259	0.004
预期违约率(%)	3.866	3.358	0.508	<0.001
异常违约率(%)	−0.715	0.066	−0.781	<0.001

面板 C：机制识别变量

变　量	手机	电脑	差值	p 值
可选贷款数量	14.194	11.428	2.766	<0.001
随机时间	0.619	0.769	−0.151	<0.001
历史交易次数	116.133	83.542	32.591	<0.001
历史交易金额	212.880	111.491	101.388	<0.001
交易历史时长	333.844	247.199	86.645	<0.001
历史遭遇违约数	2.212	1.459	0.753	<0.001
观测数	550 785	997 548		

续 表

面板 D: 投资人人口特征				
变量	手机	电脑	差值	p 值
收入＞10 000 元	0.261	0.273	−0.012	0.001
教育程度本科或以上	0.540	0.594	−0.054	＜0.001
年龄 40—60 岁	0.171	0.136	0.035	＜0.001
工作行业金融或 IT	0.173	0.246	−0.073	＜0.001
观测数	19 998	64 374		

面板 A 报告了排序偏好的差异。手机投资者排序偏好的均值为 0.121，而电脑投资者排序偏好的均值仅为 −0.004，两者的差异在 1% 水平下显著。从排序偏好指标来看，手机投资者存在显著的排序偏好，而电脑投资者没有显著的排序偏好。使用其他排序偏好指标的 t 检验中，手机和电脑投资者的样本均值均高于随机选择的理论值，且手机投资者显著高于电脑投资者。例如，手机投资者所投贷款中，有 34.2% 的贷款在可选集中排名前 10%，高于随机选择时的理论值 10%，也高于电脑投资者的均值 26.0%。这与研究假设相符，说明排序偏好存在，且手机投资者的排序偏好更严重。

面板 B 中报告了两类投资者投资的贷款特征与违约率的差异。相比于电脑投资者，手机投资者投资的贷款利率更低、期限更长、贷款金额更小，同时这些贷款提供信用凭证更多、历史上的借款和逾期都较低。手机交易的标的投标完成率更高、距离满标时间较短，说明手机交易的羊群效应更强。从违约率的差异中，结果显示手机投资者所投贷款的违约率及异常违约率显著低于电脑投资者。这说明平均意义上，手机投资者更为风险厌恶。

面板 C 显示两组投资者之间的交易行为和交易经验的差异。手机投资者面对的平均可选贷款数量为 14.194，显著高于电脑投资者的均值 11.428。手机投资有 61.9% 发生在随机时间，低于电脑投资的均值 76.9%。手机投资者的交易经验均显著高于电脑投资者。由于手机交易都发生在

2014年7月以后,而电脑投资包含2014年7月以前的样本,因此可能导致交易行为和交易经验的系统性差异,为了解决这一潜在的样本选择问题,在稳健性检验中仅保留2014年7月以后样本,并使用PSM配对样本进行分析,得到了稳健的结果。

面板D显示在子样本中两组投资者之间的人口特征差异。手机投资者的收入和教育程度显著低于电脑投资者。相比于电脑投资者,手机投资者中年比例更高、在金融或IT行业工作的比例更小。

7.4 实 证 结 果

本节报告主要的实证结果,并正式检验本章的研究假设。首先,考察在网贷市场中,排序偏好是否存在,并检验手机投资者与电脑投资者在排序偏好上的差异。其次,排除了其他可能导致类似实证结果的竞争性假说。再次,考察了排序偏好与贷款违约率的关系,验证排序偏好是否是一种行为偏误。最后,从信息搜索成本、外部环境干扰和金融素养三个方面,对手机投资者的排序偏好进行了机制分析。

7.4.1 排序偏好是否存在

在表7-2的单变量分析中,结果显示手机投资者的排序偏好显著强于电脑投资者。但同时,两类投资者在投资行为特征以及对贷款特征的选择上存在显著差异,因此仅通过单变量分析无法辨别两类投资者排序偏好的差异,是来源于投资媒介的不同,还是来源于投资者其他特征或风险偏好的差异。本节通过多元回归分析,正式对假设1进行检验。

表7-3报告了以下回归式的估计结果。

$$OrderBias_{i,j,t} = \beta_0 + \beta_1 Mobile_{i,j,t} + \beta_2 LoanNum_{i,j,t} + \beta_3 Control_{i,j,t} + \upsilon_{t_m} + \lambda_i + \mu_{t_h} + \theta_j + \varepsilon_{i,j,t} \quad (7\text{-}2)$$

表 7-3　基准回归：手机投资与排序偏好

被解释变量	(1) 排序偏好	(2) 排序偏好	(3) 排序偏好	(4) 排序偏好	(5) 排序偏好
手机	0.112***	0.101***	0.077***	0.008***	0.008***
	(0.003)	(0.002)	(0.002)	(0.001)	(0.001)
可选贷款数量	−0.002***	−0.001***	−0.001***	−0.005***	−0.008***
	(0.000)	(0.000)	(0.000)	(0.000)	(0.000)
利率		0.042***	0.033***		
		(0.001)	(0.001)		
期限		−0.003***	−0.003***		
		(0.000)	(0.000)		
贷款金额对数		−0.057***	−0.049***		
		(0.001)	(0.001)		
信用凭证		−0.059***	−0.041***		
		(0.002)	(0.001)		
历史借款		0.082***	0.058***		
		(0.002)	(0.001)		
历史逾期		−0.010***	−0.008***		
		(0.002)	(0.002)		
投标完成率				−0.108***	
				(0.001)	
距离满标时间对数				0.015***	
				(0.000)	
月份固定效应	是	是	是	是	是
省份固定效应	否	是	是	否	否
投资人固定效应	否	否	是	是	是
日内小时固定效应	否	否	是	是	是
贷款固定效应	否	否	否	是	是
观测数	1 548 333	1 548 333	1 548 333	1 548 333	1 548 333
调整后 R^2	0.120	0.176	0.229	0.882	0.902

注：括号中报告了聚类在投资者的稳健标准差。＊＊＊$p<0.01$，＊＊$p<0.05$，＊$p<0.1$。

下标代表投资人 i 在 t 时对贷款 j 的投资交易。$Mobile_{i,j,t}$ 是虚拟变量,代表这笔投资是否使用手机进行交易。$LoanNum_{i,j,t}$ 为投资人面对的可选贷款数量。$Control_{i,j,t}$ 包括表 7-1 中列出的贷款特征控制变量,即利率、期限、贷款金额、信用凭证、历史借款、逾期、投标完成率和距离满标时间等。回归还加入了贷款来源省固定效应来控制省份差异。不同时间发生的交易,可能受整个平台的政策、参与人整体的特征影响,为了控制这些随时间变化的宏观因素,在回归式中进一步控制了每个月份的固定效应 υ_{t_m}。为了进一步控制不可观测且不随时间变化的投资人特征,回归加入了投资人固定效应 λ_i。同时控制了时间和投资人固定效应后,$Mobile_{i,j,t}$ 估计系数的意义就是同一个投资者使用手机或电脑时排序偏好的差异,并排除了时间趋势,可以准确识别手机投资对排序偏好的影响。日内的不同时间发生的交易可能存在系统性差异。为了控制手机与电脑投资发生在不同时间段从而导致的样本选择问题,回归中加入了日内小时固定效应 μ_{t_h}。最后,可能存在一些贷款特征影响了投资者的排序偏好,而这些特征没有被控制,会导致回归系数估计有偏。在更严格的回归中,控制了贷款的固定效应 θ_j。此外,回归的残差可能在同一投资人的多次投资样本内存在相关性,为了控制可能的相关性和异方差,回归估计了聚类在投资人的稳健标准差。

表 7-3 的第(1)列报告了控制可选贷款数量和月份固定效应后,排序偏好对手机投资的回归结果。相对于电脑投资者,手机投资者的排序偏好显著高 0.112,这一差值是样本均值的 2.8 倍,经济意义显著。举例来说,如果两类投资者都面对 9 个可以选择的投资标的,这一估计系数表明,平均来说手机投资者投资的标的比电脑投资者排名高一位。第(2)列控制了贷款特征和省份固定效应,第(3)列进一步控制了投资人及日内小时固定效应。手机投资系数稍有减小,但统计显著性不变。加入投资人及日内小时固定效应后,手机投资的系数为 0.077,在 1% 水平下显著,说明同一个投资人在用手机投资时,所投贷款的相对排序比用电脑投资时高 7.7%,差异是样本均值的 1.9 倍。最后,在第(4)列报告了完整的回归结果,在进一步加入贷款的固定效应后,贷款特征控制变量和省份固定效应被吸收,手机投资的系数

继续减小为0.8%,但依然在1%水平下显著。这一结果说明,即使是同一个贷款,在手机投资者的交易中排序较高,排除了遗漏的贷款特征变量对结果造成的影响。

综上所述,表7-3的结果支持假设1的结论,在其他条件不变的情况下,手机投资者相比于电脑投资者,表现出更强的排序偏好,所投贷款的相对排序更靠前。

7.4.2 竞争性假说

(1) 羊群效应、操作风险与排序偏好

许多文献发现在网络借贷市场上存在羊群效应(Liu et al., 2015; Herzenstein et al., 2011a; 廖理等, 2015b),即投标完成度越高的标的,越容易吸引到投资者。如果排名靠前的标的恰好投标完成度较高,则投资者可能因为羊群效应而更偏好于投资这些标的,而非由于排序偏好。

多项研究都发现网贷网站上的贷款从开始投标到满标的时间比较短,一些热门标的比较抢手(Liao et al., 2016; Wang, 2016)。这造成了投资者在投资时的操作风险,即由于网速的差异,有一些接近满标的贷款不容易抢到。由于贷款是按照发布时间先后排序,早发布的排序靠后,同时由于发布时间早,可能更接近于满标,不容易抢到。反过来排序靠前的标的,由于刚刚发布,更容易抢到。因此,前文发现手机投资者更强的排序偏好,可能是由于手机网络更不稳定,使得手机投资者更不容易抢到早发布(排序靠后)的标的。

综合来看,投资者可能由于羊群效应更偏好热门标的,也可能为规避操作风险偏好冷门标的,如果标的热门程度和排序存在相关性,则遗漏这些指标会使得回归系数估计有偏差。为了排除这两种竞争性假说,分别构造了投标完成度和距离满标时间对数,作为衡量羊群效应和操作风险的指标。在基准回归完整模型的基础上,控制了这两个指标,在表7-3第(5)列报告。

结果显示在控制了投标完成率和距离满标时间后,手机投资的回归系数保持不变。投标完成率的回归系数显著为负,距离满标时间的回归系数显著为正,说明同一个标的,投标完成率越高,距离满标时间越短,其排序更靠后。上述结果说明,手机投资者的排序偏好不能完全由羊群效应或操作风险解释。

(2) 排序与贷款特征

考察排序与投资决策,首先能够想到的问题就是排序可能与贷款特征有相关性。如果贷款按某种特征进行排序,而投资人恰好偏好这一特征,则最终的实证结果也会表现为排序偏好。虽然网贷平台按投标开始时间对标的列表进行排序,但不能排除平台可能按某些特征来决定投标开始的时间。一方面,上一节的分析控制了贷款的特征和贷款固定效应来排除这一影响渠道;但另一方面,这是从事后实际发生的交易的角度来看,没有与可选集中其他贷款的特征进行比较。使用这些实际发生的交易样本,也可能会遗漏贷款特征对于排序偏好的影响。举例来说,由于投资的时间不同,手机投资者和电脑投资者看到的可选集不一样,电脑投资者依次看到 A、B、C 三个选项,手机投资者依次看到 C、D、E 三个选项,两者都根据贷款特征,偏好 C 贷款,但从事后实际发生的交易来看,手机投资者的排序偏好更强(因为 C 排序更靠前)。而从事前的角度来看,贷款特征可以完全解释投资决策,与排序无关。为了排除这种竞争性假说,本节将分析样本扩充,包括了所有投资者在交易时可以投资的贷款标的,从事前的角度分别考察排序与贷款特征的关系,以及投资者投资决策的决定因素。扩展后的样本数为 19 222 929 笔潜在的交易机会,约等于原样本 1 548 333 笔交易乘以平均可选贷款数量 12.412 个贷款。

表 7-4 第(1)列首先考察了在扩展样本中,排序与贷款特征的相关性。使用相对排序对贷款特征进行多元回归分析,调整后 R^2 显示,贷款特征仅能解释 1.5% 的排序变化。在具体系数方面,仅有贷款金额、信用凭证数与排序显著负相关,历史逾期与排序显著正相关。如果投资者对排序的偏好实际反映了对于这些特征的规避,那么说明投资者更偏好信用质量差、历史逾期多的贷款,这似乎也不符合直观。以上的结果无法提供足够的证据,证明贷款列表的相对排序与贷款特征有显著的关系。

表 7-4 排序偏好与投资决策

被解释变量	(1) 相对排序	(2) 投资	(3) 投资	(4) 投资	(5) 投资
排序偏好		0.020***	−0.064***	−0.027***	0.013***
		(0.002)	(0.003)	(0.003)	(0.003)
手机			−0.022***	−0.026***	−0.027***
			(0.003)	(0.003)	(0.003)
排序偏好×手机			0.207***	0.135***	0.181***
			(0.004)	(0.004)	(0.005)
利率	−0.000			0.011***	
	(0.003)			(0.001)	
期限	0.001			−0.001***	
	(0.001)			(0.000)	
贷款金额对数	−0.038***			0.058***	
	(0.008)			(0.001)	
信用凭证	−0.081***			−0.048***	
	(0.022)			(0.002)	
历史借款	−0.020			0.034***	
	(0.021)			(0.002)	
历史逾期	0.058*			−0.003	
	(0.029)			(0.002)	
投标完成率				0.065***	0.071***
				(0.002)	(0.002)
距离满标时间对数				−0.035***	−0.029***
				(0.000)	(0.001)
月份固定效应	否	是	是	是	是
省份固定效应	否	是	是	是	否
投资人固定效应	否	是	是	是	是
日内小时固定效应	否	是	是	是	是
贷款固定效应	否	否	否	否	是
观测数	19 222 929	19 222 929	19 222 929	19 222 929	19 222 929
调整后 R^2	0.015	0.159	0.164	0.201	0.269

注：括号中报告了聚类在投资者的稳健标准差。***p<0.01，**p<0.05，*p<0.1。

接下来研究排序与投资决策的关系。使用扩展样本，估计以下回归模型：

$$Invest_{i,j,t} = \beta_0 + \beta_1 OrderBias_{i,j,t} + \beta_2 Mobile_{i,j,t} + \beta_3 OrderBias_{i,j,t} \times \\ Mobile_{i,j,t} + \beta_4 Control_{i,j,t} + \upsilon_{t_m} + \lambda_i + \mu_{t_h} + \theta_j + \varepsilon_{i,j,t}$$

(7-3)

被解释变量 $Invest_{i,j,t}$ 是虚拟变量，若投资者 i 实际投资于贷款 j，则该变量取值为 1，否则为 0。如果投资者的确存在排序偏好，那么可以预测 β_1 显著为正，即排序越高的贷款，投资者实际投资的概率越大。如果手机投资者的排序偏好更严重，那么应该观察到 β_3 显著为正，即手机投资者的投资决策对排序更敏感。控制变量与固定效应与基准回归式(7-2)相同。

表 7-4 第(2)—(5)列报告了回归结果。第(2)列仅控制了时间固定效应、省份固定效应和投资者固定效应。排序偏好的系数显著为正，表明越靠前的贷款，投资者越有可能投资。第(3)列加入手机投资和排序偏好的交叉项，其系数在 1% 水平下显著为正。当排序偏好每增加一个样本标准差时，手机投资者投资该贷款的概率比电脑投资者高 6.5%，与之可比的，该样本中投资某一贷款的无条件概率为 20.4%。而对于电脑投资者，投资决策与排序偏好负相关。结果说明，主要是手机投资者存在排序偏好，再次支持了假设 1 的结论。在第(4)、(5)列加入贷款特征和贷款固定效应后，结果类似。例如在第(5)列的完整回归模型中，排序偏好每增加一个标准差，手机与电脑投资者的投资概率之差提高 5.7%，约为无条件概率的 28%，经济意义显著。

上述结果说明，即使是从事前的角度来看，控制贷款特征不影响手机投资者的排序偏好，排除了排序与贷款特征相关的竞争性假说。

(3) 样本选择问题

是否使用手机进行投资可能存在样本选择的问题，即是否进行手机投资和排序偏好可能由某些不可观测的因素决定，遗漏这些变量可能产生内生性问题，使得估计结果有偏。具体来说，样本选择问题有以下几种可能。

首先，使用手机和电脑的投资者可能是两类不同的人群，那么两类投资人排序偏好的差异可能只是反映了其人口特征的差异。为了控制这一样本选择问题,前文已经在表 7-3 的基准回归中加入了投资人的固定效应,控制了所有不可观测的人口特征差异。进一步,将只使用手机或只使用电脑的样本去除,重新估计了基准回归式,发现了类似的结果。这说明同一个投资者在使用手机投资时,排序偏好比他自己使用电脑投资时更严重。

其次,手机和电脑投资的发生时间可能存在自选择。比如手机投资可能主要发生在上班时间,电脑投资主要发生在下班后,那么两者排序偏好的差异可能只是反映了日内不同时间段投资行为的差异。在表 7-3 的基准回归中已经加入了日内小时的固定效应,将手机与电脑投资的比较控制在同一个时间段内,解决了这一自选择问题。另一方面,样本选择问题也可能是因为手机和电脑投资发生在不同的月份导致。同样,在基准回归中也对月份固定效应进行了控制。进一步,只保留 2014 年 7 月手机 App 引入以后,同时使用过手机和电脑投资的样本,重新估计了基准回归,结果也与表 7-3 一致。说明在同一时间段,比较同一投资人使用手机和电脑投资排序偏好的差异,结果同样支持假设 1。

最后,样本选择还可能体现在其他时变的遗漏变量的差异上,从表 7-2 的 t 检验中也可以看出,手机投资和电脑投资样本在交易经验上存在显著差异。为了进一步缓解内生性问题,对每一个手机投资样本,使用 PSM 方法配对一个电脑投资样本。配对回归的解释变量除了表 7-3 中的所有控制变量外,还加入了投资经验变量。使用 PSM 样本重新估计基准回归的结果,研究发现结果基本不变。

综合以上结果,尽可能排除了样本自选择对于结果的影响,验证了手机投资者排序偏好的存在性。

7.4.3 排序偏好与投资表现

为了检验投资者对于排序的偏好是否是一种行为偏误,需要一个理性的基准来进行比较。在网络借贷市场中,投资者的投资绩效取决于所投贷款的违约风险。如果投资者的排序偏好与所投贷款的违约率没有显著的相关性,那么排序偏好对投资者的福利没有影响,对其研究也没有很大的意义。因此,这一节分析投资者所投贷款的违约率与排序偏好的关系,检验排序偏好是否是一种行为偏误。

具体来说,估计以下回归模型:

$$Default_{i,j,t} = \beta_0 + \beta_1 OrderBias_{i,j,t} + \beta_2 Mobile_{i,j,t} + \beta_3 OrderBias_{i,j,t} \times Mobile_{i,j,t} + \beta_4 Control_{i,j,t} + \upsilon_{t_m} + \lambda_i + \mu_{t_h} + \varepsilon_{i,j,t} \quad (7-4)$$

被解释变量是一个虚拟变量,如果贷款在到期前发生违约(逾期一个月以上),则取值为1,否则为0。由于贷款固定效应与被解释变量完全共线,因此这里不加入回归式中。其他控制变量及固定效应与基准回归式(7-2)相同。如果排序偏好是一种行为偏误,应该观察到 β_1 的系数显著为正。同时根据假设1的结论,如果手机投资者的行为偏误更严重,那么手机投资者与排序偏好的交叉项系数 β_3 也显著为正。表7-5报告了回归结果。为了增加系数的可得性,因变量的单位为百分点。

表7-5 排序偏好与投资表现

被解释变量	(1) 违约	(2) 违约	(3) 违约	(4) 期望违约	(5) 异常违约
排序偏好	0.343***	0.090		1.705***	0.261***
	(0.046)	(0.061)		(0.044)	(0.062)
手机		−0.108**		−0.069*	−0.074
		(0.054)		(0.039)	(0.054)
排序偏好×手机		0.704***		−0.154***	0.671***
		(0.095)		(0.058)	(0.096)
利率	2.311***	2.311***	0.300***		
	(0.063)	(0.063)	(0.012)		
期限	−0.163***	−0.163***	−0.004*		
	(0.005)	(0.005)	(0.002)		
贷款金额对数	−0.397***	−0.403***	−0.198***		
	(0.035)	(0.035)	(0.026)		

续　表

被解释变量	(1) 违约	(2) 违约	(3) 违约	(4) 期望违约	(5) 异常违约
信用凭证	−12.594*** (0.133)	−12.594*** (0.133)	−2.101*** (0.054)		
历史借款	4.638*** (0.104)	4.647*** (0.104)	0.766*** (0.067)		
历史逾期	10.114*** (0.271)	10.116*** (0.271)	1.117*** (0.090)		
投标完成率	0.156*** (0.050)	0.146*** (0.050)		−1.173*** (0.027)	0.003 (0.051)
距离满标时间对数	0.049*** (0.010)	0.050*** (0.010)		−0.469*** (0.005)	−0.030*** (0.010)
省人均 GDP			−2.676*** (1.019)		
省市场化指数			0.243* (0.140)		
月份固定效应	是	是	是	是	是
省份固定效应	是	是	是	是	是
投资人固定效应	是	是	否	是	是
日内小时固定效应	是	是	否	是	是
观测数	1 548 333	1 548 333	63 055	1 543 111	1 543 111
调整后 R^2	0.127	0.127	0.212	0.392	0.016

注：回归系数均乘以 100。括号中报告了聚类在投资者的稳健标准差。*** $p<0.01$，** $p<0.05$，* $p<0.1$。

第(1)列的回归中只加入排序偏好和其他控制变量，结果显示违约率与排序偏好显著正相关，排序偏好的系数为 0.343，在 1% 水平下显著。这一系数的经济意义为，在其他条件不变的情况下，排序偏好增加一个样本标准差，违约率增加 0.107%，相对于样本均值增加 3.2%。从另一个角度来看，相对于随机选择的投资者（排序偏好等于0），投资于排在首位的贷款（排序偏好指标最大等于1/2），其违约率平均高0.17%，相对于样本均值增加了5.2%，经济意义显著。第（2）列回归中加入了手机投资及排序偏好与手机投资的交叉项，考察手机投资者是否由于更严重的排序偏好导致更差的投资绩效。结果显示，排序偏好与手机投资的交叉项系数为0.704，在1%水平下显著，而排序偏好本身的回归系数变得不显著。对于手机投资者，排序偏好增加一个样本标准差会导致贷款违约率提高0.22%。按平均贷款金额60 000元来计算，同样排序偏好的增加给手机投资者多带来132元的期望损失，如果考虑平台提供本金赔付，只损失利息，则按平均利率和期限，期望损失为34元[①]。以上结果说明，手机投资者的排序偏好更有可能是一种行为偏误。

另一方面，仅仅考察违约率可能无法全面衡量投资者的绩效。违约率高可能是由于投资者某种偏好要求导致的。如投资者可能追求高收益，或者投资者要求流动性高（期限短），高违约风险可能被这些偏好要求补偿。因此，将违约率分解为可以被贷款特征解释的预期违约率和无法被可观察特征解释的异常违约率。具体来说，在贷款层面，将贷款违约的虚拟变量对贷款特征和宏观经济因素进行Logit回归，得到预测的违约率，再将实际是否违约的虚拟变量减去预测违约率得到异常违约率。表7-5第（3）列报告了分解回归的结果，共用到了63 055个贷款，拟合的R^2为21.2%。如果手机投资者的排序偏好导致的违约率差异主要体现在预期违约率，那么只能认为手机投资者偏好于某些贷款特征，而更高的违约率是基于风险偏好的理性选择。如果违约率差异主要体现在异常违约率中，那么说明手机投资者的排序偏好可能是一种行为偏误。表7-5的第（4）、（5）列分别展示了被解释变量为期望违约和异常违约的回归结果。在期望违约率的回归中，手机投资与排序偏好的交叉项系数显著为负，说明相对于电脑投资者，手机投资者排序偏好与期望违约的相关性反而降低了。在异常违约的回归中，手

---

① 平台为实地认证标提供本息保障，但样本中所有违约贷款均为信用认证标，平台仅在风险准备金可以承担范围内提供本金保障。

机投资与排序偏好的交叉项系数为 0.671，在 1‰ 水平下显著。综合这两列的结果，可以发现手机投资者的排序偏好与所投贷款违约率的正向相关性，主要可以被排序偏好与异常违约率的关系解释。

综合以上结果，可以得出结论，手机投资者由于更强的排序偏好，导致了投资了异常违约率更高的贷款。这一结论确认了手机投资者更强的排序偏好可能是一种行为偏误。当然需要注意的是，本章的发现说明排序偏好带来的财富损失，在传统模型中是一种非理性的选择，但是选择排序靠前的贷款，也可能可以节省投资人的时间成本与心理成本。如果将这些因素也考虑在内，则现有数据无法确定排序偏好的总福利影响。

7.4.4 排序偏好机制分析

前文的分析确认了手机投资者的排序偏好，并研究了排序偏好的经济后果。本节进一步对手机投资者与电脑投资者排序偏好差异的原因进行分析，对研究假设中提出的三种机制进行检验。

在本节中主要通过以下两个回归式进行分析：

$$OrderBias_{i,j,t} = \beta_0 + \beta_1 Proxy_{i,j,t} + \beta_2 Mobile_{i,j,t} + \beta_3 Proxy_{i,j,t} \times Mobile_{i,j,t} + \beta_4 Control_{i,j,t} + \upsilon_{t_m} + \lambda_i + \mu_{t_h} + \varepsilon_{i,j,t} \quad (7-5)$$

$$Invest_{i,j,t} = \beta_0 + \beta_1 Proxy_{i,j,t} + \beta_2 Mobile_{i,j,t} + \beta_3 OrderBias_{i,j,t} + \beta_4 Proxy_{i,j,t} \times Mobile_{i,j,t} \times OrderBias_{i,j,t} + \beta_5 Control_{i,j,t} + \upsilon_{t_m} + \lambda_i + \mu_{t_h} + \varepsilon_{i,j,t} \quad (7-6)$$

$Proxy_{i,j,t}$ 为三种机制的代理变量。模型(7-5)在基准回归(7-2)的基础上加入了代理变量及其与手机投资的交叉项。模型(7-6)使用扩展样本，在回归模型(7-3)的基础上加入了代理变量、手机投资与排序偏好的三重交叉项[①]。其中，主要关注两式中的交叉项 $Proxy_{i,j,t} \times Mobile_{i,j,t}$ 和 $Proxy_{i,j,t} \times Mobile_{i,j,t} \times OrderBias_{i,j,t}$ 的估计系数。

---

① 为简洁起见，后一回归式中二重交叉项放入控制变量中。

(1) 信息搜索成本

信息系统及营销学的相关研究发现，在手机上进行信息浏览和搜索的成本高于电脑。这主要是因为手机的屏幕比较小，在手机上操作获取信息不如电脑方便。而手机的这一劣势是随着信息数量和复杂性的提高而加剧的。举例来说，如果投资者仅根据列表中显示的信息进行投资决策，而可选择集又较少，能够在手机屏幕上完全显示，那么在手机或是电脑上进行投资的区别不大。但随着可选择集的增加，手机一屏无法容纳下这么多信息，而在手机上翻页、浏览信息不是非常便利。相反，一般在电脑上一屏可显示的内容远多于手机。因此，如果信息搜索成本可以解释手机与电脑在排序偏好中的差异，那么当可选集的数量增多时，预期手机与电脑的差异更大。

本章的样本中，可选集数量的中位数为10个，以此作为分界点，定义可选贷款数多作为代理变量，当可选贷款数大于10时，变量取值为1，反之为0。

表7-6分别估计回归式(4)和(5)。前两列报告了基准回归按可选贷款数量分组的结果，以可选贷款数等于10为分界点，分别用排序偏好对手机投资和其他控制变量回归。结果显示在可选贷款数多的组内，手机投资者的排序偏好比电脑投资者高0.095，而在可选贷款数少的组内，这个数值仅为0.041。第(3)列报告了模型(4)的估计结果。手机投资与可选贷款数的交叉项显著为正，这说明在可选贷款数量不同时，手机与电脑投资者排序偏好的差异是不同的。手机投资者的排序偏好更多集中在可选贷款数多的组内。值得注意的是，可选贷款数量本身的系数为负，且在1%水平下显著。这说明对于电脑投资者，其排序偏好随着可选贷款数增加而下降，而在手机投资者中，这一关系正好相反。有可能是电脑投资者在面对更多选择时，反而能够更加谨慎地进行投资决策，而手机投资者面对更多信息时，无法有效地处理分析，只能进行启发式的思维，投资最显著的选项。

最后一列报告了模型(5)的结果。主要关注的三重交叉项系数显著为正。这说明，当可选项较多时，手机投资者对于排序的敏感度显著高于电脑投资者，相比于可选项较少时，敏感度差异提高了80%(0.072/0.090)。

表 7-6 可选贷款数量与排序偏好

分组 被解释变量	（1） 可选贷款数高 排序偏好	（2） 可选贷款数低 排序偏好	（3） 全样本 排序偏好	（4） 扩展样本 投资
手机	0.095***	0.041***	0.022***	−0.016***
	(0.002)	(0.002)	(0.002)	(0.003)
可选贷款多			−0.036***	−0.098***
			(0.001)	(0.001)
手机×可选贷款多			0.088***	−0.010***
			(0.002)	(0.002)
手机×可选贷款多×排序偏好				0.072***
				(0.005)
排序偏好				0.046***
				(0.004)
手机×排序偏好				0.090***
				(0.005)
可选贷款多×排序偏好				−0.099***
				(0.004)
控制变量	是	是	是	是
月份固定效应	是	是	是	是
省份固定效应	是	是	是	是
投资人固定效应	是	是	是	是
日内小时固定效应	是	是	是	是
观测数	792 376	755 957	1 548 333	19 222 929
调整后 R^2	0.323	0.191	0.251	0.208

注：括号中报告了聚类在投资者的稳健标准差。***$p<0.01$，**$p<0.05$，*$p<0.1$。

以上结果与假设 2 一致，说明手机本身的属性造成的高搜索成本，可能导致了手机与电脑投资者排序偏好的差异。

（2）外部环境干扰

除了手机本身的属性之外，使用手机的时间空间也会影响投资人的决策质量。根据假设3的讨论，如果更可能在外部环境干扰较多的场合下使用手机，那么手机投资决策更可能产生偏误。为了识别这一机制，还需要区分什么样的投资更可能发生在外部环境干扰较大的场合。在本章的样本中，平台会在每个工作日的11:00、13:30、17:00固定发布贷款信息，而在其他时间随机发布贷款信息。从数据中也可以观察到，工作日的这三个时间点及之后的半小时内，交易较为集中。由于这些时间点是提前公布的，因此无论是对于手机还是电脑端的投资者，都会提前进行准备，选择更适合投资的场合进行投资决策。可以认为在固定时间发生的投资，两类投资者所处的外部环境差异不大。而在其他时间，由于手机的便利性，使得手机投资者可以随时随地查看App并投资，这使得手机投资者更可能面临环境的干扰，而使用电脑则需要一个相对固定的地点。举例来说，投资者可能在路上、在会议中、在排队购买商品时拿出手机进行投资，而这些场合不太可能使用电脑。因此，如果环境干扰的机制成立，应该观察到在随机时间发生的交易中，手机投资者与电脑投资者的排序偏好差异更大。

定义固定发布时间为每个工作日11:00、13:30、17:00三个时间点及其之后的半个小时，并定义其他时间为随机时间作为机制识别的代理变量。表7-7报告了回归的结果。前两列分别在随机时间和固定时间的子样本中估计基准回归。在随机时间组内，手机投资的排序偏好比电脑投资者显著高0.087，而在固定时间组内，差异仅为0.030。第（3）列使用全样本估计模型（4），结果显示手机投资与随机时间虚拟变量的交叉项系数为0.018，在1%水平下显著。这说明在随机时间发生的交易中，手机投资者的排序偏好比电脑投资者显著高1.8%。扩展样本回归也确认了这一结果。在第（4）列的结果中，手机投资、随机时间和排序偏好的三重交叉项系数显著为正。比较系数可以得出，在随机时间发生的交易中，手机与电脑投资者投资决策与排序的敏感度差异提高了181%（0.107/0.059）。

表 7-7 投资时间与排序偏好

分组 被解释变量	(1) 随机时间 排序偏好	(2) 非随机时间 排序偏好	(3) 全样本 排序偏好	(4) 扩展样本 投资
手机	0.087***	0.030***	0.060***	−0.035***
	(0.002)	(0.003)	(0.002)	(0.003)
随机时间			−0.008***	0.047***
			(0.001)	(0.002)
手机×随机时间			0.018***	0.014***
			(0.002)	(0.003)
手机×随机时间×排序偏好				0.107***
				(0.005)
排序偏好				−0.001
				(0.003)
手机×排序偏好				0.059***
				(0.004)
随机时间×排序偏好				−0.034***
				(0.003)
控制变量	是	是	是	是
月份固定效应	是	是	是	是
省份固定效应	是	是	是	是
投资人固定效应	是	是	是	是
日内小时固定效应	是	是	是	是
观测数	1 108 201	440 132	1 548 333	19 222 929
调整后 R^2	0.266	0.242	0.248	0.202

注:括号中报告了聚类在投资者的稳健标准差。 ***$p<0.01$,**$p<0.05$,*$p<0.1$。

以上结果支持假设 3 的结论,证明使用手机的环境也是导致手机投资行为偏误的作用机制之一。

(3) 投资者金融素养

金融素养低可能导致了投资者在面对同样的信息集时,在不同的投资渠道产生行为差异。由于无法直接观察到投资人的个人特征,需要使用在网贷平台上的投资经验作为衡量金融素养的代理变量。以样本中位数为界,按历史投资次数、历史投资金额、历史遭遇违约次数与投资历史时长将样本分为经验多和少两类。由于回归中控制了投资人固定效应,因此剔除了收入、财富等个人特征对于投资经验的影响。

表7-8面板A报告了全样本模型(7-5)的回归结果。观察交易经验变量的回归系数,可以发现交易经验越多的投资者,其排序偏好显著更弱,这与文献中交易经验改善投资决策的发现一致。但观察交易经验与手机投资交叉项系数,除了第(2)列使用历史交易金额衡量经验的回归中手机与经验多虚拟变量的交叉项不显著,其余回归的交叉项系数显著为正。这说明交易经验越多的手机投资者,相对电脑投资者其排序偏好更严重,这与假设4相反。面板B使用扩展样本估计模型(5),观察三重交叉项,除了在第(3)列投资历史时长衡量经验的回归中,三重交叉项显著为正,其余回归的三重交叉项系数不显著。而交易经验多与排序偏好的二重交叉项为负。与面板A类似,这一结果也说明,经验更多的投资人,其投资决策平均更优,但并没有减小手机投资与电脑投资的行为差异。经验更多的投资者使用手机投资时,投资决策对于排序的敏感性与电脑投资没有差异甚至可能更强。以上结果不支持假设4或与预测相反,说明手机投资者与电脑投资者之间排序偏好的差异,不能被投资经验少来解释。

表 7-8 投资者经验与排序偏好

经验分类变量	面板 A：被解释变量为排序偏好			
	(1) 历史交易次数	(2) 历史交易金额	(3) 交易历史时长	(4) 是否遭遇违约
手机×交易经验多	0.006***	0.000	0.037***	0.019***
	(0.002)	(0.002)	(0.002)	(0.003)
手机	0.068***	0.072***	0.047***	0.065***
	(0.002)	(0.002)	(0.002)	(0.002)

续表

经验分类变量	(1) 历史交易次数	(2) 历史交易金额	(3) 交易历史时长	(4) 是否遭遇违约
交易经验多	−0.008***	−0.008***	−0.018***	−0.015***
	(0.001)	(0.001)	(0.001)	(0.002)
控制变量	是	是	是	是
月份固定效应	是	是	是	是
省份固定效应	是	是	是	是
投资人固定效应	是	是	是	是
日内小时固定效应	是	是	是	是
观测数	1 548 333	1 548 333	1 548 333	1 548 333
调整后 R^2	0.248	0.248	0.248	0.248

面板 B：被解释变量为是否投资

经验分类变量	(1) 历史交易次数	(2) 历史交易金额	(3) 交易历史时长	(4) 是否遭遇违约
手机×交易经验多×排序偏好	−0.008	0.007	0.063***	0.011
	(0.007)	(0.007)	(0.007)	(0.009)
手机×排序偏好	0.140***	0.134***	0.105***	0.132***
	(0.004)	(0.004)	(0.005)	(0.005)
交易经验多×排序偏好	−0.001	−0.022***	−0.064***	−0.001
	(0.006)	(0.005)	(0.005)	(0.007)
手机×交易经验多	−0.004	−0.004	0.024***	0.017***
	(0.003)	(0.004)	(0.004)	(0.005)
手机	−0.023***	−0.022***	−0.043***	−0.032***
	(0.003)	(0.003)	(0.004)	(0.004)
排序偏好	−0.027***	−0.017***	0.004	−0.028***
	(0.002)	(0.003)	(0.004)	(0.003)

续 表

经验分类变量	(1) 历史交易次数	(2) 历史交易金额	(3) 交易历史时长	(4) 是否遭遇违约
交易经验多	−0.037***	−0.052***	−0.043***	−0.038***
	(0.003)	(0.003)	(0.003)	(0.005)
控制变量	是	是	是	是
月份固定效应	是	是	是	是
省份固定效应	是	是	是	是
投资人固定效应	是	是	是	是
日内小时固定效应	是	是	是	是
观测数	19 222 929	19 222 929	19 222 929	19 222 929
调整后 R^2	0.202	0.202	0.202	0.202

注：括号中报告了聚类在投资者的稳健标准差。***$p<0.01$，**$p<0.05$，*$p<0.1$。

除了投资经验以外，本节还使用了投资人的人口特征作为金融素养的代理变量。如变量构造小节所述，本节在一个子样本上构造了高收入、高教育程度、中年年龄、金融IT业衡量金融素养较高的人群。具体地说，高收入是指月收入高于一万元。高等教育程度定义为大学或更高的学位。中年年龄为40—60岁。此外，本节还使用投资者工作的行业来衡量金融素养。一般来说，金融从业者的金融素养高于平均。此外，IT从业者的量化分析能力较强，特别是对于网贷等互联网金融更容易理解。

表7-9面板A报告了模型(7-5)的回归结果，研究发现在四种不同人口特征的回归中，手机与代理指标的交叉项有三项为负，一项为正，但均不显著，说明金融素养不同的群体间，手机投资的排序偏好没有显著差异。面板B报告了模型(7-6)的回归结果，主要关注手机、金融素养与排序偏好的三重交叉项。仅有第(4)列使用工作行业作为代理变量的回归中，交叉项系数显著为负，与假设4一致，即在金融IT行业工作的投资者中，手机与电脑投资者之间排序偏好的差异较小。其他列的系数不显著。

表 7-9 投资者人口特征与排序偏好

高金融素养代理指标	（1）收入 >10 000 元	（2）教育程度 本科或以上	（3）年龄 40—60 岁	（4）工作行业 金融或 IT
面板 A：被解释变量为排序偏好				
手机×高金融素养	−0.006	−0.011	−0.009	0.007
	(0.015)	(0.014)	(0.022)	(0.017)
手机	0.065***	0.069***	0.065***	0.062***
	(0.010)	(0.010)	(0.009)	(0.009)
控制变量	是	是	是	是
月份固定效应	是	是	是	是
省份固定效应	是	是	是	是
投资人固定效应	是	是	是	是
日内小时固定效应	是	是	是	是
观测数	84 372	84 372	84 372	84 372
调整后 R^2	0.248	0.248	0.248	0.248
面板 B：被解释变量为是否投资				
手机×高金融素养×排序偏好	−0.003	−0.005	0.012	−0.055*
	(0.029)	(0.025)	(0.035)	(0.032)
手机×排序偏好	0.065***	0.068***	0.062***	0.077***
	(0.016)	(0.017)	(0.015)	(0.016)
高金融素养×排序偏好	−0.029	−0.007	0.018	0.029
	(0.020)	(0.019)	(0.030)	(0.020)
手机×高金融素养	0.017	0.012	−0.008	0.035
	(0.024)	(0.024)	(0.035)	(0.022)
手机	−0.022	−0.024	−0.017	−0.025*
	(0.015)	(0.019)	(0.012)	(0.014)

续　表

高金融素养代理指标	（1） 收入 ＞10 000 元	（2） 教育程度 本科或以上	（3） 年龄 40—60 岁	（4） 工作行业 金融或 IT
排序偏好	0.053***	0.048***	0.042***	0.037***
	(0.012)	(0.012)	(0.011)	(0.012)
控制变量	是	是	是	是
月份固定效应	是	是	是	是
省份固定效应	是	是	是	是
投资人固定效应	是	是	是	是
日内小时固定效应	是	是	是	是
观测数	951 639	951 639	951 639	951 639
调整后 R^2	0.220	0.220	0.220	0.220

注：括号中报告了聚类在投资者的稳健标准差。***p＜0.01，**p＜0.05，*p＜0.1。

综上，无论以投资经验或人口特征衡量金融素养，结果都无法一致地解释手机投资者与电脑投资者排序偏好的差异。

综合本节对排序偏好差异影响机制的检验，实证结果支持信息搜索成本假说和环境干扰假说，不支持金融素养假说。

7.4.5　稳健性检验

（1）数据真实性问题

从表 7-1 描述性统计中可以发现，样本中贷款期限偏长，均值大于 24 个月。样本中贷款期限 36 个月及以上占比 45.40%，这部分贷款的平均违约率为 0.3%，平均利率 12.48%。在这些长期贷款中，又有 41.48% 的贷款目的显示为短期周转，其平均违约率为 0.3%，平均利率 12.44%。这些长期贷款的违约率远低于总体平均，而平均利率又略高于总体平均，且贷款期限与目的不匹配。媒体曾报道部分网贷平台伪造一些高收益低风险标的用于自融资金，并不能反映真实的贷款需求与风险水平。

由于这些长期贷款的违约率偏低，为了排除潜在的标的造假对投资绩效分析的影响，分别剔除期限 36 个月及以上且贷款目的为短期周转的贷款及所有期限 36 个月及以上的贷款，重新估计表 7-5 的回归结果，在表 7-10 中报告。在去除了疑似虚假标的后，依然发现手机投资者的排序偏好导致显著更高的违约率及异常违约率，说明表 7-5 的结果不受潜在的数据真实性问题影响。

表 7-10 排序偏好与投资绩效，去除问题样本

样本	(1)	(2)	(3)	(4)	(5)	(6)
	去除期限为 36 个月以上且用途为"短期周转"			去除期限为 36 个月以上		
被解释变量	违约	期望违约	异常违约	违约	期望违约	异常违约
排序偏好	0.047	1.806***	0.140**	0.451***	1.700***	−0.216**
	(0.071)	(0.045)	(0.071)	(0.094)	(0.043)	(0.094)
手机	−0.062	−0.009	−0.028	0.585***	0.728***	0.563***
	(0.069)	(0.046)	(0.069)	(0.123)	(0.068)	(0.122)
排序偏好×手机	1.013***	0.157**	0.974***	1.718***	1.581***	1.458***
	(0.122)	(0.064)	(0.123)	(0.233)	(0.082)	(0.235)
控制变量	是	是	是	是	是	是
月份固定效应	是	是	是	是	是	是
省份固定效应	是	是	是	是	是	是
投资人固定效应	是	是	是	是	是	是
日内小时固定效应	是	是	是	是	是	是
观测数	1 256 726	1 251 504	1 251 504	845 341	840 136	840 136
调整后 R^2	0.119	0.408	0.012	0.108	0.479	0.012

注：括号中报告了聚类在投资者的稳健标准差。***$p<0.01$，**$p<0.05$，*$p<0.1$。

平台将贷款标的分为信用认证标与实地认证标,前者为纯线上申请,后者通过线下网点进行征信与调查,并且几乎没有违约事件发生。36个月及以上的长期贷款大多属于实地认证标,而此类标的在全平台占比随时间逐渐增加。与此同时,手机交易占比也随时间增长。如果在实际发生的交易中,实地认证标的相对排序更靠前,且其占比逐渐增加,则手机投资者更强的排序偏好可能反映了两者同步的时间趋势。

为了澄清这一问题,图 7-1 展示了两类标的排序偏好的变化趋势,结果显示实地认证标的排序偏好低于信用认证标,所以更多地投资于实地认证标反而会导致排序偏好减弱,与手机交易的时间趋势相反。图 7-2 对比了实地认证标交易与手机交易占比的时间趋势,结果显示在手机交易占比快速上升时,实地认证标交易占比已经趋稳甚至有下降,两者的时间趋势并不一致。为了进一步检验结果的稳健性,只考察特征相对较稳定的信用认证标,重复了表 7-3 与表 7-5 的回归分析,发现使用信用认证标子样本对主要结果影响不大。

图 7-1 不同类型标的排序偏好的时间趋势

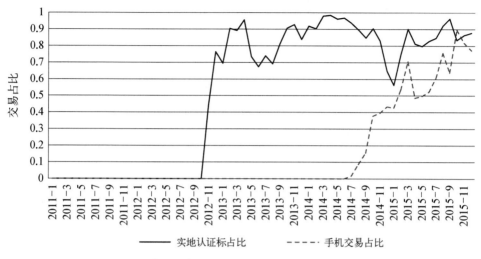

图 7-2　实地认证标的交易与手机交易占比的时间趋势

(2) 排序指标与交易时间敏感性

前文以实际完成投资的时间点重构投资者面临的可选贷款集合。但实际投资发生的时间并不是投资者进行决策的时间,存在一定的时间差(如需填写付款信息、点击确认按钮等步骤)。因此,投资者在进行决策时面临的真实可选集与本章构造的可选集存在偏差。偏差可能有两个方向。一方面,贷款在实际完成时可能比决策时的排名更靠后,因为这段时间发布了新的贷款,使得我们低估排序偏好;另一方面,贷款在实际完成时可能比决策时的排名靠前,因为在这段时间前面的贷款已满标,使得我们高估排序偏好。

为了估计这一偏差的大小,分析本章的结果是否受到影响,分别假设从决策到实际完成投资的时间为 30 秒、1 分钟、5 分钟,将实际投资时间提前(但不早于此贷款开始投标时间)得到三种假设的决策时间,重新构造可选集和排序偏好指标。表 7-11 报告了使用这三种新的排序偏好指标重新估计基准回归表 7-3 第(5)列的结果。与正文结果相比,主要变量系数略有减小,但显著性不变。新的排序偏好指标与原指标高度相关,其 Pearson 相关系数分别高达 0.971、0.952 和 0.892。

表 7-11　手机投资与排序偏好，不同的决策时间

被解释变量	(1) 排序偏好 决策时间为 成交时间前 30 秒	(2) 排序偏好 决策时间为 成交时间前 60 秒	(3) 排序偏好 决策时间为 成交时间前 5 分钟
手机	0.007***	0.006***	0.006***
	(0.001)	(0.001)	(0.001)
可选贷款数量	−0.008***	−0.008***	−0.008***
	(0.000)	(0.000)	(0.000)
投标完成率	−0.111***	−0.108***	−0.092***
	(0.001)	(0.001)	(0.001)
距离满标时间对数	0.015***	0.016***	0.017***
	(0.000)	(0.000)	(0.000)
月份固定效应	是	是	是
投资人固定效应	是	是	是
日内小时固定效应	是	是	是
贷款固定效应	是	是	是
观测数	1 554 031	1 556 011	1 556 882
调整后 R^2	0.901	0.901	0.902
排序偏好与原指标相关系数	0.971***	0.952***	0.892***

注：括号中报告了聚类在投资者的稳健标准差。 ***p<0.01,**p<0.05,*p<0.1。

(3) 不同投资绩效指标

本章使用违约率衡量投资者的投资绩效。但针对主要违约的信用认证标，平台提供本金保障制度，投资人损失的只是预期利息。因此虽然排序偏好造成更高的违约率，但可能不会降低事后的投资收益。

为了综合考察排序偏好对投资绩效的影响，本节构造了几种指标衡量投资收益。首先计算事后的投资收益率。由于平台为违约贷款保本但不保息[1]，

---

[1] 网贷平台为实地认证标提供保本保息承诺，但实际数据中实地认证标没有违约事件发生。

因此贷款违约的部分的实际收益率为 0,贷款总体的实际收益率为违约部分与非违约部分收益率的加权平均,即年化利率×(1－违约金额比例)。与违约率类似,使用同样的方法将实际收益率分解为预期收益率和异常收益率,区分由于偏好或者投资能力导致的收益率差异。其次,仿照资产定价文献中的夏普比率,构造风险调整后的事前预期收益率,计算公式为 $\dfrac{r(1-p)-r_f}{r\sqrt{p(1-p)}}$,其中,$r$ 为贷款年化利率,r_f 为无风险利率,p 为表 7-5 中估计的预期违约率。该公式中,分子为考虑违约概率后的超额收益率,分母为使用收益率标准差衡量的风险,这一比率表示单位风险的超额收益率。

表 7-12 使用这些投资绩效指标对手机和排序偏好的交叉项进行回归。结果显示,手机投资者的排序偏好导致实际收益率、异常收益率和夏普比率显著降低。这一结果与违约率分析一致,说明相对于电脑投资者,手机投资者的排序偏好使得他们的投资绩效变得更差。

表 7-12 排序偏好与投资表现,不同的绩效衡量指标

被解释变量	(1) 实际收益率	(2) 期望收益率	(3) 异常收益率	(4) 夏普比率
排序偏好	0.105***	－0.158***	－0.012	－0.128***
	(0.009)	(0.006)	(0.008)	(0.008)
手机	0.048***	0.102***	0.032***	－0.036***
	(0.007)	(0.006)	(0.007)	(0.006)
排序偏好×手机	－0.067***	0.059***	－0.090***	－0.029***
	(0.013)	(0.009)	(0.012)	(0.011)
贷款特征	是	是	是	是
月份固定效应	是	是	是	是
省份固定效应	是	是	是	是
投资人固定效应	是	是	是	是
日内小时固定效应	是	是	是	是

续 表

被解释变量	(1) 实际收益率	(2) 期望收益率	(3) 异常收益率	(4) 夏普比率
观测数	1 548 333	1 543 566	1 543 566	1 543 111
调整后 R^2	0.213	0.624	0.012	0.720

注：括号中报告了聚类在投资者的稳健标准差。***p＜0.01,**p＜0.05,*p＜0.1。

(4) 使用不同可选集数量的子样本

本章的主要回归使用了排序偏好 $r = \frac{1+n}{2n} - \frac{i}{n}$ 作为被解释变量,但该变量的取值范围 $\left(-\frac{1}{2} + \frac{1}{2n}, \frac{1}{2} - \frac{1}{2n}\right)$ 受到可选贷款数量的影响,而且当可选贷款数量较少时影响更大。举例来说,当 $n=2$ 时,选择第一个贷款对应排序偏好取值为 0.25,而当 $n=10$ 时,选择第一个贷款对应排序偏好取值为 0.45。由此可见,同样选择第一个贷款,两种情况下排序偏好指标差别很大。但当可选贷款数量进一步增加,如 $n=20$ 时,选择第一个贷款对应的取值为 0.475,与 $n=10$ 时相比变化不大。根据上述讨论可知,当可选贷款数量较多时,本章的排序偏好度量是更为合理的。

分别保留了可选贷款数量大于 3、5、7、9 个的样本,重新估计了基准回归模型(1),发现在限制了可选贷款数量后,结果保持不变,说明本章的主要结论对于可选贷款数量变化是稳健的。

(5) 使用其他排序偏好变量

在指标构造小节中,除了排序偏好的连续变量,还构造了是否投资于排名靠前贷款的虚拟变量。本节使用这些排序偏好变量作为被解释变量,对主要结果进行稳健性检验。具体来说,定义是否投资于排序第一、排序前二、排序前 10%、排序前 20% 和排序前 30% 五种衡量排序偏好的虚拟变量。

表 7-13 报告了使用这些被解释变量的基准回归结果。研究发现在控制了其他变量后,手机投资都与排序偏好正相关。在控制了可选贷款数量

和投资人、月份、日内小时和贷款固定效应后,手机投资者比电脑投资者投资于排序第一的贷款的可能性高 0.7%,投资于排序前两位贷款的可能性高 1.2%,投资前 10%—30% 的贷款可能性提高 1%—1.3% 不等。

表 7-13 手机投资与排序偏好,不同排序偏好变量

被解释变量	(1) 排序第一	(2) 排序前二	(3) 排序前 10%	(4) 排序前 20%	(5) 排序前 30%
手机	0.007***	0.012***	0.010***	0.013***	0.012***
	(0.001)	(0.001)	(0.001)	(0.001)	(0.001)
可选贷款数量	−0.011***	−0.018***	−0.011***	−0.013***	−0.013***
	(0.000)	(0.000)	(0.000)	(0.000)	(0.000)
投标完成率	−0.079***	−0.060***	−0.092***	−0.123***	−0.136***
	(0.002)	(0.002)	(0.002)	(0.002)	(0.002)
距离满标时间对数	0.001***	0.006***	0.004***	0.011***	0.015***
	(0.000)	(0.000)	(0.000)	(0.000)	(0.000)
月份固定效应	是	是	是	是	是
投资人固定效应	是	是	是	是	是
日内小时固定效应	是	是	是	是	是
贷款固定效应	是	是	是	是	是
观测数	1 548 333	1 548 333	1 548 333	1 548 333	1 548 333
调整后 R^2	0.757	0.776	0.773	0.795	0.806

注:括号中报告了聚类在投资者的稳健标准差。***$p<0.01$,**$p<0.05$,*$p<0.1$。

根据前一节讨论,当可选贷款的数量较少时,构造的排序变量可能无法准确描述投资人的排序偏好。只保留可选贷款数量不小于 10 个的样本,重复表 7-13 的回归,结果显示无论是系数大小还是统计显著性都没有太大变化,说明结果是稳健的。

(6) 其他方差聚类方法

主要的回归分析中使用了聚类在投资者的稳健标准差来调整回归残差

可能存在的异方差和相关性问题。除了同一投资者的投资决策存在相关性,同一时期发生的交易也可能存在组内的相关性。为了进一步控制这一问题,使用双重聚类在投资者和月份的稳健标准差,重新估计了表 7-3 的基准回归结果,发现改变聚类方法后,回归系数的标准差上升,但主要关注的回归系数统计显著性不变,说明前文的结果对于不同的方差聚类方法也是稳健的。

7.5 小　　结

7.5.1　主要结论与贡献

本章研究了移动互联网对投资行为的影响。具体来说,本章考察了投资者在进行网贷投资时的排序偏好,即在其他条件相同的情况下,投资者更偏好于投资排序靠前的贷款标的。本章研究了手机投资者和电脑投资者排序偏好的差异。

信息系统以及市场营销的许多文献发现,消费者使用手机进行消费决策时,往往会产生行为偏误,这可能是由于手机的屏幕较小,在其上浏览、搜索信息较为繁琐,成本较高。本章是首篇研究使用手机或移动互联网对投资决策的影响。利用网贷平台实际的交易数据,本章研究发现,在控制了投资人特征、贷款特征、时间效应后,手机投资者的排序偏好比电脑投资者高7.7%,或样本均值的 1.9 倍。与此同时,研究发现排序偏好与贷款违约率正相关,且对于手机投资者更显著。当排序偏好增加一个标准差时,平均给手机投资者,相对于电脑投资者,多带来 34 元的损失,经济意义显著。本章的结果说明,排序偏好可能是一种行为偏误,不能被风险偏好、追求高收益等原因所解释。

根据文献研究与常识经验,本章总结了三种可能导致手机投资者排序偏好的假说,并分别进行了验证。首先,研究发现,手机屏幕小、难操作(相对于电脑)的特性,使得在手机上信息搜索成本更高,从而导致手机投资者更可能有排序偏好。本章的结果支持这一假说。其次,由于使用手机不易受时间空间限制,因此投资者更有可能在有外界干扰的环境中使用手机进行投资。这使得投资者无法全面考虑所有信息,转而使用启发式的思考、只关注显著的信息,这导致手机投资者更可能有排序偏好。研究结果也支持这一假说。最后,网贷投资门槛较低,使得投资人金融素养较低,在面对同样信息集时,在不同投资渠道产生不同的投资决策,导致手机端更严重的行为偏误。但本章的结果不支持这一假说。

本章的贡献主要体现在三个方面。

首先,本章是第一个手机投资者与电脑投资者行为差异的研究。理解这些差异是评价新技术带来的福利影响的关键。

其次,本章为排序偏好存在提供了新的证据,在网贷市场上,为投资者行为偏误提供了更干净、更可靠的证据,并对背后的作用机制进行了明确的识别。

最后,结果对相关政策的制定有参考意义。从消费者保护的角度看,对于手机和电脑投资者,监管部门可以采取不同的信息披露标准,来提高移动互联网使用者的福利。

7.5.2　政策建议

随着技术逐步发展,移动互联网正替代传统互联网,成为人们接入互联网的主要方式。各类金融 App 使得人们可以在手机上方便地管理自己的财务,甚至进行投资决策。但与便利相伴的,是可能随之而来的成本。本章的结果对相关监管政策的制定和完善有参考意义。

首先,从消费者保护的角度出发,考虑到手机投资者有更严重的行为偏误,无法充分利用信息做出最优的投资决策,可以对手机投资软件制定更为严格的信息披露标准与规则。相关法规应当不仅针对信息披露的种类,还可以更细致地规定信息展示的格式与大小。比如关于风险的关键信息在投资 App 中展示时使用较大字体,确保手机投资者在认知资源有限的情况下可以优先注意到，从而避免信息多而不突出，导致投资者只能运用启发式的决策方式，选择排名靠前的投资标的。

其次，本章发现在网贷平台上的投资经验可以减少行为偏误，但无法降低不同投资渠道间行为偏误的差异。这说明伴随移动互联网而来的新型行为偏误，即使是有经验投资者可能也无法避免。因此，需要更有针对性的投资者教育，更为强调移动互联网对于投资行为及其他金融决策的影响。这不仅对于网络借贷，对于未来更多传统金融服务向移动互联网迁移时，如何进行投资者教育也提供了参考。

最后，本章结果表明，投资者在面对复杂信息时更容易产生行为偏误，而这一倾向在手机投资者中更为显著。因此对于投资经纪商或财富管理机构，无论是网贷平台还是传统的券商基金，在提供新的投资渠道方便投资者的同时，也应当考虑如何优化投资选项的展示，提升投资者福利。比如，通过提供易于操作的多维度筛选和排序功能，使得投资者能够对投资的关键信息进行筛选和排序，减少投资者面对信息的数量和维度，从而更容易做出最优的投资决策。

第 8 章 总　结

8.1　主要结论

本书从网络借贷市场行业风险的宏观形成机理与网贷平台投资者微观行为偏误两方面对网贷市场发展过程中呈现的种种经济现象进行了分析,并得到了有益的结论。

从宏观层面,本书第 2 章定性地分析了网络借贷的不同组织形式,发现理论上,纯粹的网络借贷模式有降低信息搜索成本、提高运营效率、促进普惠金融等优势。但是现实中,网络借贷从"去中介化"慢慢地"再中介化",已经逐渐失去了传统意义上网贷相对于传统金融机构的优势,暴露出越来越多的违约风险。第 3 章则从定量分析的角度,考察了技术供给和普惠金融需求两方面作为网贷行业发展的宏观驱动因素,并利用 651 家网贷平台日度交易数据进行了实证检验。一方面,发展越快的平台,未来停业的风险越低。进一步分析发现,技术供给促进网贷行业发展,同时网络借贷发展迎合了普惠金融的需求。这说明网贷行业的高速发展有一定的经济合理性。但另一方面,研究发现网贷平台的存续依赖于持续的高速增长。当平台成交量或投资人增速低于预期时,平台停业风险显著上升。监管政策出台抑制了网贷平台快速增长并且降低了网贷平台对于高增长的依赖。同时,监管政策也降低了平台停业风险。但不足的是,监管政策缺乏针对性。

综合来看,网贷行业的快速无序增长,使得行业逐渐背离"初心",增速超越合理的内在动因，使得风险累积。相对滞后且缺乏针对性的监管措施也对行业健康发展产生负面影响。

从微观层面，本书第 4 至 7 章分别从不同维度考察了网贷投资者的行为特征。第 4 章考察认知偏误，发现在网贷市场中，男性投资者比女性投资者更易过度自信，他们比女性投资者有着更高的换手率。然而，男性投资者的收益率却比女性投资者低。第 5 章考察金融素养对投资行为影响，发现投资者对信用风险的评估与金融素养有关。受教育程度、收入水平和工作行业分组等能够代表金融素养的变量与信用风险评估能力显著相关。这一差异最终将反映于网贷投资者的投资收益中。第 6 章研究了社会资本与社会网络对投资者行为的影响。选取本地偏好这一行为偏误，发现其在网贷市场上普遍存在。进一步研究发现社会资本的认知与信任维度都对本地偏好有显著影响。即使在互联网平台，本地社会资本依旧会对投资行为有影响作用。第 7 章研究了移动互联网对投资行为的影响。研究发现手机投资者有更严重的排序偏好，最终导致其投资收益降低。进一步研究发现，手机屏幕小、难操作（相对于电脑）的特性，使得在手机上信息搜索成本更高；由于使用手机不易受时间空间限制，因此投资者更有可能在有外界干扰的环境中使用手机进行投资。这些机制都导致手机投资者使用更快速、启发式的决策逻辑，导致绩效更低，这些都是伴随移动互联网的便利而来的隐性成本。

综合这些结果，本书发现网络借贷平台的投资者不仅有传统金融市场投资者存在的行为偏误，更由于投资门槛降低、投资便利程度提高等，引入了一些新型的行为偏误。深刻理解这一市场上的投资者行为，能够帮助我们对未来其他新兴的创新金融市场投资者保护、投资者教育相关的政策制定提供启示。

8.2　政策梳理与建议

党的十八大以来，习近平总书记高度重视金融工作，在多个重要场合就金融发展问题发表重要讲话,对做好金融工作作出重要指示。党中央强调,要把防控金融风险放到更加重要的位置,牢牢守住不发生系统性风险底线。网络借贷作为互联网金融、金融科技的创新形式,在满足普惠金融需求的同时,由于初期发展过程中存在的无序扩张等乱象,也蕴含了大量金融风险,对整体金融体系的稳定形成了挑战。自 2015 年以来,我国监管机构密集出台了多项针对网络借贷的监管法规与指导文件,有效遏制了不良网贷平台的扩张、化解了潜在的系统性金融风险、保护了普通借款人与投资人的合法权益。纵观整个监管政策发展的脉络,主要可以分为风险发现阶段(2015—2016年)、合规治理阶段(2016—2017 年)与转型退出阶段(2019—2021 年)。

2015 年 7 月,中国人民银行联合十部委发布《关于促进互联网金融健康发展的指导意见》,明确了网络借贷属于民间借贷范畴,承认其合法地位,主要受银监会监管。2016 年 4 月,国务院办公厅发布《关于印发互联网金融风险专项整治工作实施方案的通知》,要求 2017 年 3 月底前完成互联网金融风险专项整治工作,并由人民银行牵头成立了"互联网金融风险专项整治工作领导小组办公室"(以下简称"互金整治办")具体负责。当月,《P2P 网络借贷风险专项整治工作实施方案》出台,并由当时的银监会牵头成立了"P2P 网贷风险专项整治工作领导小组办公室"(以下简称"网贷整治办")具体负责。及时的监管政策的发布与专项工作小组的建立,使得网络借贷在发展较早的阶段就受到监管层关注,遏制了风险过度累积。

2016 年起,网络借贷行业"1+3"监管框架逐渐形成。2016 年 8 月,银监会联合四部委发布《网络借贷信息中介机构活动管理暂行办法》。同年 11 月,银监会、工信部与工商总局联合发布《网络借贷信息中介机构备案登记管理指引》。此后银监会分别于 2017 年 2 月和 8 月发布《网络借贷资金存管业务指引》和《网络借贷信息中介机构业务活动信息披露指引》。一个"办法"三个"指引",建立起相对完整的网络借贷监管体系。

虽然监管政策框架已经搭建完成,但由于涉及网络借贷平台众多,相关风险情况较为复杂,监管政策执行落地存在阻碍等问题,导致 2018 年起,所谓的网贷平台"爆雷"事件频发。为了坚定执行防范化解系统性风险的目标,互金整治办、网贷整治办于 2018 年 12 月下发《关于做好网贷机构分类处置和风险防范工作的意见》，开启了网络借贷平台严格合规监管、良性退出或转型的阶段。两办于 2019 年 11 月发布《关于网络借贷信息中介机构转型为小额贷款公司试点的指导意见》，引导部分符合条件的网贷机构转型为小贷公司。

2020 年 11 月《网络小额贷款业务管理暂行办法（征求意见稿）》出台，标志着网络借贷进入新的历史阶段。回顾历史可以看到，监管在行业的发展过程中，不断适应、调整监管方向，同时坚定不移地以降低风险为目标，摸索一条适合中国市场的网络借贷发展新道路。而我们也应当从这一行业的兴衰当中分析、讨论，得到对于未来网络小贷乃至其他金融科技创新研究的启示。

在当前我国已出台相关监管政策的基础上，根据前文的分析与结论，全书总结如下几点，为未来监管政策的进一步制定与完善提供思路和参考：

(1) 关注金融科技、金融创新发展适度性

第 3 章的研究结果表明，网贷行业的高速发展背后有合理的宏观驱动因素，但是，持续的高速增长不可维持，一旦增速放缓，需要警惕其后续的停业风险。这一结果提示我们，在外部环境没有发生变化的情况下，增速突然放缓是一种重要的风险信号，这对于建立金融创新业态风险预警机制有参考意义。

(2) 从技术创新与普惠金融政策两方面，引导金融科技健康成长

第 3 章的研究发现，技术创新是金融科技发展的先决条件，只有在充足的技术供给的前提下，才能为传统金融行业注入新的想法，应对市场需求产生新的解决方案。当前有许多传统金融机构也在大力研发、试用新技术，提升运行效率与服务质量，应当鼓励和引导企业内部创新，使传统优势企业保持活力。本书的结果表明，网贷行业的发展部分迎合了普惠金融的需求，在金融可得性越差的地区，行业发展越快。普惠金融是国家重点关注、大力发展的方向，小微企业、农民、城镇低收入人群、贫困人群、残疾人和老年人等特殊群体是当前我国普惠金融重点服务对象，而金融科技可以成为普惠金融发展的破题之处。

(3) 制定前瞻性、有针对性的监管框架，防范系统性风险

新技术、新业态的出现与发展，往往超出监管体系发展的速度，可以针对金融科技等创新行业制定前瞻性的监管框架，及早介入，防范系统性风

险。第 3 章的研究表明,网贷行业初期监管缺失导致了大量违规、问题平台出现,及时的监管措施与介入干预有较好的效果,但同时需要加强针对性,在对问题平台进行监管的同时,也不能抑制健康发展的优质平台。

(4) 完善消费者保护法规

第 7 章的研究发现,手机投资者有更严重的行为偏误,无法充分利用信息做出最优的投资决策,因此应当对手机投资软件制定更为严格的信息披露标准与规则。相关法规应当不仅针对信息披露的种类,还应更细致地规定信息展示的格式与大小。比如关于风险的关键信息在投资 App 中展示时使用较大字体,确保手机投资者在认知资源有限的情况下可以优先注意到,从而避免信息多而不突出,导致投资者只能运用启发式的决策方式,选择排名靠前的投资标的。

(5) 推动投资者教育

网贷平台上的投资经验可以减少行为偏误,但无法降低不同投资渠道间行为偏误的差异。这说明伴随移动互联网而来的新型行为偏误,即使是有经验投资者可能也无法避免。因此,需要更有针对性的投资者教育,更为强调移动互联网对于投资行为及其他金融决策的影响。这不仅对于网络借贷,对于未来更多传统金融服务向移动互联网迁移时,如何进行投资者教育也提供了参考。

(6) 鼓励企业发展减少投资者偏误的工具与技术

投资者在面对复杂信息时更容易产生行为偏误,而这一倾向在手机投资者中更为显著。因此对于投资经纪商或财富管理机构,无论是网贷平台还是传统的券商基金,在提供新的投资渠道方便投资者的同时,也应当考虑如何优化投资选项的展示,提升投资者福利。第 6 章的研究发现投资者在自主选择投资标的时存在本地偏好问题。一种潜在的缓解偏误的方法是使参与者的注意力集中在其他省份的贷款申请上,从而使他们的投资组合可以更好地进行地域分散化投资。另一种可能缓解行为偏误的机制是可以将具有相似特征但在不同省份的贷款证券化,打包出售给投资者,从而使得投资者进行地域分散化投资。

参考文献

[1] 范超,王磊和解明明.2017.新经济业态 P2P 网络借贷的风险甄别研究.统计研究 34(02)：33-43.

[2] 傅秋子和黄益平.2018.数字金融对农村金融需求的异质性影响——来自中国家庭金融调查与北京大学数字普惠金融指数的证据.金融研究 11：68-84.

[3] 高铭,江嘉骏,陈佳和刘玉珍.2017.谁说女子不如儿郎?——P2P 投资行为与过度自信.金融研究 11：96-111.

[4] 郭家堂和骆品亮.2016.互联网对中国全要素生产率有促进作用吗?.管理世界 10：34-49.

[5] 韩宝国和朱平芳.2014.宽带对中国经济增长影响的实证分析.统计研究 31(10)：49-54.

[6] 何光辉,杨咸月和蒲嘉杰.2017.中国 P2P 网络借贷平台风险及其决定因素研究.数量经济技术经济研究 34(11)：44-62.

[7] 胡金焱和宋唯实.2017.P2P 借贷中投资者的理性意识与权衡行为——基于"人人贷"数据的实证分析.金融研究 07：86-104.

[8] 江嘉骏,高铭和卢瑞昌.2020.网络借贷平台风险：宏观驱动因素与监管.金融研究 06：152-70.

[9] 江嘉骏,刘玉珍和陈康.2020.移动互联网是否带来行为偏误——来自网络借贷市场的新证据.经济研究 55(06)：39-55.

[10] 江嘉骏,和余音.2018.P2P 网络借贷的理论优势与现实困境.现代管理科学 07：102-4.

[11] 李苍舒和沈艳.2018.风险传染的信息识别——基于网络借贷市场的实证.金融研究 11：98-118.

[12] 李焰,高弋君,李珍妮,才子豪,王冰婷和杨宇轩.2014.借款人描述性信息对投资人决策的影响——基于 P2P 网络借贷平台的分析.经济研究 49(S1)：143-55.

[13] 廖理,吉霖和张伟强.2015a.借贷市场能准确识别学历的价值吗?——来自 P2P 平台的经验证据.金融研究 03：146-59.

[14] 廖理,李梦然和王正位.2014.聪明的投资者:非完全市场化利率与风险识别——来自P2P网络借贷的证据.经济研究 49(07):125-37.

[15] 廖理,李梦然,王正位和贺裴菲.2015b.观察中学习:P2P网络投资中信息传递与羊群行为.清华大学学报(哲学社会科学版)30(01):156-165+184.

[16] 林毅夫,刘明兴和章奇.2004.政策性负担与企业的预算软约束:来自中国的实证研究.管理世界 8:81-89+127-156.

[17] 刘红忠和毛杰.2018.P2P网络借贷平台爆发风险事件问题的研究——基于实物期权理论的视角.金融研究 11:119-32.

[18] 谭松涛和陈玉宇.2012.投资经验能够改善股民的收益状况吗——基于股民交易记录数据的研究.金融研究 5:164-78.

[19] 汪炜和郑扬扬.2015.互联网金融发展的经济学理论基础.经济问题探索 06:170-76.

[20] 王正位,邓颖惠和廖理.2016.知识改变命运:金融知识与微观收入流动性.金融研究 12:111-27.

[21] 向虹宇,王正位,江静琳和廖理.2019.网贷平台的利率究竟代表了什么?.经济研究 54(05):47-62.

[22] 谢平和邹传伟.2012.互联网金融模式研究.金融研究 12:11-22.

[23] 姚耀军和施丹燕.2017.互联网金融区域差异化发展的逻辑与检验——路径依赖与政府干预视角.金融研究 05:127-42.

[24] 易宪容.2009.美国次贷危机的信用扩张过度的金融分析.国际金融研究 12:14-23.

[25] 尹志超,宋全云和吴雨.2014.金融知识、投资经验与家庭资产选择.经济研究 04:62-75.

[26] 尹志超,宋全云,吴雨和彭嫦燕.2015a.金融知识、创业决策和创业动机.管理世界 01:87-98.

[27] 尹志超,吴雨和甘犁.2015b.金融可得性,金融市场参与和家庭资产选择.经济研究 50(3):87-99.

[28] 尹志超和张号栋.2018.金融可及性、互联网金融和家庭信贷约束——基于CHFS数据的实证研究.金融研究 11:188-206.

[29] 肇启伟,付剑峰和刘洪江.2015.科技金融中的关键问题——中国科技金融2014年会综述.管理世界 03:164-67.

[30] Acker, Daniella, and Nigel W. Duck. 2008. "Cross-Cultural Overconfidence and Biased Self-Attribution." *The Journal of Socio-Economics* 37 (5):1815-24.

[31] Adams, Renee B, Brad M Barber, and Terrance Odean. 2017. "The Math Gender Gap and Women's Career Outcomes." SSRN Electronic Journal 12(17).

[32] Adipat, Boonlit, Dongsong Zhang, and Lina Zhou. 2011. "The Effects of Tree-View Based Presentation Adaptation on Mobile Web Browsing." *MIS Quarterly* 35 (1):99-121.

[33] Agarwal, Sumit, Gene Amromin, Itzhak Ben-David, Souphala Chomsisengphet, and Douglas D. Evanoff. 2010. "Financial Counseling, Financial Literacy, and Household Decision Making." SSRN Scholarly Paper ID 1628975. Rochester, NY:Social Science

Research Network.

[34] Agarwal, Sumit, Souphala Chomsisengphet, and Cheryl Lim. 2016. "What Shapes Consumer Choice and Financial Products? — A Review." SSRN Scholarly Paper ID 2875886. Rochester, NY: Social Science Research Network.

[35] Agarwal, Sumit, John C. Driscoll, Xavier Gabaix, and David Laibson. 2008. "Learning in the Credit Card Market." Working Paper 13822. National Bureau of Economic Research.

[36] Agarwal, Sumit, John C. Driscoll, Xavier Gabaix, and David Laibson. 2009. "The Age of Reason: Financial Decisions over the Life Cycle and Implications for Regulation." *Brookings Papers on Economic Activity* 2009 (2): 51-117.

[37] Agarwal, Sumit, and Bhashkar Mazumder. 2013. "Cognitive Abilities and Household Financial Decision Making." *American Economic Journal: Applied Economics* 5 (1): 193-207.

[38] Agarwal, Sumit, Richard J. Rosen, and Vincent W. Yao. 2012. "Why Do Borrowers Make Mortgage Refinancing Mistakes?" SSRN Scholarly Paper ID 2259715. Rochester, NY: Social Science Research Network.

[39] Agrawal, Ajay, Christian Catalini, and Avi Goldfarb. 2015. "Crowdfunding: Geography, Social Networks, and the Timing of Investment Decisions." *Journal of Economics & Management Strategy* 24 (2): 253-74.

[40] Agrawal, Khushbu. 2012. "A Conceptual Framework of Behavioral Biases in Finance." *IUP Journal of Behavioral Finance* 9 (1): 7-18.

[41] Albers, Michael J., and Loel Kim. 2000. "User Web Browsing Characteristics Using Palm Handhelds for Information Retrieval." In *Proceedings of IEEE Professional Communication Society International Professional Communication Conference and Proceedings of the 18th Annual ACM International Conference on Computer Documentation: Technology & Teamwork*, 125-35. IPCC/SIGDOC'00. Piscataway, NJ, USA: IEEE Educational Activities Department.

[42] Allen, Franklin, Jun Qian, and Meijun Qian. 2005. "Law, Finance, and Economic Growth in China." *Journal of Financial Economics* 77 (1): 57-116.

[43] Alpert, Marc. 1982. "A Progress Report on the Training of Probability Assessors." *ResearchGate*, January.

[44] Amar, Moty, Dan Ariely, Shahar Ayal, Cynthia E. Cryder, and Scott I. Rick. 2011. "Winning the Battle but Losing the War: The Psychology of Debt Management." *Journal of Marketing Research* 48 (SPL): S38-50.

[45] Andersen, Steffen, John Y. Campbell, Kasper Meisner Nielsen, and Tarun Ramadorai. 2015. "Inattention and Inertia in Household Finance: Evidence from the Danish Mortgage Market." Working Paper 21386. National Bureau of Economic

Research.

[46] Ang, James S., Yingmei Cheng, and Chaopeng Wu. 2015. "Trust, Investment, and Business Contracting." *Journal of Financial and Quantitative Analysis* 50 (3): 569-95.

[47] Angrist, Joshua D., and Victor Lavy. 1997. "The Effect of a Change in Language of Instruction on the Returns to Schooling in Morocco." *Journal of Labor Economics* 15 (1, Part 2): S48-76.

[48] Arrow, Kenneth J. 1972. "Gifts and Exchanges." *Philosophy & Public Affairs* 1 (4): 343-62.

[49] Atkinson, Adele, and Flore-Anne Messy. 2011. "Assessing Financial Literacy in 12 Countries: An OECD/INFE International Pilot Exercise." *Journal of Pension Economics & Finance* 10 (4): 657-65.

[50] Ayal, Shahar, Guy Hochman, and Dan Zakay. 2011. "Two Sides of the Same Coin: Information Processing Style and Reverse Biases." *Judgment and Decision Making* 6 (4): 295-306.

[51] Ayyagari, Meghana, Asli Demirgüç-Kunt, and Vojislav Maksimovic. 2010. "Formal versus Informal Finance: Evidence from China." *The Review of Financial Studies* 23 (8): 3048-97.

[52] Baker, Tom, and Benedict G. C. Dellaert. 2017. "Regulating Robo Advice Across the Financial Services Industry." SSRN Scholarly Paper ID 2932189. Rochester, NY: Social Science Research Network.

[53] Balyuk, Tetyana, and Sergei A. Davydenko. 2019. "Reintermediation in FinTech: Evidence from Online Lending." SSRN Scholarly Paper ID 3189236. Rochester, NY: Social Science Research Network.

[54] Bandura, Albert. 1989. "Human Agency in Social Cognitive Theory." *American Psychologist* 44 (9): 1175.

[55] Barasinska, Nataliya, and Dorothea Schaefer. 2010. "Does Gender Affect Funding Success at the Peer-to-Peer Credit Markets? Evidence from the Largest German Lending Platform." SSRN Scholarly Paper ID 1738837. Rochester, NY: Social Science Research Network.

[56] Barber, Brad M., and Terrance Odean. 2001. "Boys Will Be Boys: Gender, Overconfidence, and Common Stock Investment." *The Quarterly Journal of Economics* 116 (1): 261-92.

[57] Barber, Brad M., and Terrance Odean. 2002. "Online Investors: Do the Slow Die First?" *Review of Financial Studies* 15 (2): 455-88.

[58] Barber, Brad M., and Terrance Odean. 2008. "All That Glitters: The Effect of Attention and News on the Buying Behavior of Individual and Institutional Investors."

The Review of Financial Studies 21 (2): 785-818.

[59] Barberis, Nicholas, Ming Huang, and Richard H. Thaler. 2006. "Individual Preferences, Monetary Gambles, and Stock Market Participation: A Case for Narrow Framing." *American Economic Review* 96 (4): 1069-90.

[60] Baye, Michael R., and John Morgan. 2001. "Information Gatekeepers on the Internet and the Competitiveness of Homogeneous Product Markets." *The American Economic Review* 91 (3): 454-74.

[61] Beck, Thorsten, Patrick Behr, and Andre Guettler. 2013. "Gender and Banking: Are Women Better Loan Officers?" *Review of Finance* 17 (4): 1279-1321.

[62] Beltratti, Andrea, and René M. Stulz. 2012. "The Credit Crisis around the Globe: Why Did Some Banks Perform Better?" *Journal of Financial Economics* 105 (1): 1-17.

[63] Benartzi, Shlomo, John Beshears, Katherine L. Milkman, Cass R. Sunstein, Richard H. Thaler, Maya Shankar, Will Tucker-Ray, William J. Congdon, and Steven Galing. 2017. "Should Governments Invest More in Nudging?" *Psychological Science* 28 (8): 1041-55.

[64] Berger, Allen N., William C. Hunter, and Stephen G. Timme. 1993. "The Efficiency of Financial Institutions: A Review and Preview of Research Past, Present and Future." *Journal of Banking & Finance*, 17 (2): 221-49.

[65] Bettinger, Eric P., Bridget Terry Long, Philip Oreopoulos, and Lisa Sanbonmatsu. 2012. "The Role of Application Assistance and Information in College Decisions: Results from the H&R Block Fafsa Experiment." *The Quarterly Journal of Economics* 127 (3): 1205-42.

[66] Boyd, John H., and Gianni De Nicoló. 2005. "The Theory of Bank Risk Taking and Competition Revisited." *The Journal of Finance* 60 (3): 1329-43.

[67] Braggion, Fabio, Alberto Manconi, and Haikun Zhu. 2017. "Is FinTech a Threat to Financial Stability? Evidence from Peer-to-Peer Lending in China." SSRN Scholarly Paper ID 2957411. Rochester, NY: Social Science Research Network.

[68] Brass, Daniel J. 2015. "Friendships in Online Peer-to-Peer Lending: Pipes, Prisms, and Relational Herding." *MIS Quarterly* 39 (3): 729-A4.

[69] Brown, Alexandra M, J Michael Collins, Maximilian D Schmeiser, and Carly Urban. 2014. "State Mandated Financial Education and the Credit Behavior of Young Adults."

[70] Brunnermeier, Markus K., and Christian Julliard. 2008. "Money Illusion and Housing Frenzies." *The Review of Financial Studies* 21 (1): 135-80.

[71] Brynjolfsson, Erik, and Michael D. Smith. 2000. "Frictionless Commerce? A Comparison of Internet and Conventional Retailers." *Management Science* 46 (4): 563-85.

[72] Buchak, Greg, Gregor Matvos, Tomasz Piskorski, and Amit Seru. 2017. "Fintech, Regulatory Arbitrage, and the Rise of Shadow Banks." Working Paper 23288. National Bureau of Economic Research.

[73] Bucher-Koenen, Tabea, Annamaria Lusardi, Rob Alessie, and Maarten Van Rooij. 2017. "How Financially Literate Are Women? An Overview and New Insights." *Journal of Consumer Affairs* 51 (2): 255-83.

[74] Burnside, Craig, Bing Han, David Hirshleifer, and Tracy Yue Wang. 2011. "Investor Overconfidence and the Forward Premium Puzzle." *The Review of Economic Studies* 78(2): 523-558.

[75] Byrne, Alistair, and Stephen Utkus. 2013. "Understanding How the Mind Can Help or Hinder Investment Success." *VAM*, 05-08.

[76] Calvet, Laurent E., John Y. Campbell, and Paolo Sodini. 2007. "Down or Out: Assessing the Welfare Costs of Household Investment Mistakes." *Journal of Political Economy* 115 (5): 707-47.

[77] Calvet, Laurent E., John Y. Campbell, and Paolo Sodini. 2009. "Measuring the Financial Sophistication of Households." *American Economic Review* 99 (2): 393-98.

[78] Campbell, John Y. 2006. "Household Finance." *The Journal of Finance* 61 (4): 1553-1604.

[79] Carlson, John A., and R. Preston McAfee. 1983. "Discrete Equilibrium Price Dispersion." *Journal of Political Economy* 91 (3): 480-93.

[80] Chang, Yen-Cheng, Harrison G. Hong, Larissa Tiedens, Na Wang, and Bin Zhao. 2015. "Does Diversity Lead to Diverse Opinions? Evidence from Languages and Stock Markets." SSRN Scholarly Paper ID 2373097. Rochester, NY: Social Science Research Network.

[81] Chen, Jia, Jiajun Jiang, and Yu-jane Liu. 2018. "Financial Literacy and Gender Difference in Loan Performance." *Journal of Empirical Finance* 48 (September): 307-20.

[82] Chen, Xiao-hong, Fu-jing Jin, Qun Zhang, and Li Yang. 2016. "Are Investors Rational or Perceptual in P2P Lending?" *Information Systems and E-Business Management* 14 (4): 921-44.

[83] Christelis, Dimitris, Tullio Jappelli, and Mario Padula. 2010. "Cognitive Abilities and Portfolio Choice." *European Economic Review* 54 (1): 18-38.

[84] Cohen, Donald J., and Laurence Prusak. 2001. *In Good Company: How Social Capital Makes Organizations Work*. Boston: Harvard Business School Press.

[85] Cooper, Ian, and Evi Kaplanis. 1994. "Home Bias in Equity Portfolios, Inflation Hedging, and International Capital Market Equilibrium." *The Review of Financial Studies* 7 (1): 45-60.

[86] Coval, Joshua D., and Tobias J. Moskowitz. 1999. "Home Bias at Home: Local Equity Preference in Domestic Portfolios." *The Journal of Finance* 54 (6): 2045-73.

[87] Croson, Rachel, and Uri Gneezy. 2009. "Gender Differences in Preferences." *Journal of Economic Literature*; *Nashville* 47 (2): 448-74.

[88] Czernich, Nina, Oliver Falck, Tobias Kretschmer, and Ludger Woessmann. 2011. "Broadband Infrastructure and Economic Growth." *The Economic Journal* 121 (552): 505-32.

[89] Dasgupta, Basab. 2004. "Capital Accumulation in the Presence of Informal Credit Contracts: Does the Incentive Mechanism Work Better than Credit Rationing Under Asymmetric Information?" *Economics Working Papers*, October.

[90] Datta, Anusua, and Sumit Agarwal. 2004. "Telecommunications and Economic Growth: A Panel Data Approach." *Applied Economics* 36 (15): 1649-54.

[91] DeBondt, Werner F. M., and Richard H. Thaler. 1994. "Financial Decision-Making in Markets and Firms: A Behavioral Perspective." SSRN Scholarly Paper ID 420312. Rochester, NY: Social Science Research Network.

[92] DellaVigna, Stefano. 2009. "Psychology and Economics: Evidence from the Field." *Journal of Economic Literature* 47 (2): 315-72.

[93] Deloitte. 2016. "Marketplace Lending: A Temporary Phenomenon? An Analysis of the UK Market."

[94] Demirgüç-Kunt, Asli, and Vojislav Maksimovic. 1998. "Law, Finance, and Firm Growth." *The Journal of Finance* 53 (6): 2107-37.

[95] Dhar, Ravi, and Ning Zhu. 2006. "Up Close and Personal: Investor Sophistication and the Disposition Effect." *Management Science* 52 (5): 726-40.

[96] Duarte, Jefferson, Stephan Siegel, and Lance Young. 2012. "Trust and Credit: The Role of Appearance in Peer-to-Peer Lending." *The Review of Financial Studies* 25 (8): 2455-84.

[97] Dziuda, Wioletta, and Jordi Mondria. 2012. "Asymmetric Information, Portfolio Managers, and Home Bias." *The Review of Financial Studies* 25 (7): 2109-54.

[98] Easton, Peter D, and Gregory A Sommers. 2007. "Effect of Analysts' Optimism on Estimates of the Expected Rate of Return Implied by Earnings Forecasts." *Journal of Accounting Research* 45 (5): 983-1015.

[99] Eccles, Robert G., Ioannis Ioannou, and George Serafeim. 2014. "The Impact of Corporate Sustainability on Organizational Processes and Performance." *Management Science* 60 (11): 2835-57.

[100] Eckel, Catherine C., and Philip J. Grossman. 2008. "Chapter 113 Men, Women and Risk Aversion: Experimental Evidence." In *Handbook of Experimental Economics Results*, edited by Charles R. Plott and Vernon L. Smith, 1: 1061-73. Elsevier.

[101] Einav, Liran, and Leeat Yariv. 2006. "What's in a Surname? The Effects of Surname Initials on Academic Success." *Journal of Economic Perspectives* 20 (1): 175-87.

[102] Elekdag, Selim, and Yiqun Wu. 2013. "Rapid Credit Growth in Emerging Markets: Boon or Boom-Bust?" *Emerging Markets Finance and Trade* 49 (5): 45-62.

[103] Engelberg, Joseph E., and Christopher A. Parsons. 2011. "The Causal Impact of Media in Financial Markets." *The Journal of Finance* 66 (1): 67-97.

[104] Everett, Craig R. 2015. "Group Membership, Relationship Banking and Loan Default Risk: The Case of Online Social Lending." SSRN Scholarly Paper ID 1114428. Rochester, NY: Social Science Research Network.

[105] Fidora, Michael, Marcel Fratzscher, and Christian Thimann. 2007. "Home Bias in Global Bond and Equity Markets: The Role of Real Exchange Rate Volatility." *Journal of International Money and Finance*, Financial Globalization and Integration, 26 (4): 631-55.

[106] Fonseca, Raquel, Kathleen J Mullen, Gema Zamarro, and Julie Zissimopoulos. 2012. "What Explains the Gender Gap in Financial Literacy? The Role of Household Decision Making." *Journal of Consumer Affairs* 46 (1): 90-106.

[107] Francis, Jennifer, and Donna Philbrick. 1993. "Analysts' Decisions as Products of a Multi-Task Environment." *Journal of Accounting Research* 31 (2): 216-30.

[108] Freedman, Seth, and Ginger Zhe Jin. 2008. "Do Social Networks Solve Information Problems for Peer-to-Peer Lending? Evidence from Prosper.Com." SSRN Scholarly Paper ID 1936057. Rochester, NY: Social Science Research Network.

[109] Freedman, Seth, and Ginger Zhe Jin. 2014. "The Information Value of Online Social Networks: Lessons from Peer-to-Peer Lending." Working Paper 19820. National Bureau of Economic Research.

[110] Fukuyama, Francis. 1995. *Trust: The Social Virtues and the Creation of Prosperity*. D10 301 c. 1/c. 2. New York: Free Press Paperbacks.

[111] Gerardi, Kristopher, Lorenz Goette, and Stephan Meier. 2013. "Numerical Ability Predicts Mortgage Default." *Proceedings of the National Academy of Sciences* 110 (28): 11267-71.

[112] Gervais, Simon, and Terrance Odean. 2001. "Learning to Be Overconfident." *Review of Financial Studies* 14 (1): 1-27.

[113] Ghose, Anindya, Avi Goldfarb, and Sang Pil Han. 2012. "How Is the Mobile Internet Different? Search Costs and Local Activities." *Information Systems Research* 24 (3): 613-31.

[114] Giannetti, Mariassunta, and Tracy Yue Wang. 2016. "Corporate Scandals and Household Stock Market Participation." *The Journal of Finance* 71 (6):

2591-2636.

[115] Glaser, Markus, and Martin Weber. 2009. "Which Past Returns Affect Trading Volume?" *Journal of Financial Markets* 12 (1): 1-31.

[116] Glosten, Lawrence R. 1987. "Components of the Bid-Ask Spread and the Statistical Properties of Transaction Prices." *The Journal of Finance* 42 (5): 1293-1307.

[117] Graham, John R., Campbell R. Harvey, and Hai Huang. 2009. "Investor Competence, Trading Frequency, and Home Bias." *Management Science* 55 (7): 1094-1106.

[118] Greenwood, Robin, and Stefan Nagel. 2009. "Inexperienced Investors and Bubbles." *Journal of Financial Economics* 93 (2): 239-58.

[119] Gregory, Neil F., Stoyan Tenev, and Dileep M. Wagle. 2000. *China's Emerging Private Enterprises: Prospects for the New Century*. World Bank Publications.

[120] Grinblatt, Mark, and Matti Keloharju. 2009. "Sensation Seeking, Overconfidence, and Trading Activity." *The Journal of Finance* 64 (2): 549-78.

[121] Grossman, Sanford J., and Joseph E. Stiglitz. 1980. "On the Impossibility of Informationally Efficient Markets." *The American Economic Review* 70 (3): 393-408.

[122] Guiso, Luigi, Paola Sapienza, and Luigi Zingales. 2004. "The Role of Social Capital in Financial Development." *American Economic Review* 94 (3): 526-56.

[123] Guiso, Luigi, Paola Sapienza, and Luigi Zingales. 2008. "Trusting the Stock Market." *The Journal of Finance* 63 (6): 2557-2600.

[124] Guiso, Luigi, Paola Sapienza, and Luigi Zingales. 2009. "Cultural Biases in Economic Exchange?" *The Quarterly Journal of Economics* 124 (3): 1095-1131.

[125] Gurun, Umit G., Noah Stoffman, and Scott E. Yonker. 2018. "Trust Busting: The Effect of Fraud on Investor Behavior." *The Review of Financial Studies* 31 (4): 1341-76.

[126] Hastings, Justine, Olivia S. Mitchell, and Eric Chyn. 2011. "Fees, Framing, and Financial Literacy in the Choice of Pension Manager." *Financial Literacy: Implications for Retirement Security and the Financial Marketplace* 101.

[127] Hastings, Justine S., Brigitte Madrian, and William Skimmyhorn. 2013. "Financial Literacy, Financial Education, and Economic Outcomes." *Annual Review of Economics* 5 (1): 347-73.

[128] Hastings, Justine S, and Lydia Tejeda-Ashton. 2008. "Financial Literacy, Information, and Demand Elasticity: Survey and Experimental Evidence from Mexico." Working Paper 14538. Working Paper Series. National Bureau of Economic Research.

[129] Herzenstein, Michal, Rick L Andrews, Uptal Dholakia, and Evgeny Lyandres.

2008. "The Democratization of Personal Consumer Loans? Determinants of Success in Online Peer-to-Peer Lending Communities." Boston University School of Management Research Paper.

[130] Herzenstein, Michal, Utpal M. Dholakia, and Rick L. Andrews. 2011a. "Strategic Herding Behavior in Peer-to-Peer Loan Auctions." *Journal of Interactive Marketing* 25 (1): 27-36.

[131] Herzenstein, Michal, Scott Sonenshein, and Utpal M Dholakia. 2011b. "Tell Me a Good Story and I May Lend You Money: The Role of Narratives in Peer-to-Peer Lending Decisions." *Journal of Marketing Research (JMR)* 48 (October): S138-49.

[132] Hilgert, Marianne A., Jeanne M. Hogarth, and Sondra G. Beverly. 2003. "Household Financial Management: The Connection between Knowledge and Behavior." *Federal Reserve Bulletin* 89: 309.

[133] Hirshleifer, D. 2001. "Investor Psychology and Asset Pricing." *The Journal of Finance* 56 (4): 1533-97.

[134] Hirshleifer, David, Sonya Seongyeon Lim, and Siew Hong Teoh. 2009. "Driven to Distraction: Extraneous Events and Underreaction to Earnings News." *The Journal of Finance* 64 (5): 2289-2325.

[135] Ho, Daniel E., and Kosuke Imai. 2008. "Estimating Causal Effects of Ballot Order from a Randomized Natural Experiment the California Alphabet Lottery, 1978-2002." *Public Opinion Quarterly* 72 (2): 216-40.

[136] Hoffmann, Arvid O. I., Hersh Shefrin, and Joost M. E. Pennings. 2010. "Behavioral Portfolio Analysis of Individual Investors." SSRN Scholarly Paper ID 1629786. Rochester, NY: Social Science Research Network.

[137] Hong, Harrison, Jeffrey D. Kubik, and Jeremy C. Stein. 2004. "Social Interaction and Stock-Market Participation." *The Journal of Finance* 59 (1): 137-63.

[138] Hong, Harrison, Jeffrey D. Kubik, and Jeremy C. Stein. 2005. "Thy Neighbor's Portfolio: Word-of-Mouth Effects in the Holdings and Trades of Money Managers." *The Journal of Finance* 60 (6): 2801-24.

[139] Hong, Harrison, and Jeremy C. Stein. 1999. "A Unified Theory of Underreaction, Momentum Trading, and Overreaction in Asset Markets." *The Journal of Finance* 54 (6): 2143-84.

[140] Huberman, Gur. 2001. "Familiarity Breeds Investment." *The Review of Financial Studies* 14 (3): 659-80.

[141] Huston, Sandra J. 2010. "Measuring Financial Literacy." *Journal of Consumer Affairs* 44 (2): 296-316.

[142] Hyun, Jung-Soon, and Byung-Kun Rhee. 2011. "Bank Capital Regulation and Credit Supply." *Journal of Banking & Finance* 35 (2): 323-30.

[143] Ivković, Zoran, Clemens Sialm, and Scott Weisbenner. 2008. "Portfolio Concentration and the Performance of Individual Investors." *Journal of Financial and Quantitative Analysis* 43 (3): 613-55.

[144] Ivković, Zoran, and Scott Weisbenner. 2005. "Local Does as Local Is: Information Content of the Geography of Individual Investors' Common Stock Investments." *The Journal of Finance* 60 (1): 267-306.

[145] Iyer, Rajkamal, Asim Ijaz Khwaja, Erzo F. P. Luttmer, and Kelly Shue. 2009. "Screening in New Credit Markets: Can Individual Lenders Infer Borrower Creditworthiness in Peer-to-Peer Lending?" SSRN Scholarly Paper ID 1570115. Rochester, NY: Social Science Research Network.

[146] Iyer, Rajkamal, Asim Ijaz Khwaja, Erzo F. P. Luttmer, and Kelly Shue. 2015. "Screening Peers Softly: Inferring the Quality of Small Borrowers." *Management Science* 62 (6): 1554-77.

[147] Jacobs, Heiko, and Alexander Hillert. 2016. "Alphabetic Bias, Investor Recognition, and Trading Behavior." *Review of Finance* 20 (2): 693-723.

[148] Jacobs, Janis E. 2005. "Twenty-Five Years of Research on Gender and Ethnic Differences in Math and Science Career Choices: What Have We Learned?" *New Directions for Child and Adolescent Development* 2005 (110): 85-94.

[149] Jiang, Jiajun, Yu-Jane Liu, and Ruichang Lu. 2020. "Social Heterogeneity and Local Bias in Peer-to-Peer Lending – Evidence from China." *Journal of Comparative Economics* 48(2), 302-324.

[150] Kadoya, Yoshihiko, and Mostafa Saidur Rahim Khan. 2019. "What Determines Financial Literacy in Japan?" *Journal of Pension Economics & Finance*, January, 1-19.

[151] Kahneman, Daniel. 2011. *Thinking, Fast and Slow*. Macmillan.

[152] Kim, Hakwoon, and Jooyoung Kim. 2017. "Geographic Proximity between Lender and Borrower: How Does It Affect Crowdfunding?" *Review of Accounting and Finance* 16 (4): 462-77.

[153] Klafft, Michael. 2008. "Online Peer-to-Peer Lending: A Lenders' Perspective." SSRN Scholarly Paper ID 1352352. Rochester, NY: Social Science Research Network.

[154] Knack, Stephen, and Philip Keefer. 1997. "Does Social Capital Have an Economic Payoff? A Cross-Country Investigation." *The Quarterly Journal of Economics* 112 (4): 1251-88.

[155] Koppell, Jonathan GS, and Jennifer A. Steen. 2004. "The Effects of Ballot Position on Election Outcomes." *Journal of Politics* 66 (1): 267-81.

[156] Korniotis, George M., and Alok Kumar. 2011. "Do Older Investors Make Better Investment Decisions?" *The Review of Economics and Statistics* 93 (1): 244-65.

[157] Korniotis, George M., and Alok Kumar. 2013. "Do Portfolio Distortions Reflect Superior Information or Psychological Biases?" *Journal of Financial and Quantitative Analysis* 48 (1): 1-45.

[158] Krugman, Paul. 1991. "Increasing Returns and Economic Geography." *Journal of Political Economy* 99 (3): 483-99.

[159] Kumar, Alok. 2010. "Self-Selection and the Forecasting Abilities of Female Equity Analysts." *Journal of Accounting Research* 48 (2): 393-435.

[160] Kumar, Alok, and Sonya Seongyeon Lim. 2008. "How Do Decision Frames Influence the Stock Investment Choices of Individual Investors?" *Management Science* 54 (6): 1052-64.

[161] La Porta, Rafael, Florencio Lopez-De-Silanes, Andrei Shleifer, and Robert W. Vishny. 1997a. "Legal Determinants of External Finance." *The Journal of Finance* 52 (3): 1131-50.

[162] La Porta, Rafael, Florencio Lopez-de-Silanes, Andrei Shleifer, and Robert W. Vishny. 1997b. "Trust in Large Organizations." *American Economic Review* 87 (2): 333-38.

[163] La Porta, Rafael, Florencio Lopez-de-Silanes, Andrei Shleifer, and Robert W. Vishny. 1998. "Law and Finance." *Journal of Political Economy* 106 (6): 1113-55.

[164] Laeven, Luc, and Ross Levine. 2009. "Bank Governance, Regulation and Risk Taking." *Journal of Financial Economics* 93 (2): 259-75.

[165] Lang, Kevin. 1986. "A Language Theory of Discrimination." *The Quarterly Journal of Economics* 101 (2): 363-82.

[166] Larrick, Richard P. 2004. "Debiasing." In *Blackwell Handbook of Judgment and Decision Making*, 316-38. John Wiley & Sons, Ltd.

[167] Lennox, Clive S., Jere R. Francis, and Zitian Wang. 2011. "Selection Models in Accounting Research." *The Accounting Review* 87 (2): 589-616.

[168] Levine, Ross, and Sara Zervos. 1998. "Stock Markets, Banks, and Economic Growth." *The American Economic Review* 88 (3): 537-58.

[169] Liao, Li, Zhengwei Wang, Jia Xiang, Hongjun Yan, and Jun Yang. 2018. "Investing with Fast Thinking." SSRN Scholarly Paper ID 3197303. Rochester, NY: Social Science Research Network.

[170] Liao, Li, Zhengwei Wang, Jia Xiang, and Jun Yang. 2016. "Investments Under Fast-Thinking: Evidence from Peer-to-Peer Lending." SSRN Scholarly Paper ID 2830326. Rochester, NY: Social Science Research Network.

[171] Liao, Li, Zhengwei Wang, Jia Xiang, and Jun Yang. 2017. "Thinking Fast, Not Slow: Evidence from Peer-to-Peer Lending." SSRN Scholarly Paper ID 2830326. Rochester, NY: Social Science Research Network.

[172] Lin, Mingfeng, Nagpurnanand R. Prabhala, and Siva Viswanathan. 2013. "Judging Borrowers by the Company They Keep: Friendship Networks and Information Asymmetry in Online Peer-to-Peer Lending." *Management Science* 59 (1): 17-35.

[173] Lin, Mingfeng, and Siva Viswanathan. 2015. "Home Bias in Online Investments: An Empirical Study of an Online Crowdfunding Market." *Management Science* 62 (5): 1393-1414.

[174] Lins, Karl V., Henri Servaes, and Ane Tamayo. 2017. "Social Capital, Trust, and Firm Performance: The Value of Corporate Social Responsibility during the Financial Crisis." *The Journal of Finance* 72 (4): 1785-1824.

[175] Liu, De, Daniel Brass, Yong Lu, and Dongyu Chen. 2015. "Friendships in Online Peer-to-Peer Lending: Pipes, Prisms, and Relational Herding." *Management Information Systems Quarterly* 39 (3): 729-42.

[176] Lusardi, Annamaria, and Olivia S. Mitchell. 2007. "Baby Boomer Retirement Security: The Roles of Planning, Financial Literacy, and Housing Wealth." *Journal of Monetary Economics*, Carnegie-Rochester Conference Series on Public Policy: Economic Consequences of Demographic Change in a Global Economy April 21-22, 2006, 54 (1): 205-24.

[177] Lusardi, Annamaria, and Olivia S. Mitchell. 2008. "Planning and Financial Literacy: How Do Women Fare?" *American Economic Review* 98 (2): 413-17.

[178] Lusardi, Annamaria, and Olivia S. Mitchell. 2011. "Financial Literacy around the World: An Overview." *Journal of Pension Economics & Finance* 10 (4): 497-508.

[179] Lusardi, Annamaria, and Olivia S. Mitchell. 2014. "The Economic Importance of Financial Literacy: Theory and Evidence." *Journal of Economic Literature* 52 (1): 5-44.

[180] Lusardi, Annamaria, and Peter Tufano. 2015. "Debt Literacy, Financial Experiences, and Overindebtedness." *Journal of Pension Economics & Finance* 14 (4): 332-68.

[181] Malmendier, Ulrike, and Stefan Nagel. 2011. "Depression Babies: Do Macroeconomic Experiences Affect Risk Taking?". *The Quarterly Journal of Economics* 126 (1): 373-416.

[182] Malmendier, Ulrike, and Stefan Nagel. 2016. "Learning from Inflation Experiences." *The Quarterly Journal of Economics* 131 (1): 53-87.

[183] Mankiw, Ng. 1995. "The Growth of Nations." *Brookings Papers on Economic Activity*, no. 1: 275-310.

[184] Martin-Oliver, Alfredo, Vicente Salas-Fumas, and Jesús Saurina. 2008. "Search Cost and Price Dispersion in Vertically Related Markets: The Case of Bank Loans and Deposits." *Review of Industrial Organization* 33 (4): 297-323.

[185] McKinnon, Ronald I. 2010. *Money and Capital in Economic Development*. Brookings Institution Press.

[186] McNichols, Maureen, and Patricia C. O'Brien. 1997. "Self-Selection and Analyst Coverage." *Journal of Accounting Research* 35: 167-99.

[187] Meyers-Levy, Joan, and Barbara Loken. 2015. "Revisiting Gender Differences: What We Know and What Lies Ahead." *Journal of Consumer Psychology* 25 (1): 129-49.

[188] Michels, Jeremy. 2012. "Do Unverifiable Disclosures Matter? Evidence from Peer-to-Peer Lending." *The Accounting Review* 87 (4): 1385-1413.

[189] Milgrom, Paul, and Nancy Stokey. 1982. "Information, Trade and Common Knowledge." *Journal of Economic Theory* 26 (1): 17-27.

[190] Milne, Alistair, and Paul Parboteeah. 2016. "The Business Models and Economics of Peer-to-Peer Lending." SSRN Scholarly Paper ID 2763682. Rochester, NY: Social Science Research Network.

[191] Mohieldin, Mahmoud S., and Peter W. Wright. 2000. "Formal and Informal Credit Markets in Egypt." *Economic Development and Cultural Change* 48 (3): 657-70.

[192] Mookerjee, Rajen, and Paul Kalipioni. 2010. "Availability of Financial Services and Income Inequality: The Evidence from Many Countries." *Emerging Markets Review* 11 (4): 404-8.

[193] Moore, Danna L. 2003. *Survey of Financial Literacy in Washington State: Knowledge, Behavior, Attitudes, and Experiences*. Washington State Department of Financial Institutions.

[194] Nahapiet, Janine, and Sumantra Ghoshal. 1998. "Social Capital, Intellectual Capital, and the Organizational Advantage." *Academy of Management Review* 23 (2): 242-66.

[195] Nickell, Stephen J. 1996. "Competition and Corporate Performance." *Journal of Political Economy* 104 (4): 724-46.

[196] Odean, Terrance. 1998. "Volume, Volatility, Price, and Profit When All Traders Are Above Average." *The Journal of Finance* 53 (6): 1887-1934.

[197] Odean, Terrance. 1999. "Do Investors Trade Too Much?" *American Economic Review* 89 (5): 1279-98.

[198] Ofir, Moran, and Zvi Wiener. 2016. "Individuals Investment in Financial Structured Products from Rational and Behavioral Choice Perspectives." In *Behavioral Finance*, 33-65. World Scientific.

[199] Pagano, Marco, and Tullio Jappelli. 1993. "Information Sharing in Credit Markets." *The Journal of Finance* 48 (5): 1693-1718.

[200] Peek, Joe, and Eric Rosengren. 1995. "Bank Regulation and the Credit Crunch."

Journal of Banking & Finance, The Role of Capital in Financial Institutions, 19 (3): 679-92.

[201] Petersen, Mitchell A. 2009. "Estimating Standard Errors in Finance Panel Data Sets: Comparing Approaches." *The Review of Financial Studies* 22 (1): 435-80.

[202] Philippon, Thomas. 2016. "The FinTech Opportunity." Working Paper 22476. National Bureau of Economic Research.

[203] Pieters, Gina C. 2017. "The Potential Impact of Decentralized Virtual Currency on Monetary Policy." SSRN Scholarly Paper ID 2976515. Rochester, NY: Social Science Research Network.

[204] Pool, Veronika K., Noah Stoffman, and Scott E. Yonker. 2015. "The People in Your Neighborhood: Social Interactions and Mutual Fund Portfolios." *The Journal of Finance* 70 (6): 2679-2732.

[205] Pope, Devin G., and Justin R. Sydnor. 2011. "What's in a Picture? Evidence of Discrimination from Prosper.Com." *Journal of Human Resources* 46 (1): 53-92.

[206] Powell, Melanie, and David Ansic. 1997. "Gender Differences in Risk Behaviour in Financial Decision-Making: An Experimental Analysis." *Journal of Economic Psychology* 18 (6): 605-28.

[207] Pulford, Briony D., and Andrew M. Colman. 1997. "Overconfidence: Feedback and Item Difficulty Effects." *Personality and Individual Differences* 23 (1): 125-33.

[208] Puri, Manju, and David T. Robinson. 2007. "Optimism and Economic Choice." *Journal of Financial Economics* 86 (1): 71-99.

[209] Putnam, Robert D. 1995. "Bowling Alone: America's Declining Social Capital." *Journal of Democracy* 6 (1): 65-78.

[210] Ramcharan, Rodney. 2009. "House Prices and Household Credit Access Evidence from Prosper.Com." SSRN Scholarly Paper ID 1336579. Rochester, NY: Social Science Research Network.

[211] Ravina, Enrichetta. 2012. "Love & Loans: The Effect of Beauty and Personal Characteristics in Credit Markets." SSRN Scholarly Paper ID 1101647. Rochester, NY: Social Science Research Network.

[212] Sangnier, Marc. 2013. "Does Trust Favor Macroeconomic Stability?" *Journal of Comparative Economics* 41 (3): 653-68.

[213] Sapienza, Paola, and Luigi Zingales. 2012. "A Trust Crisis." *International Review of Finance* 12 (2): 123-31.

[214] Schularick, Moritz, and Alan M. Taylor. 2012. "Credit Booms Gone Bust: Monetary Policy, Leverage Cycles, and Financial Crises, 1870 – 2008." *American Economic Review* 102 (2): 1029-61.

[215] Segal, Miriam. 2015. "Peer-to-Peer Lending: A Financing Alternative for Small

Businesses." *SBA Issue Brief* 10.

[216] Shankar, Venkatesh, Alladi Venkatesh, Charles Hofacker, and Prasad Naik. 2010. "Mobile Marketing in the Retailing Environment: Current Insights and Future Research Avenues." *Journal of Interactive Marketing*, Special Issue on "Emerging Perspectives on Marketing in a Multichannel and Multimedia Retailing Enviroment," 24 (2): 111-20.

[217] Shapira, Zur, and Itzhak Venezia. 2008. "On the Preference for Full-Coverage Policies: Why Do People Buy Too Much Insurance?" *Journal of Economic Psychology* 29 (5): 747-61.

[218] Skimmyhorn, William. 2016. "Assessing Financial Education: Evidence from Boot Camp." *American Economic Journal: Economic Policy* 8 (2): 322-43.

[219] Smedts, Kristien, De Goeij, and Peter. 2008. "Gender Differences Among Analyst Recommendations." SSRN Scholarly Paper ID 1102123. Rochester, NY: Social Science Research Network.

[220] Smith, Jr., Donald F., and Richard Florida. 1994. "Agglomeration and Industrial Location: An Econometric Analysis of Japanese-Affiliated Manufacturing Establishments in Automotive-Related Industries." *Journal of Urban Economics* 36 (1): 23-41.

[221] Stango, Victor, and Jonathan Zinman. 2009. "Exponential Growth Bias and Household Finance." *The Journal of Finance* 64 (6): 2807-49.

[222] Stein, Jeremy C. 2002. "Information Production and Capital Allocation: Decentralized versus Hierarchical Firms." *The Journal of Finance* 57 (5): 1891-1921.

[223] Strong, Norman, and Xinzhong Xu. 2003. "Understanding the Equity Home Bias: Evidence from Survey Data." *The Review of Economics and Statistics* 85 (2): 307-12.

[224] Sweeney, Simon, and Fabio Crestani. 2006. "Effective Search Results Summary Size and Device Screen Size: Is There a Relationship?" *Information Processing & Management* 42 (4): 1056-74.

[225] Thaler, R. H. 1999. "Mental Accounting Matters." *Journal of Behavioral Decision Making* 12 (3): 183-206.

[226] Tsai, Kellee S. 2004. *Back-Alley Banking: Private Entrepreneurs in China*. Cornell University Press.

[227] Tversky, Amos, and Daniel Kahneman. 1992. "Advances in Prospect Theory: Cumulative Representation of Uncertainty." *Journal of Risk and Uncertainty* 5 (4): 297-323.

[228] United States Department of the Treasury. 2016. "Opportunities and Challenges in Online Marketplace Lending." Washington, DC: Department of the Treasury.

[229] van Rooij, Maarten, Annamaria Lusardi, and Rob Alessie. 2011. "Financial

Literacy and Stock Market Participation." *Journal of Financial Economics* 101 (2): 449-72.

[230] Wagner, Charlotte. 2012. "From Boom to Bust: How Different Has Microfinance Been from Traditional Banking?" *Development Policy Review* 30 (2): 187-210.

[231] Wang, Baolian. 2017. "Ranking and Salience." SSRN Scholarly Paper ID 2922350. Rochester, NY: Social Science Research Network.

[232] Wang, Rebecca J., Edward C. Malthouse, and Lakshman Krishnamurthi. 2015. "On the Go: How Mobile Shopping Affects Customer Purchase Behavior." *Journal of Retailing*, Multi-Channel Retailing, 91 (2): 217-34.

[233] Wang, Yan. 2016. "Time Is Money? — Time Pressure and Investor Behavior: Evidence from Peer-To-Peer Lending." SSRN Scholarly Paper ID 2821361. Rochester, NY: Social Science Research Network.

[234] Weber, Martin, Elke U. Weber, and Alen Nosić. 2013. "Who takes Risks When and Why: Determinants of Changes in Investor Risk Taking." *Review of Finance*, 17 (3): 847-883.

[235] Xu, Jia, and Liutang Gong. 2017. "Financial Literacy and Retirement Planning in China." Working Paper.

[236] Yoong, Joanne. 2011. "Financial Illiteracy and Stock Market Participation: Evidence from the RAND American Life Panel." *Financial Literacy: Implications for Retirement Security and the Financial Marketplace*, 76.

[237] Zhang, Weiying, and Rongzhe Ke. 2003. "Trust in China: A Cross-Regional Analysis." SSRN Scholarly Paper ID 577781. Rochester, NY: Social Science Research Network.

[238] Zhang, Xiangyi, Yi Liu, Xiyou Chen, Xuesong Shang, and Yongfang Liu. 2017. "Decisions for Others Are Less Risk-Averse in the Gain Frame and Less Risk-Seeking in the Loss Frame Than Decisions for the Self." *Frontiers in Psychology* 8 (September): 1601.

图书在版编目(CIP)数据

网络小贷市场风险与投资者行为偏差/江嘉骏著. —上海：复旦大学出版社，2022.11
ISBN 978-7-309-16498-5

Ⅰ.①网… Ⅱ.①江… Ⅲ.①互联网络-应用-借贷-风险管理-研究-中国 Ⅳ.①F832.4-39

中国版本图书馆 CIP 数据核字(2022)第 194484 号

网络小贷市场风险与投资者行为偏差
WANGLUO XIAODAI SHICHANG FENGXIAN YU TOUZI ZHE XINGWEI PIANCHA
江嘉骏 著
责任编辑/戚雅斯

复旦大学出版社有限公司出版发行
上海市国权路 579 号 邮编：200433
网址：fupnet@fudanpress.com http://www.fudanpress.com
门市零售：86-21-65102580   团体订购：86-21-65104505
出版部电话：86-21-65642845
上海四维数字图文有限公司

开本 787×960 1/16 印张 15.25 字数 219 千
2022 年 11 月第 1 版
2022 年 11 月第 1 版第 1 次印刷

ISBN 978-7-309-16498-5/F·2925
定价：48.00 元

如有印装质量问题，请向复旦大学出版社有限公司出版部调换。
版权所有 侵权必究